HISTÓRIA DO LIBERALISMO BRASILEIRO

ANTONIO PAIM

HISTÓRIA DO LIBERALISMO BRASILEIRO

2ª EDIÇÃO REVISTA E AMPLIADA

PREFÁCIO DE ALEX CATHARINO
POSFÁCIO DE MARCEL VAN HATTEM

São Paulo
2018

Impresso no Brasil, 2018

Copyright © 2018 Antonio Paim

Os direitos desta edição pertencem à
LVM Editora
Rua Leopoldo Couto de Magalhães Júnior, 1098, Cj. 46
04542–001 – São Paulo, SP, Brasil
Telefax: 55 (11) 3704-3782
contato@lvmeditora.com.br · www.lvmeditora.com.br

Editor Responsável: Alex Catharino
Revisão ortográfica e gramatical: BR75 | Midori Faria
Revisão técnica e preparação dos originais: Alex Catharino
Elaboração de índice remissivo e onomástico: BR75 | Midori Faria
Produção editorial: BR75 | Clarisse Cintra e Silvia Rebello
Capa: Mariangela Ghizellini
Projeto gráfico, diagramação e editoração: BR75 | Laura Arbex
Pré-impressão e impressão: Edigráfica

P142h
    Paim, Antonio
    História do liberalismo brasileiro / Antonio Paim – 2ª ed. rev.
e ampl. – São Paulo: LVM, 2018
    424 p.

    ISBN 978-85-93751-19-6

    1. Ciências Sociais. 2. História do Brasil. 3. Filosofia Política.
4. História das Ideias. 5. Liberalismo. 6. Governo Representativo.
7. Democracia. 8. Livre Mercado. I. Título. II. Autor.

                                           CDD 330.122

Reservados todos os direitos desta obra.
Proibida toda e qualquer reprodução integral desta edição por qualquer
meio ou forma, seja eletrônica ou mecânica, fotocópia, gravação ou
qualquer outro meio de reprodução sem permissão expressa do editor.
A reprodução parcial é permitida, desde que citada a fonte.

Sumário

PREFÁCIO À SEGUNDA EDIÇÃO — 13
ANTONIO PAIM E A ANÁLISE DO LIBERALISMO BRASILEIRO
Alex Catharino

HISTÓRIA DO LIBERALISMO BRASILEIRO
APRESENTAÇÃO — 23

PARTE I | PONTOS DE REFERÊNCIAS ESSENCIAIS

CAPÍTULO 1 — 31
O LEGADO DAS REFORMAS POMBALINAS

CAPÍTULO 2 — 37
FATORES DE DESORIENTAÇÃO
    1 – O caráter singular da experiência inglesa — 37
    2 – A avaliação da Revolução Americana segundo a ótica de Raynal — 42
    3 – A sinalização proveniente da Revolução Francesa — 49

CAPÍTULO 3   53
INCONSISTÊNCIA DAS PROPOSTAS FORMULADAS NO BRASIL

PARTE II | O ENCONTRO COM A DOUTRINA LIBERAL

CAPÍTULO 4   61
HIPÓLITO DA COSTA

CAPÍTULO 5   67
SILVESTRE PINHEIRO FERREIRA

CAPÍTULO 6   77
LIBERALISMO DOUTRINÁRIO

PARTE III | O DEBATE TEÓRICO QUE ACOMPANHOU A IMPLANTAÇÃO DO SISTEMA REPRESENTATIVO

CAPÍTULO 7   85
AS DÉCADAS DE 1820 E DE 1830

CAPÍTULO 8   89
O REGRESSO

CAPÍTULO 9   97
AS INSTITUIÇÕES DO SISTEMA REPRESENTATIVO NO SEGUNDO REINADO
   1 – A estruturação e o aprimoramento da representação   97
   2 – Os partidos políticos   102
   3 – Os órgãos do Poder Executivo   103
   4 – O Poder Moderador   104
   5 – O Conselho de Estado   110

Capítulo 10   113
O Entendimento Teórico da Representação

Capítulo 11   117
O Poder Moderador em Discussão
    1 – O ponto de vista eclético   117
    2 – O ponto de vista tradicionalista   122
    3 – A justificativa liberal   126

Capítulo 12   131
O Declínio da Ideia do Poder Moderador

Capítulo 13   135
A Geração de 1870 em Face das Instituições Imperiais

Capítulo 14   143
A Atualidade da Questão do Poder Moderador

Capítulo 15   149
Balanço do Segundo Reinado

Parte IV | O Liberalismo na República Velha: 1889–1930

Capítulo 16   155
Nova Configuração do Quadro Político

Capítulo 17   161
Principais Inovações da Constituição de 1891

Capítulo 18   165
Evolução Doutrinária

1 – O abandono do tema da representação e a descoberta
  da Questão Social 165
2 – O pensamento político de Rui Barbosa 166
3 – O liberalismo de Assis Brasil 187
4 – A proposta de João Arruda 193

Capítulo 19 201
A Herança Política da República Velha

Parte V | A Longa Predominância do Autoritarismo: 1930–1985

Capítulo 20 209
Tentativa de Periodização

Capítulo 21 213
As Circunstâncias do Período 1930–1945
  1 – Os desdobramentos da criação do Partido Democrático na obra
     de Armando de Sales Oliveira 213
  2 – A bandeira da Questão Social passa às mãos do autoritarismo .. 222
  3 – O *Manifesto dos Mineiros* 224

Capítulo 22
O Interregno Democrático: 1945–1964 231
  1 – A nova feição assumida pela corrente liberal 231
  2 – O desfiguramento da representação 235
  3 – A aliança equivocada com os militares 243

Capítulo 23 247
Refluxo e Virtual Esmagamento do Liberalismo sob os
Governos Militares: 1964–1985

PARTE VI | OS DECÊNIOS TRANSCORRIDOS DESDE A ABERTURA (PÓS–1985)

CAPÍTULO 24   257
INDICAÇÕES DE ORDEM GERAL SOBRE O PERÍODO

CAPÍTULO 25   261
CICLO EM QUE A ABERTURA SE TORNOU PERICLITANTE
  1 – A Reforma Partidária de 1980   263
  2 – A Constituição de 1988   265
  3 – O equívoco da manutenção do Sistema Eleitoral em vigor   267

CAPÍTULO 26   271
CICLO EM QUE AGREMIAÇÕES POLÍTICAS APROXIMAM–SE DAS CORRENTES DE OPINIÃO
  1 – O novo cenário político   271
  2 – A retomada dos vínculos com o exterior e a atividade editorial   274

PARTE VII | LEGADO DA GERAÇÃO LIBERAL CONTEMPORÂNEA

CAPÍTULO 27   289
CICLO EM QUE, SEM REPRESENTAÇÃO EXPRESSIVA NO PARLAMENTO, A CORRENTE LIBERAL ACHA–SE PRESENTE NA REALIDADE BRASILEIRA

CAPÍTULO 28   293
ADEQUAÇÃO DO SISTEMA ELEITORAL AO MODELO CONSAGRADO
  1 – A contribuição notável da geração liberal contemporânea   293
  2 – O quadro partidário na maioria dos países da Europa Ocidental   297
  3 – A limitação imposta à Reforma Eleitoral   302

CAPÍTULO 29 — 305
OBRAS E AUTORES CONTEMPORÂNEOS DESTACADOS
- 1 – Liberalismo social e liberalismo conservador — 306
- 2 – O liberalismo social na análise de José Guilherme Merquior — 308
- 3 – O liberalismo social de Miguel Reale — 314
- 4 – O liberalismo social de Marco Maciel — 320
- 5 – A análise do liberalismo por Francisco de Araújo Santos — 323
- 6 – Os princípios do liberalismo segundo Alberto Oliva — 325
- 7 – O conservadorismo liberal na análise de Roque Spencer Maciel de Barros — 328
- 8 – O conservadorismo liberal de José Osvaldo de Meira Penna — 330
- 9 – O liberalismo econômico de Roberto Campos — 341
- 10 – As contribuições de Donald Stewart Jr. — 347
- 11 – O conservadorismo liberal de João de Scantimburgo — 350
- 12 – O liberalismo na obra de Ricardo Vélez Rodríguez — 353
- 13 – O pensamento liberal de Gilberto de Mello Kujawski — 355
- 14 – O liberalismo de Roque Spencer Maciel de Barros — 356
- 15 – O liberalismo no pensamento de Celso Lafer — 358
- 16 – A contribuição de Ubiratan Borges de Macedo ao liberalismo brasileiro — 359
- 17 – O conservadorismo liberal de Russell Kirk na análise de Alex Catharino — 363
- 18 – As análises liberais de Bruno Garschagen e de Lucas Berlanza — 371

POSFÁCIO À SEGUNDA EDIÇÃO — 387
O NOVO DESPERTAR LIBERAL BRASILEIRO
Marcel van Hattem

ÍNDICE REMISSIVO E ONOMÁSTICO — 397

PREFÁCIO À SEGUNDA EDIÇÃO

Antonio Paim e a Análise do Liberalismo Brasileiro

Alex Catharino

Parece que o liberalismo, enquanto fundamento teórico para o entendimento da realidade e para a ação política, vem ganhando adeptos no Brasil nos últimos anos. Mesmo não tendo, ainda, uma representação efetiva na política nem grande repercussão no meio acadêmico, o pensamento liberal, em suas diferentes vertentes, é uma das principais referências para os variados grupos, incluindo libertários e conservadores, que constituem o movimento formado por muitos jovens e denominado "nova direita", responsável pela atual oposição efetiva ao esquerdismo que dominou o ambiente político e cultural brasileiro por décadas.

As ideias liberais não são uma novidade, visto que possuem um longo passado em nosso país, tal como pode ser constatado no livro *História do Liberalismo Brasileiro*, de Antonio Paim, que demonstra o fato de que, desde o final do século XVIII, tal vertente faz parte de nossas tradições intelectuais e políticas. Desse modo, o novo ciclo pode ser entendido, parcialmente, como uma redescoberta de princípios que fazem parte de nossa herança pátria. No entanto, ao ignorar o legado das gerações liberais passadas, existe o risco de a "nova direita" importar de modo acrítico concepções teóricas estranhas à identidade cultural e institucional do Brasil, assumindo uma irrazoável postura ideológica, semelhante ao que ocorre com os esquerdistas.

Independentemente do modo como seja definida a "nova direita", não me considero partícipe deste grupo, devido às idiossincrasias de minha formação. No período entre maio de 1992 e janeiro de 2002 tive a oportunidade de ter aulas particulares semanais, na sede do Instituto Liberal no Rio de Janeiro, com o meu saudoso mentor Og Francisco Leme (1922-2004), que orientou de modo sistemático os meus estudos sobre liberalismo, principalmente em questões econômicas e políticas, além de me colocar em contato com inúmeros outros eminentes intelectuais brasileiros e estrangeiros. Por intermédio deste notável pensador liberal, também, tornei-me discípulo do finado Ubiratan Borges de Macedo (1937-2007), que entre os anos de 1996 e 2007, guiou meus estudos filosóficos e históricos sobre o liberalismo. Ao longo desta incompleta jornada de mais de 25 anos, convivi com ilustres pensadores liberais brasileiros, com os quais aprendi muito. Infelizmente, não tive a oportunidade de conhecer pessoalmente Roque Spencer Maciel de Barros (1927-1999) e José Guilherme Merquior (1941-1991). Todavia, lembro-me com saudades dos inúmeros momentos que tive com José Osvaldo de Meira Penna (1917-2017), Roberto Campos (1917-2001), Donald Stewart Jr. (1931-1999), Henry Maksoud (1929-2014) e Miguel Reale (1910-2006). Até hoje mantenho contato e tenho como referências intelectuais, amigos que conheci nesta época, dentre os quais Ubiratan Jorge Iorio, Alberto Oliva, Mário A. L. Guerreiro, Ricardo Vélez Rodríguez e Antonio Paim.

Meus estudos e minha experiência pessoal levaram-me a acreditar que nenhuma outra pessoa contribuiu mais para a pesquisa e a divulgação das ideias liberais no Brasil do que Antonio Paim, que dedicou parte da vasta obra à temática. Contudo, o pensamento do autor não deve ser limitado aos estudos sobre liberalismo, visto que, além de ser o mais importante historiador do pensamento brasileiro, legou uma bibliografia extensa que abrange importantes questões filosóficas, principalmente nos campos da moral e da política, bem como estudos nas áreas de História, Ciências Sociais e Educação.

É difícil expor sucintamente a riqueza do pensamento de Antonio Paim, em toda a sua pluralidade, bem como a biografia deste importante autor, de modo que apresentaremos aqui somente as linhas gerais de sua vida e obra. Nascido em 7 de abril de 1927, na cidade de Jacobina, na região Norte do interior da Bahia, concluiu a formação superior em Filosofia durante a década de 1950 na Universidade Lomonosov, em Moscou, na União Soviética, e na Universidade Federal do Rio de Janeiro (UFRJ), tendo se tornado professor desta última instituição. No magistério, atuou como membro do corpo docente em programas de graduação e de pós-graduação na Pontifícia Universidade Católica do Rio de Janeiro (PUC-Rio); na Universidade Gama Filho (UGF), no Rio de Janeiro; na Universidade Presbiteriana Mackenzie, em São Paulo; e na Universidade Católica Portuguesa (UCP), em Lisboa. Dentre as diversas instituições das quais é membro, merecem destaque o Instituto Histórico e Geográfico Brasileiro (IHGB), o Instituto Brasileiro de Filosofia (IBF), a Academia Brasileira de Filosofia (ABF), a Academia de Ciências de Lisboa e o Instituto de Filosofia Luso-Brasileira.

Grande parte dos escritos de Antonio Paim são voltados à análise do pensamento brasileiro. O principal trabalho dele nesta área é o livro *História das Ideias Filosóficas no Brasil*, publicado originalmente em 1967, que teve até o momento seis edições, todas revistas e ampliadas. Uma sétima versão atualizada, em dois volumes, será lançada em breve pela LVM Editora, sendo o primeiro volume *Os Problemas com que se Defrontou a Filosofia Brasileira* e o segundo *As Correntes da Filosofia Brasileira*. O autor aprofundou esta obra fundamental nos chamados "Estudos Complementares", publicados na forma dos respectivos livros: 1) *Os Intérpretes da Filosofia Brasileira*; 2) *As Filo-

sofias Nacionais; 3) *Etapas Iniciais da Filosofia Brasileira*; 4) *A Escola Eclética*; 5) *A Escola do Recife*; 6) *A Escola Cientificista Brasileira*; 7) *A Filosofia Brasileira Contemporânea*. A bibliografia produzida por ele acerca da temática é impressionante, sendo constituída ainda por diversos artigos acadêmicos e pelos livros *Cairu e o Liberalismo Econômico* (1968), *Tobias Barreto na Cultura Brasileira* (1972), *Bibliografia Filosófica Brasileira: Período Contemporâneo, 1931-1977* (1979), *Pombal e a Cultura Brasileira* (1982), os sete volumes do Curso de Introdução ao Pensamento Político Brasileiro (1982) – reeditado em 1993 em uma versão com 13 volumes –, *Bibliografia Filosófica Brasileira: Período Contemporâneo, 1801-1930* (1983), *Bibliografia Filosófica Brasileira: Período Contemporâneo, 1981-1985* (1988), *Oliveira Viana de Corpo Inteiro* (1989), *Evolução do Pensamento Político Brasileiro* (1989), *A Filosofia Brasileira* (1991), *Roteiro para Estudo e Pesquisa da Problemática da Moral na Cultura Brasileira* (1996), *A Agenda Teórica dos Liberais Brasileiros* (1997), *História do Liberalismo Brasileiro* (1998), *O Krausismo Brasileiro* (1998), *O Socialismo Brasileiro: 1979-1999* (2000) e *Para Entender o PT* (2002). Foi responsável ainda pela edição das obras de diversos autores brasileiros, dentre os quais se destacam trabalhos de Silvestre Pinheiro Ferreira (1769-1846), Tobias Barreto (1839-1889), Francisco José de Oliveira Vianna (1883-1951) e Leônidas de Rezende (1889-1950), entre outros, para os quais também elaborou prefácios. Com o objetivo de dar continuidade aos estudos que realizou na área, bem como de preservar livros e documentos de autores nacionais, fundou em 2 de abril de 1982 o Centro de Documentação do Pensamento Brasileiro (CDPB), sediado em Salvador, na Bahia, para o qual doou toda a sua biblioteca.

Escreveu ainda vários trabalhos voltados ao entendimento da história, da cultura e das instituições políticas brasileiras. O mais importante deles é *A Querela do Estatismo* (1978), um completo estudo sobre o patrimonialismo, que deve ser considerado uma das mais importantes análises sobre o Brasil, na mesma categoria de obras clássicas como *Casa-Grande e Senzala* (1933), *Sobrados e Mocambos* (1936) e *Ordem e Progresso* (1957), de Gilberto Freyre (1900-1987); *Raízes do Brasil* (1936), de Sérgio Buarque de Holanda (1902-1982); *Formação do Brasil Contemporâneo* (1942) e *Evolução Política do Brasil* (1953), de Caio Prado Júnior (1907-1990); *Bandeirantes e Pioneiros* (1954), de Clodomir Viana Moog (1906-1988); *Os Donos do Poder* (1958), de Raymundo Faoro (1925-2003); e *Formação Econômica do Brasil* (1959), de Celso Furtado (1920-2004). É autor, também, dos livros *Interpretações do Brasil* (2000), *Momentos Decisivos da História do Brasil* (2000), *O Relativo Atraso Brasileiro e sua Difícil Superação* (2000) e *O Patrimonialismo Brasileiro em Foco* (2015). Antes mesmo de ter um contato pessoal maior com Antonio Paim, estudei as obras *A Querela do Estatismo* e *História das Ideias Filosóficas no Brasil* em disciplinas ministradas pelos professores Arno Wehling e José Murilo de Carvalho, em meados da década de 1990, quando cursei a graduação em História na UFRJ. Tive a oportunidade de conhecer mais o pensamento nacional, bem como as obras do autor de *História do Liberalismo Brasileiro*, em aulas e seminários de Aquiles Côrtes Guimarães (1937-2016), no Departamento de Filosofia da UFRJ, e em alguns congressos organizados por Leonardo Prota (1930-2016), dos quais participei na Universidade Estadual de Londrina (UEL), além de Ubiratan Borges de Macedo, Ricardo Vélez Rodríguez e o próprio Antonio Paim, que se tornou uma de minhas grandes referências intelectuais.

No entanto, a obra de Antonio Paim, como já ressaltei, não deve ser resumida apenas às essenciais contribuições que legou ao estudo do pensamento brasileiro e do liberalismo, visto que seus trabalhos abrangem muitas outras áreas. Um de seus textos mais importantes, sem dúvida, é *Problemática do Culturalismo* (1977), referência acerca deste importante tema filosófico. Dentre outros livros que elaborou sobre a temática da educação merece destaque *A Ciência na Universidade do Rio de Janeiro: 1931-1945*, lançado em 1977 e republicado em

1981 com o título *A UDF e a Ideia de Universidade*. Juntamente com Leonardo Prota e Ricardo Vélez Rodríguez escreveu *Educação para a Cidadania* e *Cidadania: O que Todo Cidadão Precisa Saber*, bem como o Curso de Humanidades, composto pelos volumes: *Bases Características da Cultura Ocidental*; *História da Cultura*; *Política*; *Moral*; *Religião*; *Filosofia*; e *As Grandes Obras da Política e seu Contexto Histórico*. A ponderação sobre questões morais ocupa espaço significativo em sua produção bibliográfica, tendo lançado *Modelos Éticos* (1992), *Fundamentos da Moral Moderna* (1994), *A Meditação Ética Portuguesa* (2001) e *Tratado de Ética* (2003). A Filosofia Política é outro tema fundamental, ao qual dedicou diversos artigos e os livros *Liberdade Acadêmica e Opção Totalitária* (1979), *A Questão do Socialismo Hoje* (1981), *Evolução Histórica do Liberalismo* (1987), *O Liberalismo Contemporâneo* (1995), *O Liberalismo Social: Uma Visão Histórica* (1997), *Do Socialismo à Social-Democracia* (2002) e *Marxismo e Descendência* (2009).

Investigar o percurso intelectual do eminente pensador brasileiro esclarece os motivos pelos quais os estudos sobre o liberalismo ocupam lugar privilegiado em sua extensa produção bibliográfica. Antonio Paim foi marxista na juventude, tendo atuado na linha de frente do Partido Comunista Brasileiro (PCB) e morado por cinco anos na União Soviética, estudando as obras de Karl Marx (1818-1883) e de outros autores socialistas, bem como os escritos de economistas clássicos como Adam Smith (1723-1790) e David Ricardo (1773-1823). Após reconhecer os erros teóricos e práticos do comunismo, iniciou uma guinada intelectual, que, por intermédio de mais de duas décadas de estudos, o fizeram se tornar um liberal. No longo transcurso para purgar os resquícios do compromisso ideológico com o marxismo, efetuou uma ampla inquirição sobre diversas correntes da filosofia ocidental, na qual se destaca o estudo que empreendeu, de forma metódica, por mais de quinze anos, dos escritos de Immanuel Kant (1824-1804), o que muito influenciou as análises sobre o culturalismo. Além disso, Paim iniciou em paralelo o monumental trabalho de pesquisa da tradição filosófica brasileira. Ao verificar o modo como tanto o pensamento kantiano quanto as ideias políticas no Brasil foram influenciadas profundamente pela doutrina liberal, iniciou já na década de 1970 as investigações sobre o liberalismo, às quais dá continuidade até hoje.

A trajetória pessoal e o vasto conhecimento teórico que acumulou acerca das diferentes vertentes do liberalismo e de outras correntes políticas, bem como os estudos que realizou sobre o pensamento e a história brasileira, colocam Antonio Paim na posição de ser o estudioso mais qualificado para empreender a tarefa de elaborar uma narrativa acerca da doutrina liberal em nosso país. De certo modo, *História do Liberalismo Brasileiro* sintetiza muitas das reflexões do autor, pois aborda tanto a tradição filosófica e política do Brasil quanto o pensamento liberal. Nesses quase vinte anos que separam a publicação original do trabalho, em 1998, e esta segunda edição revista e ampliada pelo autor, ocorreram inúmeras mudanças nos contextos intelectual e político de nosso país, que são abarcados nesta versão atualizada da obra. Esta nova edição é um relato muito esclarecedor que poderá não apenas orientar o entendimento do público geral acerca da temática analisada, mas também se tornar uma importante referência bibliográfica para professores e alunos de graduação e de pós-graduação das áreas de Filosofia, História, Ciências Sociais, Direito, Relações Internacionais e Economia, entre outras.

Lembramos que em 2017 o professor Antonio Paim completou 90 anos de vida e seu trabalho mais importante, o livro *História das Ideias Filosóficas no Brasil*, fez 50 anos de lançamento da primeira edição. A ocasião é propícia para iniciarmos a publicação pela LVM Editora das obras do ilustre pensador brasileiro. Foi uma difícil escolha do autor e de nosso conselho editorial escolher o primeiro título. A decisão conjunta de iniciarmos este projeto com *História do Liberalismo Brasileiro* parece ser a mais acertada, pois o estudo reúne ao mesmo tempo reflexões acerca tanto da história e do pensamento brasileiros quanto da doutrina liberal, não apenas em nosso país. Na condição de discípulo do prestigioso filósofo e historiador das ideias, é uma imensa honra ser o editor deste volume, o primeiro de muitos títulos do autor que a LVM Editora deseja publicar nos próximos anos. Acredito que o leitor apreciará profundamente *História do Liberalismo Brasileiro* e desejará conhecer os demais trabalhos do meu querido mestre Antonio Paim, o mais relevante intelectual brasileiro vivo.

São Paulo, outubro de 2017.

HISTÓRIA DO LIBERALISMO BRASILEIRO

Apresentação

Juntamente com Vicente Barretto, Ubiratan Borges de Macedo, Ricardo Vélez Rodríguez, Francisco Martins de Souza, Aquiles Cortes Guimarães e Reynaldo Barros, desde a década de 1970, temos procurado inventariar a evolução do pensamento político brasileiro. Dessa iniciativa resultou o Curso de Introdução ao Pensamento Político Brasileiro, editado por Carlos Henrique Cardim, na Universidade de Brasília, em 1981. Posteriormente, reformulamos esse curso para o Núcleo de Ensino a Distância da Universidade Gama Filho (UGF), do Rio de Janeiro[1]. Coube ainda àquele grupo incumbir-se da *Biblioteca do Pensamento Político Republicano*, concebida por Carlos Henrique Cardim, que também a editou, em convênio com a Câmara dos Deputados. Subsidiariamente, conseguimos completar a Bibliografia do Pensamento Político Republicano – iniciada por Wanderley Guilherme dos

---
[1] Desses cursos, que presentemente ocupa treze volumes, fizemos uma edição resumida, suprimindo textos dos autores estudados destinados a possibilitar o debate. Essa versão integra a Coleção Reconquista do Brasil, volume 150, da Editora Itatiaia.

Santos –, iniciativa que esteve a cargo de dois renomados especialistas, Evelyse Pereira Mendes e Edson Neri da Fonseca.

De tudo isto resultou que passamos a dispor de uma visão bastante clara da trajetória do nosso pensamento político, cabendo referir que praticamente reeditou-se tudo o que havia de mais importante, com a única (e inexplicável) exceção do *Ensaio sobre Direito Administrativo*, de Paulino José Soares, visconde de Uruguai, que contém a teoria das instituições imperiais, isto é, da primeira experiência de estruturação do sistema representativo.

Se desse conjunto destacarmos o liberalismo, tornam-se evidentes alguns ciclos muito nítidos. O primeiro deles, que abrange não só a familiaridade com a doutrina, mas também a sua vitoriosa implementação, desdobra-se deste modo:

I) Quando a geração da elite portuguesa herdou a incumbência de dar prosseguimento às reformas pombalinas, conduzindo-as ao plano político, os referenciais de que dispunha não eram de molde a prepará-la adequadamente para o desempenho da tarefa;

II) A fixação do caminho que iria desembocar no pleno domínio da doutrina liberal desloca-se de Lisboa para o Rio de Janeiro, sendo três os pontos focais: o *Correio Braziliense*; Silvestre Pinheiro Ferreira (1769-1846) e o liberalismo doutrinário;

III) O amadurecimento da concepção do arranjo institucional requerido, imposto pela amarga experiência de dramáticas guerras civis, sendo fenômeno dos fins da década de 1830.

O Segundo Reinado passou a constituir-se experiência *sui generis* em nossa história com cerca de meio século de estabilidade política, liberdade plena e grande atividade doutrinária. No esforço de aprimoramento da representação, então desenvolvido, parece residir o segredo do sucesso. Por tudo isto, o seu estudo precisa merecer renovada atenção.

A República Velha corresponde a outro ciclo digno de ser destacado. Nos seus quarenta anos, gestam-se os elementos fundamentais que conduziram ao meio século de predomínio absoluto do autoritarismo, entre 1930 e até aproximadamente 1985. Na República Velha ocorre, sem dúvida alguma, prática autoritária no exercício do poder, com sucessivos estados de sítio, violação de imunidades parlamentares, empastelamento de jornais, etc. No entanto, essa prática buscou preservar as instituições, embora às custas do total desfiguramento da representação. Contudo, é nesse período que se formam as versões do autoritarismo doutrinário, notadamente o chamado *castilhismo*[2]. Os liberais conseguem certa presença e até compreendem a magnitude da questão social, mas tangenciam o essencial: a doutrina da representação.

No meio século subsequente, entre 1930 e 1985, tivemos a ditadura de Getúlio Vargas (1882-1954), com o Estado Novo, de 1937 a 1945; o breve interregno democrático entremeado por sucessivas intervenções militares na política de 1945 a 1964, que culminaram com a formação de governos diretamente encabeçados por generais entre 1964 e 1985. Os liberais são sucessivamente acuados e virtualmente destroçados. Perdem-se os vínculos com os centros de elaboração do pensamento liberal no exterior.

A República, como indicou o líder liberal Afonso Arinos, foi sobretudo antiparlamentar e antipartidária. Na República Velha vigorou o regime de partido único, organizado a nível estadual com o Partido Republicano Paulista (PRP), o Partido Republicano Mineiro (PRM) e assim por diante. No Estado Novo, os partidos foram proibidos. Sob os

---

[2] Trata-se de aplicação, bem-sucedida, às condições brasileiras, do autoritarismo republicano concebido por Auguste Comte. Beneficiou-se de experimentação, ao longo de quase quarenta anos, no Rio Grande do Sul, antes de ser transplantado ao plano nacional, na fase posterior à Revolução de 1930.

governos militares, tentou-se implantar o bipartidarismo, perpetuando a clássica dicotomia governo versus oposição.

Desde a Constituição de 1934 (que vigorou apenas por três anos), os liberais optaram pelo sistema proporcional. O mesmo princípio foi mantido na Carta de 1946 (também de vida efêmera) e depois pelos governos militares, preservado igualmente na Constituição de 1988. Na verdade, não se trata de modelo consagrado dessa modalidade de sistema eleitoral – como teremos oportunidade de demonstrar – que tem conduzido à sistemática fragmentação partidária.

Tudo leva a crer que desde a década de 1970 o país vem experimentando o renascimento liberal, fenômeno que de início se limita a reduzidos círculos universitários. Contudo, nessa fase, reconstituem-se os laços com o pensamento liberal dos Estados Unidos e da Europa. Segue-se a organização, pelos empresários, do Instituto Liberal, que passa a desenvolver intensa atividade editorial.

Finalmente, com a reformulação partidária posterior a 1985, dentre as maiores agremiações aparece o Partido da Frente Liberal (PFL), decididamente empenhado em alcançar consequente identificação com o liberalismo. A par disto, um renomado grupo de intelectuais desenvolve significativa elaboração teórica.

O enunciado precedente corresponde à temática cuja abordagem efetivei na primeira edição deste livro, lançada em 1998 pela Editora Mandarim, em São Paulo. Portanto, são transcorridos quase duas décadas, período durante o qual se acentuaram os defeitos do sistema político brasileiro, afastando-o grandemente do que deveria ser o seu natural desenvolvimento. Tenho em vista que, sendo reduzidos os modelos de sociedade, no qual se inspiram os programas partidários, nas democracias consolidadas as correntes de opinião aglutinam-se, normalmente, em torno de quatro (ou menos) partidos. No Brasil acham-se registrados trinta, 21 dos quais com assento na Câmara dos Deputados. Diante dessa enormidade, quando nos visitou e ao tomar conhecimento desse quadro, o ex-chanceler alemão Helmut Kohl (1930-2017), opinou que isto equivalia a não ter nenhum.

No Brasil, as correntes de opinião acham-se um pouco difusas, talvez por conta da falta daquela identificação. Contudo, algumas delas tornam-se evidentes.

Em nosso país, observa-se a presença de muita gente afinada com o Estado, posicionamento que se expressa no cultivo de ardorosa dependência. Registraram-se circunstâncias históricas em que essa gente se torna verdadeiramente opressiva, parecendo ocupar todos os espaços, como nos tempos de Vargas – justamente o chefe político que conseguiu amplo reconhecimento como "pai dos pobres".

Outra corrente presumivelmente forte é a liberal. Tenho presente o ardor com que expressivos contingentes populacionais, no passado recente, empenharam-se na reintrodução das eleições presidenciais diretas. De um modo geral, as eleições são, entre nós, uma grande festa cívica. São grandes também as simpatias pelo socialismo.

Nas democracias ocidentais, as correntes de opinião, ao expressarem-se através de agremiações políticas, ganham plena nitidez. Com a vantagem adicional de que as eleições permitem aferir o seu peso específico no conjunto.

No curso da abertura política pós-1985, tivemos vários indícios de que nos aproximávamos desse modelo consagrado, pelo menos no que se refere a duas delas.

Parecia que nos achávamos em vias de superação do tradicional predomínio das formas autoritárias de socialismo em favor da vertente modernizadora surgida em seu seio: a social-democracia. Tenho presente que esta rompeu tanto com a tese da estatização da economia, aderindo à sociedade de mercado, quanto com a utopia da sociedade sem classes. Embora essa proposição seja de origem alemã, sua difusão deve-se grandemente à reviravolta provocada pelo trabalhismo inglês de Tony Blair.

A tradição liberal, igualmente, deveria reencontrar sua expressão partidária, desta vez superando o alheamento da evolução dessa doutrina nos países desenvolvidos, como acontecera no chamado "interregno democrático" de 1945-1964.

Tal, entretanto, não ocorreu. Assim, a consideração desse desfecho será a principal alteração a ser introduzida nesta segunda edição revista e atualizada da nossa *História do Liberalismo Brasileiro*. Outros acréscimos importantes são as análises das tentativas de reformas políticas nos últimos anos e o acréscimo de algumas das mais recentes contribuições teóricas da geração liberal contemporânea.

São Paulo, outubro de 2017.
Antonio Paim

Parte I

PONTOS DE REFERÊNCIA ESSENCIAIS

Joaquim do Amor Divino Rabelo e Caneca (1774-1825), o Frei Caneca

Capítulo 1

O Legado das Reformas Pombalinas

Sebastião de Carvalho e Melo (1699-1782), o marquês de Pombal, fez parte do primeiro ministério organizado por Dom José I (1714--1777), que foi coroado rei com a morte de Dom João V (1689-1750). A partir da energia demonstrada em face do terremoto que, na manhã de 1º de novembro de 1855, destruiu Lisboa quase completamente, teve ascendência completa no governo e carta branca para realizar grandes reformas. Antes de tornar-se ministro, fora embaixador em Londres, impressionou-se profundamente com o progresso alcançado pela Inglaterra e buscou compreender suas causas. Chegada a oportunidade, tratou de fazer uso dessa experiência.

Pelo encaminhamento que deu às reformas, vê-se claramente que Pombal atribuía o progresso da Inglaterra à ciência. Assim, tratou de abolir o monopólio que os jesuítas exerciam sobre o ensino, expulsando-os do país e das colônias, e pôs fim à interdição que até então existia em relação à física de Newton. Ainda que tivesse criado no país companhias estatais de comércio, se ocupado de promover a indústria manufatureira, de reformar o Exército, enfim, de correr contra o tempo e impor o ingresso de Portugal na época moderna, apostou sobretudo na criação de uma elite possuidora do conhecimento científico de seu tempo.

No século XVIII havia em Portugal muitos homens ilustrados, com plena consciência do descompasso do país em relação à Europa. Foram chamados de "estrangeirados". Pombal seria o mais bem sucedido dentre eles.

Em 1761 foi organizado o Colégio de Nobres, com capacidade para cem alunos internos, submetidos a uma disciplina férrea. A par do ensino clássico de humanidades, o propósito central consistia em dar-lhes rigorosa formação científica, por meio do ensino das matemáticas e da física, bem como de ciências aplicadas (hidráulica, arquitetura civil e militar, etc.). Foram importados instrumentos e professores, tanto da França quanto da Inglaterra. O estabelecimento tornar-se-ia o núcleo constitutivo da futura Escola Politécnica. Essa iniciativa não parece haver satisfeito à amplitude da reforma de mentalidade que visava promover, porquanto dez anos mais tarde voltar-se-ia para a Universidade de Coimbra.

Sua reforma universitária antecipa em algumas décadas à que seria promovida por Napoleão Bonaparte (1769-1821) e que tanto impressionaria a elite do século XX. Em matéria de instrução, Pombal tomaria outra iniciativa pioneira na Europa, criando a primeira escola de comércio do mundo.

Contudo, sua grande obra seria a reforma da Universidade de Coimbra. Como diria Hernani Cidade (1887-1975), "foi verdadeiramente a criação de uma nova Universidade". Daria a essa reforma tal dedicação que mais parece, ao mesmo Hernani Cidade, "em nada mais tivesse de pensar".

Na universidade pombalina o papel-chave será desempenhado por dois novos estabelecimentos: as Faculdades de Matemática e de Filosofia. Esta se compreendia como "filosofia natural", mais precisamente como ciência aplicada desde que seus cursos se destinem a formar pesquisadores de recursos naturais, botânicos, metalurgistas, enfim, homens capazes de identificar as riquezas do Reino e explorá-las. Recrutam-se famosos professores italianos e criam-se estas instituições voltadas para a observação e a experimentação: Horto Botânico, Museu de História Natural, Gabinete de Física, Laboratório Químico, Observatório Astronômico, Dispensário Farmacêutico e Gabinete Anatômico.

Em relação ao Brasil, a administração pombalina tratou de soerguer as atividades econômicas, combalidas pela perseguição que o Tribunal do Santo Ofício movia às pessoas bem-sucedidas. Acreditava sobremaneira nas possibilidades da Amazônia, atribuindo diretamente ao irmão, Francisco Xavier de Mendonça Furtado (1700-1769), a tarefa de comandar o inventário de suas riquezas e promover a sua exploração. Eliminou o estado do Maranhão, que se vinculava diretamente à Metrópole, e extinguiu as capitanias hereditárias remanescentes, medidas que contribuíram para cimentar a unidade nacional, que se evidenciaria como elemento capital no processo da independência. Promoveu a mudança da Capital para o Rio de Janeiro em 1763. Na Universidade reformada por Pombal, distinguiram-se muitos brasileiros que passaram a liderar várias das novas esferas do conhecimento científico.

A modernização realizada por Pombal não compreendia a reforma das instituições políticas. Estas continuaram adstritas ao absolutismo monárquico. Preservou-se a Inquisição, já agora para enquadrar oponentes às reformas. Continua sendo admitido o emprego da tortura.

Pombal era adepto das teorias mercantilistas então em voga, segundo as quais a riqueza das nações provinha do comércio internacional, razão pela qual este deveria estar diretamente subordinado ao Estado ou por este supervisionado muito de perto. As teorias mercantilistas foram mais tarde refutadas por Adam Smith, para quem aquela riqueza seria uma decorrência do trabalho e da divisão internacional do trabalho, isto é, incumbindo a cada um produzir aquilo que estivesse em melhores condições de fazê-lo. Essa doutrina, conhecida como *liberalismo econômico*, somente seria difundida no Brasil no século XIX.

A adesão de Pombal ao mercantilismo trouxe consequências perversas para nossa história porquanto, admitindo a riqueza em mãos do Estado, eximiu-se de criticar a tradição precedente que combatia a riqueza em geral e o lucro. Essa circunstância acarretou que embora correspondesse ao início de uma nova tradição, nem de longe revogou ou abalou a antiga. A admissão da posse de riquezas em mãos do Estado passou a coexistir com a velha tradição, crescentemente dirigida contra o empresariado privado.

Pombal também deu à burocracia estatal uma grande supremacia em relação aos outros grupos sociais. O Estado português, que era tipicamente um Estado Patrimonial, isto é, parte do Patrimônio do Príncipe e não um órgão ao serviço da sociedade, passou a atribuir-se a função de promover a modernização (predominantemente econômica) como algo que deveria beneficiar diretamente àquela burocracia.

Ao mesmo tempo, a reforma da Universidade atribuía à ciência o poder de transformar a sociedade, o que nem de longe corresponde à sua real destinação. Além disto, tratava-se aqui de uma ciência pronta e conclusa, devendo circunscrever-se apenas à aplicação. Começa a longa tradição do chamado *cientificismo,* isto é, de um discurso retórico acerca da ciência sem maiores consequências.

Dom José I morreu a 24 de fevereiro de 1777. Começa o reino de Dona Maria I (1734-1816). Pombal é demitido logo no começo de março, seguindo-se diversas iniciativas destinadas a eliminar sua influência. No ano seguinte, tem início o longo processo que lhe moverá a Corte, submetendo-o a interrogatórios e humilhações. A sentença de agosto de 1781 considera-o culpado, mas, à vista das graves moléstias de que padece e do estado de decrepitude em que se encontra, diz o decreto real, é perdoado das penas corporais que lhe deviam ser impostas, sendo, entretanto, condenado a viver "fora da Corte na distância de vinte léguas". Menos de um ano depois, em 8 de maio de 1782, falece Pombal, dias antes de completar 83 anos.

A linha mestra do governo de Dona Maria I consistia no propósito radical de fazer desaparecer da história de Portugal a figura do marquês. A rainha manda arrancar do pedestal da estátua de Dom José I o medalhão ali existente com o busto de Pombal. Inimigos e perseguidos são trazidos ao primeiro plano da cena. O sonho era fazer renascer os velhos tempos em que o padroado dava as cartas e, quem sabe, tornar de novo frequentes as fogueiras da Inquisição. Daí que esse período histórico viesse a ser denominado de Viradeira de Dona Maria I.

O empenho estava, entretanto, fadado ao fracasso.

Sebastião José de Carvalho e Melo despertara forças ponderáveis que não se dispunham a assistir passivamente à revanche que se fazia em nome da componente obscurantista, punitiva, do período pombalino mas que se caracterizava sobretudo como restauração de índole medieval. A nobreza dos anos 1780 pouco tinha a ver com a dos meados do século XVIII. Fora educada no respeito à ciência e aderira ao projeto de conquistar a riqueza. O estamento burocrático, modernizado, tinha em suas mãos todo o poder, dispensando-se de dividi-lo com a Igreja. Formara-se um novo agrupamento social abastado, decorrente da expansão da manufatura.

Ao cabo de dois decênios, de 1796, o Príncipe Regente, futuro rei Dom João VI (1767-1826), chama para o governo Dom Rodrigo de Souza Coutinho (1755-1812), conde de Linhares, o que equivalia ao reconhecimento tácito de que a nobreza reformada por Pombal não se dispunha à volta aos velhos tempos. Dom Rodrigo era não apenas personalidade representativa da elite renovadora, tendo figurado entre os primeiros diplomados pela Universidade de Coimbra, na década de 1770. Mais que isto, achava-se muito ligado à pessoa de Pombal, de quem era afilhado de batismo, tendo sido educado para ser seu sucessor. Basta ter presente que em sua passagem pelo Ministério do Ultramar, ainda no século XVIII, elabora vasto plano de desenvolvimento para o Brasil, prevendo inclusive a implantação de siderurgia.

Dom Rodrigo de Souza Coutinho sempre mantivera relações de amizade com os naturalistas brasileiros diplomados, como ele, em Coimbra, especialmente Manuel Ferreira da Câmara Bittencourt Aguiar e Sá (1762-1835) – mais conhecido como Intendente Câmara –, José Mariano da Conceição Veloso (1742-1811) e José Bonifácio de Andrada e Silva (1763-1838). O destino reservara-lhe um papel singular em nossa história, já que seria o chefe do primeiro governo de Dom João VI, após a transferência da Corte para o Rio de Janeiro.

Em síntese, o marquês de Pombal cria uma segunda grande tradição na cultura brasileira, destinada, como a precedente, a uma longa sobrevivência. Com a República, os militares iriam apropriar-se da bandeira de que é incumbido ao Estado promover a riqueza, fazendo com que se perpetuasse até os nossos dias essas reminiscências do mercantilismo do século XVIII. Data de Pombal, igualmente, o entendimento cientificista da ciência, que ainda se encontra presente na realidade brasileira.

No aspecto que ora nos interessa – que pontos de referência tiveram presente as primeiras gerações que buscaram nos familiarizar com o liberalismo – Pombal constitui uma figura central. Tendo nos despertado para a modernidade, legou-nos uma tarefa gigantesca: completá-la com a organização das instituições do sistema representativo. Esta é a grande aventura a que se lançaram brasileiros e portugueses desde a Revolução do Porto de 1820.

Embora tenha havido a separação em decorrência da Independência do Brasil, até hoje andamos às voltas com o problema, poderoso indicador de que o substrato moral de nossa cultura seja infenso ao sistema representativo.

A circunstância deve levar-nos a não nos contentarmos com o estudo do pensamento político, devendo conduzir mais longe essa investigação, com vistas à identificação de nossa moralidade social básica. Ainda assim, a simples tarefa de reconstituir a tradição do liberalismo brasileiro já é uma incumbência exigente de grandes esforços, razão pela qual a ela nos limitaremos nesta oportunidade.

Capítulo 2

Fatores de Desorientação

1 – O Caráter Singular da Experiência Inglesa

No transcurso do século XVIII consolida-se o sistema representativo na Inglaterra, isto é, encontram-se as formas de relacionamento entre o Poder Executivo e o Parlamento, de um lado, e, de outro, fixa-se o papel da Monarquia no conjunto do sistema. No mesmo período dá-se a estruturação dos partidos políticos. Lançam-se igualmente as bases do ordenamento liberal da vida social com o estabelecimento da liberdade religiosa (liberdade de consciência) e da liberdade de imprensa, bem como os parâmetros fundamentais da liberdade individual.

No primeiro reinado subsequente à Revolução Gloriosa – reinado do casal William III (1650-1702) e Mary II (1662-1694), de 1689 a 1702 – decidiu-se que os impostos seriam votados anualmente, graças ao que ficava o Rei obrigado a convocar o Parlamento pelo menos uma vez em cada ano e, ao mesmo tempo, que o mandato dos membros da Câmara Baixa seria de três anos, o que evitava a sua perpetuação, e o risco de dissociar-se dos grupos sociais que representavam. Duas outras questões foram resolvidas com o propósito de impedir novas ameaças de restauração da monarquia absoluta pela ascensão ao trono de reis católicos. A primeira correspondeu à Lei de Sucessão (Act of Settlement), votada em 1701, que, considerando não terem William III e Mary II herdeiros, sua sucessão dar-se-ia por Anne Stuart (1665-1714), a irmã de Mary II, e, depois da morte de Stuart, pelos descendentes de sua prima Sophia (1630-1714), casada com o príncipe alemão Ernest Augustus (1629-1698), duque de Brunswick-Lüneburg e eleitor de Hanover. O monarca inglês deposto, o rei James II (1633-1701), pai de Mary e de Anne, tinha um filho católico, o pretendente James III (1688-1766).

A Lei de Sucessão, por si só, não eliminava os riscos de uma nova situação semelhante à que se criou no século anterior, levando o país a uma prolongada guerra civil, permanecendo uma brecha na prerrogativa preservada pela Escócia de escolher um soberano. Para conjurá-los em definitivo, procedeu-se à unificação dos dois países, em 1707. A Lei de União criou o Reino Unido da Grã-Bretanha, pela fusão da Inglaterra com a Escócia, passando a existir um único Parlamento. Aos escoceses foi assegurado determinado número de cadeiras na Câmara dos Representantes e na Câmara dos Lordes.

A Lei de Sucessão introduziu a autonomia do Judiciário, ao decidir que o cargo de juiz era vitalício e que seus titulares só podiam ser destituídos em casos de conduta desabonadora da função e por resolução do Parlamento.

Os dois passos mais importantes na plena configuração do sistema representativo são, entretanto, o surgimento do Conselho de Ministros e a necessidade de alcançar maioria parlamentar na constituição do governo, o que leva à estruturação permanente dos partidos políticos. Tal se deu no quase meio século ocupado pelos reinados de George I (1660-1727) e George II (1683-1760), entre 1º de agosto de 1714 e 25 de outubro de 1760, que dão início à dinastia de Hanover. Preservando fortes vínculos com suas possessões alemãs, introduziram o hábito de só tomar conhecimento dos assuntos ingleses por meio de um dos ministros indicados pelo Parlamento. Este passou a denominar-se primeiro-ministro e o governo de *Gabinet Office* (gabinete ministerial), ao que se supõe o fato de que, nessa época, o Conselho de Ministros se reunia para considerar os assuntos de governo num dos aposentos (gabinete) do Palácio Real.

Na obra *The Constitutional History of England since the Accession of George III, 1760-1860* [História Constitucional da Inglaterra desde George III, 1760-1860], Thomas Erskine May (1815-1886) indica que os dois partidos

> eram igualmente favoráveis à monarquia; mas os *whigs* queriam que sua autoridade fosse mantida nos limites da lei; os princípios dos *tories* favoreciam o absolutismo na Igreja e no Estado. [...] A Revolução de 1689 era o triunfo e o renascimento final dos princípios *whigs*, porquanto fundava uma monarquia limitada. Entretanto, os princípios dos dois partidos, modificados pelas condições dessa combinação constitucional, permaneciam distintos e opostos. Os *whigs* continuavam a apoiar toda restrição necessária à autoridade real e a favorecer a tolerância religiosa; os *tories* tendiam geralmente para a prerrogativa (criar impostos para atender a despesas urgentes do Monarca, nas fases de recesso parlamentar); para as doutrinas da alta Igreja e para a hostilidade aos dissidentes.

Sendo a prerrogativa uma delegação do Parlamento ao Monarca, no que diz respeito à fixação de impostos, favorecia certamente o poder pessoal. Contudo, seria no século XVIII, prossegue o mesmo autor, que se daria a convergência dos dois partidos nesse aspecto essencial. A esse propósito escreve:

> Tornados mestres, os *whigs* tinham trabalhado, durante mais de quarenta anos depois da morte da rainha Anne em 1714, para consolidar a auto-

ridade e a influência da Coroa, apoiada sobre o poder do Parlamento. Os *tories*, como oposição, foram obrigados a abandonar as insustentáveis doutrinas de seu partido e a reconhecer os direitos legítimos do Parlamento e do povo[3].

As duas agremiações irão distinguir-se, sobretudo no século XIX, à luz de questões muito precisas da atuação do Estado. No século XVIII passam a agir em consonância com o princípio do exercício do poder pelo Gabinete, que presta contas e se submete ao Parlamento.

Assim, quando George III (1738-1820), que ascende ao poder em 25 de outubro 1760, tenta restaurar o governo pessoal, não mais encontra ambiente propício, nem mesmo entre os *tories*. Esse monarca criou a grave crise de que resultou a Independência dos Estados Unidos em 4 de julho de 1776 e sustentou a guerra contra os norte-americanos, saindo derrotado em 1781. Essa derrota contribuiu para que renunciasse ao governo pessoal. A consolidação definitiva do governo de gabinete seria obra de William Pitt (1759-1806), o Jovem, que, tendo se iniciado na política como *whig*, mais tarde formando com os *tories*, pôde estruturar uma ampla coalizão entre 1783 e 1801 que deu estabilidade ao governo numa fase tumultuada da vida europeia, em decorrência da Revolução Francesa. Desde então, qualquer que seja o Rei ou a Rainha da Inglaterra, o país é governado pelo Primeiro-Ministro. A Monarquia torna-se representação permanente da Nação, sem ingerência direta nas funções executivas.

Durante o século XVIII são igualmente consolidadas as liberdades fundamentais, na maneira peculiar como se dá a evolução do Direito na tradição inglesa, isto é, na base da prática e da experimentação. Assim, se a prisão exigia mandado e se reconhecia o direito de *habeas corpus*. Discutiu-se longamente, à luz de casos concretos, a generalidade de tais mandatos. Nos anos 1960, a ilegalidade dos mandatos genéricos, ex-

---

[3] MAY, Thomas Erskine. *Histoire constitutionnelle de l'Angleterre depuis l'avénement de George III, 1760-1860*. Trad. Cornélis Henri de Witt. Paris: Michel Levy Frères, 1866, p. 6-7.

pedidos pelo Executivo, é estabelecida judicialmente. A experiência iria apontar o caminho a seguir e os remédios ao alcance da sociedade para defendê-la do que então se denominava "casos de alta traição" (insurreições, incitamento à derrocada das instituições, etc.). A questão da escravidão também foi debatida longamente. Inexistente na Inglaterra, vigorava, entretanto, na Escócia e nas colônias. Em 1772, a Justiça estabelece o princípio de que "todo escravo se torna livre quando pisa o solo da Inglaterra". Na Escócia, a escravidão é abolida em 1799. E, no começo do século XIX, dá-se a proibição do tráfico nas colônias inglesas.

No mesmo espírito, é fixada a liberdade de imprensa e as formas de repressão aos abusos.

O maior progresso corresponde, contudo, à liberdade religiosa. Ainda que a Lei de Tolerância, votada em 1689, haja estabelecido o livre exercício dos cultos, os protestantes não anglicanos estavam excluídos do serviço público e a tolerância não beneficiava judeus e católicos. Tais restrições acabaram sendo abolidas paulatinamente.

Embora correspondesse à vitória do sistema representativo, a consolidação do Estado Liberal de Direito na Inglaterra, durante o século XVIII, não retirava a circunstância de que se resumia a algo de singular e circunscrito. Além disto, o seu conhecimento de forma mais difundida adviria da Revolução Americana, que não era, de modo algum, evento propício a evidenciar o que tinha o sistema inglês de específico e que somente muito mais tarde receberia a denominação de *Monarquia Constitucional,* graças a Mirabeau, no transcurso de uma outra revolução, a Francesa, denominação para a qual, na verdade, não se atentaria de imediato. É certo que Montesquieu (1689-1757), no *Espírito das Leis* (1748) chamara a atenção, no livro XI, para o significado da experiência inglesa e até a descrevera com propriedade, a ponto de que, por vezes, lhe tenha sido atribuída a autoria da doutrina tripartite dos poderes[4]. Ainda assim,

---

[4] Embora esta não seja a oportunidade de discuti-lo com a profundidade requerida, o posicionamento de Montesquieu não é propriamente moderno, porquanto o centro de sua inquirição ainda está situado na questão (antiga) da melhor forma de governo

sua obra não receberia de pronto a repercussão que viria a merecer posteriormente.

A experiência inglesa ganharia notoriedade sobretudo com a Reforma Eleitoral de 1832, quando se tratou de ampliar os segmentos sociais com direito à representação, enfocando precisamente a sua grande novidade. Além disto, é no bojo dessa reforma que aparece o nome "liberal". Os partidos tradicionais, constituídos por *whigs* e *tories,* passam a denominar-se, respectivamente, Partido Liberal e Partido Conservador. Na década de 1830, contudo, os balizamentos da geração brasileira que aderiu ao liberalismo já eram outros, como indicaremos. Ainda assim, desde então, a experiência inglesa torna-se, de forma crescente, o ponto de referência preferido.

2 – A Avaliação da Revolução Americana Segundo a Ótica de Raynal

Acredita-se que a Revolução Americana tenha impressionado vivamente aquela parte da elite brasileira que sonhava com a Independência e até conspirou para alcançá-la, no século XVIII, sem resultado, como se sabe. Interessa-nos aqui averiguar qual entendimento que aquela elite poderia ter adquirido do evento, como forma de reconstituir o processo segundo o qual nos aproximamos da ideia liberal.

No Brasil tomou-se conhecimento da Revolução Americana através de Guilhaume-Thomas François Raynal (1713-1796), o abade Raynal, notadamente pela obra que intitulou *A Revolução da América.*

Padre jesuíta, servia como vigário em Paris quando abandonou a Ordem, em 1748, aos 35 anos, passando a frequentar os enciclopedistas. Manteve relacionamento muito estreito com Denis Diderot

---

e de que situações (algumas estritamente naturais) depende. Assim, no contexto do livro, o capítulo dedicado à Inglaterra não devia mesmo chamar a atenção do século XVIII e do começo do seguinte, momento de que nos cabe caracterizar.

(1713-1784), que colabora diretamente em sua obra. A partir do seu afastamento da Companhia de Jesus, publica livros em que estuda a luta de libertação dos Países Baixos bem como diversos aspectos da história da Inglaterra e da Europa. Sua notoriedade começa, entretanto, em 1770, com a publicação da obra *Histoire philosophique et politique des etablissements et du commerce des européens dans les deux Indes*, em que traça a história da colonização europeia na Ásia e na América, referindo inclusive o Brasil no Livro IX. Acredita-se que a iniciativa estivesse relacionada ao desejo de que a França se lançasse a novas conquistas ultramarinas, em vista do espírito contrário que se instalara após a perda do Canadá e de outras possessões. O livro sofreu duas revisões, a primeira em 1774 e, a segunda, em 1881. Alcançaria retumbante sucesso, tendo as primeiras versões chegado a merecer 17 edições entre 1770 e 1780 enquanto em sua forma definitiva outras 17 edições no período de 1781 a 1787.

Na revisão da *História dos europeus nas duas Índias*, Raynal passa a atribuir importância crescente à América do Norte, ocupando-se na última edição da guerra da Independência. Esta parte da obra seria a base de *A Revolução da América,* que aparece em conjunto com a última revisão do livro principal (geralmente citada como terceira edição, de 1781), em Londres, em francês e em inglês. Os dois textos acabariam proibidos em diversos países, a começar da própria França, seguindo-se Portugal e Espanha. Foi incluído no *Index* que a Inquisição continuava estabelecendo e condenada pela Sorbonne. Tudo isto serviu sobretudo para incitar à sua leitura por aquela parte da elite que chegaria a promover movimentos em prol da Independência, tanto no Brasil quanto na América Espanhola.

Perseguido na França, Raynal fez o percurso de outros exilados ilustres, refugiando-se na Prússia de Frederico II (1712-1786) e na Rússia de Catarina II (1729-1796). Em 1787 teve permissão para regressar à França, mas proibido de fixar residência em Paris. Com a Revolução de 1789 são suspensas as proibições que pesavam sobre a sua pessoa e obra. Discordaria dos rumos seguidos pela Revolução Francesa e teve que se esconder para escapar do Terror. Sob o Diretório, cessam as perseguições, sendo nomeado para o Instituto Nacional. Faleceria logo a seguir, em 6 de março de 1796.

Acerca de sua repercussão no Brasil, os autores do prefácio da recente tradução brasileira de *A Revolução da América*[5], Luciano Figueiredo e Oswaldo Munteal Filho, indicam o seguinte:

> As bibliotecas coloniais quase sempre tiveram exemplares dos livros do abade Raynal em suas estantes. Mesmo quando isto não acontecia, suas ideias eram motivo de discussões entre os letrados recém-chegados de seus estudos, em universidades europeias, e que por ele dedicam viva admiração.

E, logo adiante:

> Em Minas Gerais, a devassa realizada para investigar a Conjuração, revelou a enorme receptividade deste autor entre os letrados. Os livros de Raynal circulavam intensamente. Duas são as partes de sua obra que representaram um papel importante neste processo. A primeira foi o "livro" sobre o Brasil (de número IX), que depreciava Portugal, condenava a influência inglesa e defendia a proposta de que os portos brasileiros deveriam se abrir ao comércio de todas as nações. Contudo, não é este o capítulo determinante sob o ponto de vista de suas consequências políticas, já que não chegava a aventar a independência. Isto é feito somente n'*A Revolução da América* (ou no livro XVIII da edição de 1780) que, desta forma, deteve maior importância junto ao pensamento e nas ações políticas da crise[6].

---

[5] RAYNAL, Guillaume-Thomas François. *A Revolução da América*. Pref. Luciano Raposo de Almeida Figueiredo e Oswaldo Munteal Filho. Trad. Regina Clara Simões Lopes. Rio de Janeiro: Arquivo Nacional, 1993.

[6] FIGUEIREDO, Luciano Raposo de Almeida; MUNTEAL FILHO, Oswaldo. "A Propósito do Abade Raynal". In: RAYNAL, Guillaume-Thomas François. *A Revolução na América. Op. cit.*, p. 28-29.

A *Revolução da América* constitui um relato sobre o acontecimento cercando-o da mais ampla simpatia, precedida de uma caracterização (condenatória) da ação da Inglaterra. Interessa-nos aqui a parte doutrinária (contida no Capítulo 5 – As colônias tinham direito de se separar de sua Metrópole, independentemente de todo descontentamento; e no Capítulo 8 – As colônias rompem os laços que as uniam à Inglaterra e declaram-se independentes).

Sem referir a expressão, Raynal parte do *estado de natureza,* em que o homem

> Abandonado a si mesmo não pode fazer nada por sua conservação, o que o leva a associar-se aos outros homens, graças ao que moldou este globo ao seu uso.

Indica a esse propósito:

> A obra que um homem sozinho não teria podido, os homens executaram, todos juntos, de comum acordo. Tal é a origem, tais são a vantagem e o fim da sociedade.

O governo decorre da necessidade de prevenir injúrias. "Assim, escreve, a sociedade nasceu das necessidades dos homens, o governo nasceu dos seus vícios!" A desigualdade entre os homens é de origem natural. Afirma:

> Existe entre os homens uma desigualdade original à qual nada pode remediar. É preciso que ela dure eternamente, e tudo o que se pode obter da melhor legislação não é destruí-la: é impedir os abusos.

Identifica nessa circunstância a origem da tirania.
Nenhuma forma de governo tem a prerrogativa de ser imutável.

Toda autoridade neste mundo começou pelo consentimento dos súditos ou pela força do senhor. Num e noutro caso ela pode terminar legitimamente. A verdade desses princípios torna-se essencial dado que todo poder tende ao despotismo.

No mesmo Capítulo 5 em que esboça a teoria da sociedade política antes descrita, Raynal examina os argumentos ingleses para manter a América do Norte na condição de colônia. A transcrição adiante dá uma ideia do que se trata:

> [...] separadas da Grã-Bretanha por imensos mares, que vos importa se as vossas colônias aceitam ou rejeitam as vossas constituições: Que diferença isto faz a favor ou contra a vossa força, a favor ou contra a vossa segurança? Esta unidade, cujas vantagens exagerais, não passa de mais um vão pretexto. Vós lhes objetais as vossas leis quando elas os vexam; vós as pisoteais quando elas reclamam em seu favor. Vós vos taxais a vós mesmos, e quereis taxá-los. Se este privilégio sofre a menor ameaça, vós lançais gritos de fúria, tomais as armas, estais prontos a vos deixar degolar. E levais o punhal à garganta de vosso concidadão para obrigá-lo a renunciar. Vossos portos estão abertos a todas as nações, e vós lhes fechais os portos de vossos colonos. Vossas mercadorias vão para todas as partes que vos aprouver, e as deles são forçadas a ir para vós. Vós manufaturais; e não quereis que eles manufaturem. Eles possuem peles, eles possuem ferro. E estas peles, este ferro, devem vos ser entregues em estado bruto. O que vós adquiris a baixo preço, eles devem comprar de vós ao preço ditado pela vossa capacidade. Vós os imolais aos vossos comerciantes. E porque a vossa Companhia das Índias periclitava, era preciso que os americanos reparassem as perdas. E vós os chamais concidadãos, e é assim que os convidais a receber a vossa Constituição. Ora, ora. Esta unidade, esta liga que vos parece tão necessária é como aquela dos imbecis animais da fábula, entre os quais vós vos reservastes o papel do leão[7].

---

[7] RAYNAL, Guillaume-Thomas François. *A Revolução na América*. Op. cit., p. 82-83.

Raynal apresenta o que lhe parece ser adequado para restaurar a paz entre os ingleses divididos pelo Atlântico, consistindo basicamente em conceder aos americanos a máxima autonomia a começar pela fixação dos impostos.

Ao invés disto, a Inglaterra decidiu-se a reduzir as suas colônias pela força, que é o título atribuído ao Capítulo 7. Segue-se então o capítulo em que considera a Declaração da Independência.

Na consideração do arranjo institucional, o texto é pouco explícito como veremos. Diz inicialmente que os Estados Unidos da América deram-se uma Constituição federativa que acrescentava, às vantagens internas do governo republicano, toda a força externa da Monarquia.

Quanto à organização do poder nas unidades federadas, limita-se ao seguinte:

> Cada província teve uma assembleia formada pelos representantes dos diversos distritos, em que assentava o Poder Legislativo. Ao seu presidente, coube o Poder Executivo. Seus direitos e suas obrigações eram os de escutar todos os cidadãos; de convocá-los quando as circunstâncias o exigissem; de prover ao armamento e à subsistência das tropas, e de organizar com seus chefes as operações. Foi-lhe entregue a chefia de um comitê secreto que deveria manter ligações permanentes com o Congresso Geral. O tempo de sua gestão foi limitado a dois anos, mas as leis permitiam que fosse prolongado.

As relações entre as unidades federadas e a União estão indicadas deste modo:

> As províncias não deveriam prestar contas de sua administração ao grande conselho da nação, ainda que este fosse composto de deputados de todas as colônias. A superioridade do Congresso Geral sobre os congressos particulares limitava-se ao que se relacionasse à política e à guerra[8].

---

[8] RAYNAL, Guillaume-Thomas François. *A Revolução na América*. Op. cit., p. 180.

Discute apenas a questão do direito da União de fazer a guerra e a paz. Há quem suponha, que, em tais circunstâncias os representantes precisariam ser vigiados de modo permanente, mesmo que para tanto tivessem que se reunir em praça pública. Pondera: ainda que tais princípios sejam verdadeiros, só se aplicam aquelas repúblicas, como a Holanda ou a Suíça, que ocupam um território de pequena extensão. Em contrapartida, os Estados Unidos constituem um vasto continente e aduz:

> Se o Congresso nada pudesse decidir sobre os interesses políticos sem as deliberações particulares de cada província; se a cada acontecimento imprevisto fosse preciso novas ordens e, por assim dizer, um novo poder aos representantes, este corpo permaneceria sem atividade. As distâncias a vencer, a duração e o volume dos debates poderiam com demasiada frequência, prejudicar o bem comum.

No capítulo final, o autor avança conselhos à nova Nação, depois de avaliar as suas possibilidades econômicas, que não considera excepcionais. As recomendações dizem respeito aos riscos que podem advir de uma repartição desigual da riqueza. Insiste na necessidade de renunciar ao espírito de conquista, usando as armas para a defesa e nunca para o ataque; o reconhecimento do valor do trabalho, das ciências, das artes e da educação; o respeito à lei; e a tolerância religiosa.

O livro de Raynal certamente deve ter despertado para a liberdade a liderança espanhola e portuguesa radicada na América e até mesmo suscitado a esperança na obtenção de um estatuto que atendesse aos seus reais interesses. Contudo, no que se refere ao caminho para a institucionalização de um novo regime, o livro não é instrutivo. A singularidade da organização política dos ingleses sequer é assinalada. Embora negue a possibilidade da democracia direta em nações com maiores extensões territoriais, não trata especificamente do sistema representativo.

Mais grave é o fato de que não se haja detido no exame da natureza da representação. Ao longo das guerras civis inglesas, houve um Parlamento constituído em bases religiosas, integrado exclusivamente pelos puritanos, excluídos os anglicanos por presumíveis concessões aos católicos.

Essa experiência terminou conduzindo à ditadura de Oliver Cromwell (1599-1658), que durou de 1653 até a sua morte, restaurando-se subsequentemente a Monarquia e os riscos de dominação católica que se pretendera eliminar. O grande mérito do *Segundo Tratado do Governo Civil*, de John Locke (1632-1704), é que deslindou os problemas teóricos subjacentes ao novo sistema político que desejava constituir, unificando a elite para o desfecho que representou a Revolução Gloriosa de 1688.

Deste modo, a obra de Raynal, se despertava a elite brasileira no sentido da Independência (ou da liberdade e autonomia num novo arranjo com a Metrópole), não servia como bússola orientadora para a estruturação do sistema representativo.

3 – A Sinalização Proveniente da Revolução Francesa

A Revolução Francesa suscitaria uma nova doutrina política, diferente do liberalismo inglês, que durante muito tempo esteve associada ao liberalismo, tendo chegado a ser batizada de *liberalismo radical*, quando na verdade não guarda maior parentesco com o sistema representativo.

Em língua portuguesa, creio que se deve atribuir ao historiador português Joel Serrão (1919-2008) o mérito de haver sugerido denominação apropriada – *democratismo* –, que veio a ser adotada no Brasil[9].

---

[9] Joel Serrão é autor de obra verdadeiramente monumental, tendo coordenado o *Dicionário de História de Portugal*, obra com mais de 3.500 páginas, editada pela Livraria Figueirinhas, do Porto, e lançada em seis volumes entre 1963 e 1971. Essa tese aparece em muitos de seus escritos, sendo o mais recente: SERRÃO, Joel. "Democratismo versus Liberalismo". In: *O Liberalismo na Península Ibérica na Primeira Metade do Século XIX*. Lisboa: Sá da Costa, 1982. v. 1.

Para ter presente o tipo de sinalização que a Revolução Francesa proporcionou aos contemporâneos – terminando por merecer avaliação negativa praticamente unânime, embora por razões muito diversas se forem confrontados os liberais aos que desejariam simplesmente restaurar a situação anterior –, transcrevo adiante a cronologia elaborada por Ubiratan Borges de Macedo para o capítulo "O Liberalismo Doutrinário" na coletânea *Evolução Histórica do Liberalismo*[10]:

Breve Cronologia da Revolução Francesa e de seus Desdobramentos Políticos na França

maio, 1789 a setembro, 1791	Convocadas pelo Rei, as Cortes (também denominadas Estados Gerais) acabam se transformando em Assembleia Nacional Constituinte. Revolução popular a 14 de julho (denominada Queda da Bastilha). Em agosto, revolta no campo acaba com o regime feudal. A Assembleia aprova várias reformas e concluiu a elaboração da Carta Constitucional em setembro de 1791.
agosto, 1792	Queda da Monarquia e proclamação da República.
setembro, 1792 a junho, 1793	Chamado Governo dos Girondinos, sob o qual tem lugar execução do Rei.
junho, 1793 a julho, 1794	Denominado período do Terror pelo fato de que a guilhotina foi acionada com intensidade crescente. Nos dois últimos meses desse ciclo, apenas em Paris foram guilhotinadas 1.300 pessoas.
1795	É aprovada uma Constituição republicana.
outubro, 1795 a novembro, 1799	Chamado período do Diretório, de enorme agitação política.
9 de novembro de 1799	Golpe de Estado de Napoleão Bonaparte.
1800-1804	Napoleão governa sob o título de Cônsul, preservada a República.

---

[10] PAIM, Antonio (Org.). *Evolução Histórica do Liberalismo*. Belo Horizonte: Itatiaia, 1987.

1804-1814	Napoleão governa como Imperador.
6 de abril de 1814	Abdicação de Napoleão Bonaparte.
maio, 1814 a março, 1815	Primeira Restauração. O conde de Provença governa com o nome de Luís XVIII.
	Napoleão se reinstala em Paris e governa durante 100 dias.
1815-1830	Conhecida como época da Restauração. Promulgada uma nova Constituição em 1814, esteve largos períodos sob influência dos *ultras* (conservadores extremados), que perseguiram e mataram partidários de Napoleão e intentaram restaurar o Antigo Regime.
julho, 1830	Revolução liberal. Inicia-se o reinado de Luís Felipe, cujo governo seria amplamente influenciado pelos doutrinários.
fevereiro, 1848	Revolução popular que inicia a Segunda República na França e novo ciclo de instabilidade política.

Permito-me ainda transcrever a síntese magistral que desse movimento nos proporcionou Ubiratan Borges de Macedo:

A Revolução Francesa evoluiu para identificar-se com a apologia da soberania do povo e com o modelo racionalista. Esse modelo racionalista leva não apenas à adoção de uma Constituição, mas a inúmeros outros desdobramentos. As fronteiras da França devem ser reconstituídas segundo parâmetros racionais; a divisão tradicional do país substituída por formas geométricas perfeitas. Esse racionalismo chegou a certas iniciativas ridículas como a reforma do calendário, atribuindo nomes novos aos meses e redimensionando sua duração. Algumas dessas denominações tornaram-se simples referências históricas como a *Journée du 9 Thermidor*, golpe de Estado de 27 de julho de 1794 que marca o fim do Terror e o início do período denominado da Convenção. O sistema métrico decimal é concebido nesse período e veio a ser adotado por sua comodidade embora os anglo-saxões resistam até hoje alegando que substitui coisas concretas por abstrações, tornando a vida cotidiana complicada. Na verdade, as demais tradições culturais viram no sistema métrico uma solução bastante cômoda.

O modelo a que se afeiçoou a Revolução Francesa era do Estado republicano com uma única Assembleia. Tratando-se de impulsionar a ideia da Revolução Permanente, de mudança contínua das coisas, essa Assembleia decidia no pressuposto domínio da soberania geral; autoproclamava-se representante de toda a Nação. Suas leis expressavam a vontade geral do povo e destinavam-se a promover a felicidade de todos. Os revolucionários identificavam-se com a virtude. Todo ato do Governo era manifestação da virtude. Trata-se, portanto, de uma vertente de pensamento que nada tem a ver com o liberalismo inglês, que partia da noção de que a representação era de interesses. A doutrina revolucionária inspira-se, sobretudo, em Rousseau e foi denominada por Joel Serrão de democratismo, denominação que vem sendo consagrada na literatura política de língua portuguesa.

A transcrição indicada também provém da caracterização que efetivou do liberalismo doutrinário na já mencionada obra coletiva *Evolução Histórica do Liberalismo*. Ubiratan Borges de Macedo teria oportunidade de estudar a versão brasileira dessa corrente, notadamente na obra de Paulino José Soares (1807-1866), o visconde de Uruguai[11].

---

[11] Ver o capítulo na seguinte obra em dois volumes: MACEDO, Ubiratan Borges de. "O Visconde de Uruguai e o Liberalismo Doutrinário no Império". In: CRIPPA, Adolpho (Org.). *As Ideias Políticas no Brasil: Volume I*. São Paulo: Editora Convívio, 1979, p. 193-232.

Capítulo 3

Inconsistência das Propostas Formuladas no Brasil

Aos fatores apontados que dificultavam a adequada compreensão da especificidade do sistema representativo – como alternativa ao absolutismo monárquico – antes enumerados, cumpre acrescentar a organização de lojas maçônicas. Embora atuassem secretamente e fossem perseguidas, funcionavam tanto em Portugal quanto no Brasil em fins do século XVIII. Pregando a liberdade e a fraternidade, contribuíram para despertar sentimentos nativistas. Contudo, ainda que o futuro apresente a maçonaria como firme aliado da causa liberal – fazendo parte de suas fileiras grande número de personalidades que participaram da Independência e da luta em prol da consolidação do sistema representativo, a começar pelo imperador Pedro I e por José Bonifácio de Andrada e Silva –, sua pregação não era de molde a contribuir para fixar o adequado caminho a empreender no plano institucional. De sorte que inexistiam no Brasil condições para formulações doutrinárias consistentes, e estas não se fizeram presentes conforme se indica nas notas a seguir.

Das conspirações abortadas em fins do século XVIII, em Minas Gerais e na Bahia, recolhe-se a impressão de que não havia maior clareza quanto ao novo ordenamento institucional que se pretendia implantar em caso de vitória. É certo que as fontes de que se dispõe são os processos instaurados contra os participantes. No caso de Minas, a documentação publicada chamou-se *Autos da Devassa da Inconfidência Mineira*[12]. O jurista português Marcelo Caetano (1906--1980) ponderou que adotar essa denominação (inconfidência) implica aceitar que se comportaram como "traidores do Rei". Para julgar crimes de lesa-majestade, organizava-se alçada especial denominada "juízo de inconfidência". Apesar da ponderação, os historiadores não se puseram de acordo. O historiador brasileiro Hélio Viana (1908--1972) prefere Conjuração Mineira e Conjuração Baiana. Costuma-se distinguir os dois movimentos pela presença, na primeira, de expressivas figuras da elite, enquanto, na segunda, indica Hélio Viana, encontravam-se "simples homens do povo, alfaiates e soldados, todos mulatos". Pelo menos no último caso parece comprovada a presença da maçonaria.

Os movimentos visavam à Independência. Em relação a Minas, escreve Hélio Viana, "se um dos conspiradores", José Álvares Maciel (1760-1804), "parecia francamente republicano", outro, Luís Vieira da Silva (1735-1809), o cônego Vieira, "era monarquista".

Se dois se mostravam favoráveis à abolição da escravatura, outro manifestou sua inconveniência. Concordavam mais em assuntos puramente regionais: mudança da sede da capitania para São João Del Rey; criação de uma universidade em Vila Rica[13].

---

[12] *Autos da Devassa da Inconfidência Mineira*. Rio de Janeiro: MEC, 1936. 7 vols.

[13] VIANA, Hélio. *História do Brasil*. São Paulo: Melhoramentos, 2. ed. rev., 1963. Tomo I, p. 358.

Não apenas conflitantes, mas imprecisas, como destaca Vicente Barretto:

> A estrutura do novo Estado seria formada, como vemos no depoimento de José de Rezende Costa Filho (1766-1841), de "uma República, que constaria de sete Parlamentos, sendo a capital a Vila de São João Del Rey, em que se havia de fundar uma universidade, como a de Coimbra...".

O novo Estado teria, além do Executivo, sete Parlamentos, que exercia no século XVIII a atividade judiciária. A mesma ideia de diferentes parlamentos foi admitida no depoimento do padre José Carlos Corrêa de Toledo e Melo (1731-1803):

> [...] e trataram que se havia de estabelecer, feita ela, uma República, que havia de haver nela um Parlamento principal, e em todas as Vilas outros subalternos"[14].

Como se vê, o emprego do termo "parlamento" está longe de significar entendimento da novidade inaugurada pelo sistema representativo.

Se os autos das devassas não constituem fonte confiável para aferir o nível de maturidade das propostas dos conspiradores, no caso das insurreições pernambucanas de 1817 e 1824 dispomos de textos da lavra dos próprios insurretos, o que nos permite efetivar a pretendida avaliação. Se tomarmos a Frei Caneca como paradigma, podemos fazê-lo sem medo de errar.

Joaquim do Amor Divino Rabelo e Caneca (1774-1825), o Frei Caneca, ordenou-se sacerdote em 1796, antes, portanto, da organização do posteriormente famoso Seminário de Olinda – que ocorreria em 1800 – embora ninguém haja talvez explicitado melhor as consequências da simbiose que a mencionada instituição tentou promover entre religião e ciência.

---

[14] BARRETTO, Vicente; PAIM, Antonio. *Evolução do Pensamento Político Brasileiro*. Belo Horizonte: Itatiaia, 1989, p. 48.

Pouco se sabe de sua vida até o momento em que, tendo participado da primeira Revolução Pernambucana, em 1817, foi preso e deportado para a Bahia, onde permaneceu encarcerado até 1821. Desde então tem atividade política intensa, que culminaria com o movimento insurrecional de 1824, destinado a organizar no Nordeste brasileiro um Estado que se denominaria Confederação do Equador. Preso e condenado à morte em decorrência do fracasso dessa segunda insurreição, foi fuzilado a 13 de janeiro de 1825.

A obra de Frei Caneca veio a ser publicada entre 1875 e 1876, acrescida de todas as peças integrantes do processo a que foi submetido em 1824, tendo sido reeditada recentemente[15]. É integrada por textos didáticos e políticos, correspondendo estes à maior parcela.

Os textos políticos de Frei Caneca são basicamente panfletários e dirigidos a circunstâncias específicas. O mais extenso deles é o jornal *Typhis Pernambucano,* em que se descreve a campanha militar da Confederação do Equador e realiza-se a defesa de seu programa político. Elaborou, contudo, alguns textos expressamente doutrinários.

A geração que fez a Independência seria educada com base nas doutrinas adotadas pela reforma pombalina da Universidade. Sobretudo nutria profunda desconfiança em relação à metafísica e às disputas de cunho filosófico, reduzindo o novo saber da natureza (a "filosofia natural", denominação que passou a circular para designá-lo) à ciência aplicada. Acreditava que esta faria renascer a riqueza e a glória de Portugal.

Na organização do Seminário de Olinda, José Joaquim de Azeredo Coutinho (1724-1818) seguiu à risca os estatutos pombalinos da Universidade. A crença no novo saber da natureza e na sua capacidade de influir no curso histórico era transmitida a homens que teriam por missão salvar as almas. Tal é o pano de fundo em que se assentaria a adesão desse grupo ao democratismo.

---

[15] MELLO, Evaldo Cabral de (Org.). *Frei Joaquim do Amor Divino Caneca*. São Paulo: Editora 34, 2001.

Os padres formados no Seminário de Olinda iriam constituir o núcleo principal das duas revoluções pernambucanas. Frei Caneca seria não apenas um de seus líderes, mas aquele que exprimiria de forma acabada a plataforma em que se empenhavam.

Frei Caneca está convencido de que o clero exerce no país imensa autoridade e pode decidir da sorte de qualquer movimento, na medida em que este dependa da adesão popular, notadamente da tropa. Por isto afirmava, em contraposição às teses nucleares do próprio democratismo – eminentemente laico e até mesmo anticlerical por suas origens – que Deus mandara constituir as sociedades civis.

O "governo constitucional" a que adere não era fruto da necessidade de coexistirem, na sociedade, pontos de vista e interesses diversos. Muito pelo contrário. O ponto de vista constitucional tem o propósito de esmagar e vencer o ponto de vista monárquico. Se o Rio de Janeiro deseja abrigar-se sob o manto da Monarquia, Pernambuco, que é "constitucional", deve organizar-se de forma autônoma.

Diz expressamente:

> O Brasil só pelo fato de sua separação de Portugal e proclamação de sua independência ficou de fato independente não só no todo, como em cada uma de suas partes ou províncias, e estas independentes umas das outras. Ficou o Brasil soberano não só no todo, como em cada de suas partes ou províncias. Uma província não tinha direito de obrigar a outra província a coisa alguma, por menor que fosse; nem província alguma, por mais pequena e mais fraca, carregava com o dever de obedecer a qualquer outra, por maior e mais potentada. Portanto, podia cada uma seguir a estrada que bem lhe parecesse; escolher a forma de governo que julgasse mais apropriada às suas circunstâncias; e constituir-se da maneira mais conducente à sua felicidade[16].

---

[16] CANECA, Frei Joaquim do Amor Divino. "Typhis Pernambucano, 10/06/1824" In: *Obras Políticas e Literárias*. Recife: Tipografia Mercantil, 1875/1876, p. 559.

Como se vê, o *democratismo* tangencia inteiramente a questão do encontro de uma fórmula apta a assegurar a coexistência de interesses diversos, justamente o que assegurou o sucesso do sistema representativo. Contudo, até que sua proposta fosse recusada, levou o país a inauditos sofrimentos e à beira do precipício.

PARTE II

O ENCONTRO COM A
DOUTRINA LIBERAL

Silvestre Pinheiro Ferreira (1769-1846)

Capítulo 4

Hipólito da Costa

Durante cerca de quinze anos, de junho de 1808 à proclamação da Independência, em 1822, Hipólito da Costa (1774-1823) editou regularmente o *Correio Braziliense,* jornal mensal que compunha em Londres, com o propósito de familiarizar a elite com o novo regime que deveria substituir a Monarquia absoluta. Editado sem qualquer censura, correspondia o periódico a feito verdadeiramente extraordinário, tendo aberto o caminho para a compreensão do novo sistema político que ensaiava os seus primeiros passos no continente, depois de se haver consolidado na Inglaterra.

Hipólito da Costa nasceu em 13 de agosto de 1774, no extremo Sul do país, onde seu pai (natural do Rio de Janeiro) servia nas tropas reais. Frequentou a Universidade de Coimbra e logo a seguir, em 1798, aos 24 anos, foi mandado estudar a experiência norte-americana em matéria de agricultura, por Dom Rodrigo de Souza Coutinho, então ministro da Marinha e do Ultramar. Permaneceu dois anos nos Estados Unidos.

De volta a Portugal liga-se à maçonaria, acabando por ser preso. Após três anos de encarceramento, conseguiu fugir em 1805 e refugiar-se na Inglaterra.

Em dezembro de 1822 deu por encerrada a carreira jornalística, ingressando nos serviços diplomáticos do jovem Império brasileiro, resultante da Independência. Chegou a ser nomeado Cônsul Geral na Inglaterra, mas faleceu em 11 de setembro de 1823, antes de assumir o cargo. Tinha então 49 anos, dos quais dezoito vividos na Inglaterra, onde casou e deixou descendentes.

O *Correio Braziliense* não tinha, tanto pelo formato quanto pelo conteúdo, feição de jornal, mais parecendo uma revista, para o nosso entendimento, havendo números com duzentas páginas. Embora o autor buscasse comentar os acontecimentos, as dificuldades de comunicação não o permitiam. Assim, só comenta a abertura dos portos, estabelecida em janeiro de 1808, na edição de agosto. A notícia da insurreição pernambucana, iniciada a 6 de março de 1817, só é conhecida em Londres a 24 de maio. Por isto, quando o *Correio* (número de junho) chega ao Brasil (agosto), o movimento já havia sido abortado. Devido a tais circunstâncias, revestiu-se sobretudo de caráter doutrinário. Além do mais, circulando sem censura, ocupa posição ímpar até a Independência. O Brasil não dispunha de tipografias, sendo a primeira em 1808 por Dom João VI para dar lugar à Impressão Régia.

O *Correio Braziliense* comentou todas as obras que pudessem ser do interesse da elite então radicada no Brasil, com a mudança da Corte, mesmo quando editadas em inglês ou francês, dando-se ao trabalho de traduzir e transcrever o que lhe parecia essencial. Esse papel formativo refletia-se também nos comentários que dedicou à política europeia, notadamente o comportamento da Santa Aliança. Embora condenasse os descaminhos da Revolução Francesa, achava inúteis os esforços contra o constitucionalismo, movimento que lhe parecia resultado do nosso estado de civilização, em direta oposição às formas estabelecidas em tempos bárbaros e apoiadas pela força dos senhores feudais; enfim, é uma guerra de opinião, contra a qual é ineficaz a potência física dos governos.

Neste passo escrevia:

A história da Revolução Francesa, a causa da aniquilação do poder de Bonaparte, os meios por que os governos da Alemanha recobraram a sua independência, tudo tende a mostrar que há na Europa um indomável espírito de liberdade individual, que não admite se reconciliar com o despotismo, por mais brando que ele seja, por mais que se exorne com o esplendor de vitórias e por mais que se disfarce com as aparências de formas legais. (*Correio Braziliense*, junho de 1821).

Comentando esse posicionamento, Carlos Rizzini (1898-1972) indica que embora apoiando as medidas do Congresso de Viena restritivas ao poder ofensivo da França, indica que, quando

constituíram-se, na Santa Aliança, em força contrária à evolução das instituições políticas, admitindo o ressurgimento dos jesuítas, perseguindo a imprensa e as sociedades secretas e obstando o advento de regimes constitucionais, verberou o *Correio* o obscurantismo daqueles déspotas e o engano de terem destruído em Waterloo as conquistas espirituais do século[17].

O *Correio Braziliense* acompanhou detidamente a luta pela Independência da América Espanhola. Considerava que "a obstinação em que está na Europa de querer considerar aquelas importantes e poderosas regiões como pequenas colônias em sua infância, é um erro que a ex-

---

[17] RIZZINI, Carlos. *Hipólito da Costa e o Correio Braziliense*. São Paulo: Companhia Editora Nacional, 1957, p. 127.

periência dos Estados Unidos da América devia ter ensinado a retificar. Mas, tal é a força dos prejuízos e da educação que a mesma experiência mal pode remediar os seus efeitos". Entendia não ter a situação nada de similar com o caso brasileiro. A ocupação da Espanha pela França deixara-a sem governo. Não cabia o reconstituir sem a participação da América Espanhola nem muito menos deixar passar a oportunidade para introduzir o regime constitucional.

O Brasil encontrava-se em situação diversa desde que passara a abrigar a Corte. A separação não convinha a nenhuma das partes. Neste sentido, o *Correio* apresentou um programa minucioso, que compreendia desde a criação de uma Universidade e o aprimoramento do sistema escolar até o estabelecimento da mais ampla liberdade de imprensa.

Sua reforma compreendia a organização de Judiciário independente e o abandono da prática odiosa de delegar a justiça ao arbítrio policial. Em matéria de organização econômica propugnava a abolição da escravatura, melhoramentos técnicos na agricultura e fomento de manufaturas.

No tocante ao ordenamento político, parecia-lhe que a história de Portugal oferecia a experiência na qual se devia inspirar, restaurando-a. Tinha presente que a força das instituições inglesas provinha do seu tradicional enraizamento popular.

Explica-se:

> Um governo popular é, na minha opinião, o mais bem calculado para sacar a público os talentos que há na Nação e para desenvolver o entusiasmo, que resulta de se considerarem todos os cidadãos em via de ter parte ou voto na administração dos negócios públicos. Mas, quando assim falo entendo o chamamento de Cortes e outras instituições que formavam a parte democrática da excelente Constituição antiga de Portugal.
> Não quero, pois, entender, de forma alguma, por governo popular a entrega da autoridade suprema nas mãos da população ignorante, porque isto é que constitui verdadeiramente a anarquia; e desta se deve sair necessa-

riamente todas as vezes em que o vigor e o entusiasmo do povo excedem a energia e o talento dos que governam. (*Correio Braziliense*, fevereiro de 1809).

Tudo fez para que os leitores tivessem presente o que chamou de "legitimidade da monarquia portuguesa", porquanto Dom Afonso Henriques (1109-1185), o fundador da nacionalidade, foi eleito pelas Cortes de Lamego.

Desse ponto de vista, apresenta superioridade em relação à Monarquia inglesa. No curso de sua evolução, esta última superou a portuguesa ao deixar de ser "monarquia hereditária absoluta", como em Portugal, para tornar-se mista, "porque o poder legislativo reside no Parlamento, compreendendo-se por tal o Rei, a Casa dos Lordes e os Comuns".

Escreve:

As Cortes são uma instituição nacional, e a população do Brasil é tão considerável que com toda a justiça pode requerer o entrar com seus procuradores nessa respeitável Junta [...] O não serem os povos do Brasil representados em Cortes é a primeira origem dos seus males presentes e será causa de muitos outros para o futuro. (*Correio Braziliense*, novembro de 1809).

Hipólito da Costa apoiou a Revolução do Porto na esperança de que pudesse significar o reinício do funcionamento de instituições, notadamente as Cortes, que eliminasse de vez a necessidade de futuras revoluções. Tinha presente os males trazidos pela Revolução Francesa ao insistir que as reformas devem ser feitas pelo governo, e não pelo povo.

Na medida, entretanto, em que os líderes daquela Revolução empreendem o caminho de restaurar a situação anterior em que se encontrava o Brasil, passa a prestigiar o movimento pela Independência. Repete que, com a desunião, mais perderia Portugal que o Brasil.

A decisão de Hipólito da Costa de suspender a edição do *Correio Braziliense* resulta da convicção de que, ao ser instaurada a liberdade de imprensa no Brasil independente estava cumprida a sua principal missão. Seu último conselho dirige-se à Assembleia Constituinte: seguir o bom senso na elaboração da Carta Constitucional, evitar o impulso de em tudo imiscuir-se, ter presente que as reformas de grande magnitude não se fazem num dia, confiar em que as Constituições se aperfeiçoem ao longo do tempo.

Como em Portugal, o aprendizado da liberdade tornou-se penoso. Viveríamos praticamente duas décadas de lutas fratricidas.

Mas a semente plantada por Hipólito da Costa iria frutificar, sobretudo naquelas personalidades que soube preparar para a compreensão do significado da mensagem de Silvestre Pinheiro Ferreira e do liberalismo doutrinário.

Capítulo 5

Silvestre Pinheiro Ferreira

Silvestre Pinheiro Ferreira nasceu a 31 de dezembro de 1769, em Lisboa. A família destinou-o à vida eclesiástica, fazendo-o ingressar na Ordem do Oratório, em 1783, aos 14 anos de idade. Permaneceu no Oratório durante cerca de dez anos e ali recebeu sua formação intelectual.

Na Ordem, a influência do filósofo e teólogo padre Luiz Antonio Verney (1713-1792) – o crítico do ensino escolástico – haveria de ser muito presente: até a sua morte faria divulgar sucessivos textos, dando sequência ao programa formulado no *Verdadeiro Método de Estudar*, de 1746. Assim, os horizontes filosóficos deveriam ser fixados pelo empirismo mitigado[18] obra do próprio Verney e do filósofo italiano Antonio Genovesi (1713-1769).

---

[18] Denominou-se empirismo mitigado a espécie de filosofia adotada na Universidade portuguesa, com o beneplácito de Pombal, pelo fato de que, embora incorporando teses empiristas, destas eliminou toda problematicidade, justamente o que facultou ao empirismo uma grande presença na Filosofia Moderna.

Silvestre Pinheiro Ferreira iria chocar-se com essa doutrina dominante, o que o levaria, primeiro, a abandonar o projeto eclesiástico, e, pouco mais tarde, segundo se mencionará, a emigrar de Portugal.

Afastando-se do seminário, ministrou aulas particulares em Lisboa, mas logo obteve em 1794, por concurso, na Universidade de Coimbra o lugar de lente substituto da cadeira de Filosofia Racional e Moral do Colégio das Artes.

Na nova situação, buscou aprofundar a crítica ao sistema filosófico vigente. Semelhante iniciativa não foi bem aceita pela comunidade que o denunciou às autoridades. Ameaçado de prisão, foge de Portugal, embarcando clandestinamente em Setúbal, a 31 de julho de 1797. Tinha, portanto, menos de 30 anos.

No exílio, Silvestre Pinheiro Ferreira estabeleceu relações com António de Araújo e Azevedo (1754-1817), futuro primeiro conde de Barca, ministro de Portugal em Haia, pessoa de influência ascendente e que iria introduzi-lo na carreira diplomática. Assim, foi secretário interino da Embaixada em Paris, a seguir secretário da Legação na Holanda em 1798 e, depois, em 1802, encarregado de negócios na Corte de Berlim.

A permanência na Alemanha prolongou-se até 1810. Acompanhou de perto o movimento idealista pós-kantiano, tendo assistido a conferências ou debates com a presença, entre outros, de Johann Gottlieb Fichte (1762-1814) e de Friedrich Schelling (1775-1854). Suas simpatias, contudo, eram todas para o sistema de Christian Wolff (1679-1754) e de Gottfried Wilhelm Leibniz (1646-1716), que, naquela oportunidade, ainda contaria com a adesão da maioria das universidades.

Regressou diretamente para o Brasil em 1810, quando a Corte já se achava sedimentada. Cercava-o, então, a fama de erudito e liberal, que a posteridade comprovaria não ser imerecida, mas que lhe acarretaria inúmeros dissabores.

No Rio de Janeiro, Silvestre Pinheiro Ferreira volta à condição de professor de Filosofia. Seu magistério contribuiu decisivamente para eliminar a influência do empirismo mitigado sobre parcela significativa da elite[19]. A experiência brasileira comprovaria que esse sistema acabou se combinando com o democratismo. Assim, sem minar seus fundamentos últimos e sem a formulação de novos elementos teóricos, não teria sido possível o ulterior predomínio dos moderados. Para semelhante desfecho a atuação de Silvestre Pinheiro Ferreira revelou-se essencial, nos seguintes aspectos:

1º) Examinando cada um dos temas mais relevantes do empirismo mitigado, com o que desvendou sua fragilidade e inconsequência;

2º) Desenvolvendo de modo coerente a tradição empirista luso-brasileira;

3º) Reconhecendo abertamente as dificuldades de uma fundamentação empirista da liberdade. Pode-se dizer que preparou os espíritos no sentido do passo subsequente, que correspondeu à formação da Escola Eclética[20].

A Corte o prestigiava ou hostilizava segundo a maré montante do liberalismo. Assim, em fins de 1812, chegou a ser exilado na ilha da Madeira, punição suspensa quando já se encontrava a bordo de navio com aquele destino. O sucesso da Revolução Espanhola e a aprovação da Constituição pelas Cortes de Cádiz naquele ano levam Dom João VI a solicitar-lhe projeto de Reforma da Monarquia, tarefa de que se desincumbe em 1814 e 1815. Em vista da derrota daquele movimento, suas sugestões não foram consideradas.

---

[19] Consubstanciado nas *Preleções Filosóficas*, iniciadas em 1813. A obra foi reeditada recentemente pelo Instituto Brasileiro de Filosofia na seguinte edição: FERREIRA, Silvestre Pinheiro. *Preleções Filosóficas*. São Paulo: Grijalbo/EDUSP, 1970.

[20] Examino detidamente o sistema filosófico concebido por Silvestre Pinheiro Ferreira na obra *História das Ideias Filosóficas no Brasil*, cuja edição revista e ampliada será lançada em breve pela LVM Editora.

Com a Revolução Constitucionalista do Porto e sua repercussão no Brasil, decide o Monarca entregar a chefia de seu governo a Silvestre Pinheiro Ferreira, em fevereiro de 1821, que nela acumula as pastas de Exterior e da Guerra. Nessa condição regressa com o Monarca a Portugal, afastando-se do governo em 1823, em vista dos propósitos absolutistas que logo se configurariam. Coube, portanto, ao ilustre pensador a espinhosa missão de atuar diretamente na transição da Monarquia absoluta para a constitucional, em meio a clima de todo desfavorável, lutando contra os que apenas ganhavam tempo e somente desejavam a volta da situação antiga e, simultaneamente, cuidando de isolar o radicalismo.

Saindo do Governo, exilou-se voluntariamente em Paris. Duas vezes foi eleito deputado, em 1826 e em 1838, sem que se dispusesse a exercer o mandato, preferindo permanecer na capital francesa. Contudo, após uma terceira eleição em 1842, decide-se pelo regresso a Portugal. Tinha então quase 73 anos, saúde alquebrada, supondo-se que haja na verdade optado por morrer em solo pátrio. Com efeito, menos de três anos depois, viria a falecer, a 2 de julho de 1846.

Durante a longa estada parisiense, cerca de vinte anos, Silvestre Pinheiro Ferreira elaborou extensa obra de filósofo e publicista político. Comentou e criticou exaustivamente as Constituições brasileira e portuguesa, discutiu nos mínimos detalhes os problemas da doutrina liberal e, em 1834, publicou a síntese de suas ideias no *Manual do Cidadão em um Governo Representativo*[21], em três tomos, que ora se reedita pelo Senado.

No entender de Silvestre Pinheiro Ferreira, o Direito Constitucional, como então se denominava o liberalismo político, encaixava-se num amplo sistema filosófico, cuja concepção seria obra do período brasileiro. Como naquela oportunidade não pôde se dedicar a

---

[21] FERREIRA, Silvestre Pinheiro. *Manual do Cidadão em um Governo Representativo*. Intr. Antonio Paim. Brasília: Senado Federal, 1998.

apresentá-lo por escrito, o que só em parte se efetiva na obra *Preleções Filosóficas*, em Paris cuidou de fazê-lo no *Essai sur la psychologie*, de 1826, e que mais tarde resumiria, em forma de compêndio, nas *Noções Elementares de Filosofia Geral e Aplicada às Ciências Morais e Políticas: Ontologia, Psicologia e Ideologia*, de 1839.

No período recente, além da reedição das *Preleções Filosóficas*, foram publicadas *Ideias Políticas*[22], uma antologia de seus principais textos na matéria, preparada por Vicente Barretto, e *Ensaios Filosóficos*[23], compreendendo a obra filosófica concluída no exílio, em Paris. O Centro de Documentação do Pensamento Brasileiro (CDPB), sediado em Salvador, dedicou-lhe uma de suas *Bibliografias e Estudos Críticos*, aparecida originalmente em 1983 e reeditada em versão ampliada em 2010[24]. Essa publicação insere os principais ensaios sobre sua obra, de autores portugueses e brasileiros. Também em Portugal sua obra tem sido reeditada e estudada, especialmente por José Esteves Pereira, autor de *Silvestre Pinheiro Ferreira: Seu Pensamento Político*[25], texto que se tornou referência obrigatória.

O exame detido a que se dedicou dos percalços da organização do sistema representativo, tanto no Brasil quanto em Portugal, interessou vivamente aos compatriotas que se viram, da noite para o dia, chamados de brasileiros e não mais de portugueses, e que naquela condição assumiram os destinos do país. José da Silva Lisboa (1776-1835), o visconde de Cairu, que era seu amigo e admirador, embora cada vez mais descrente das chances de chegarmos ao governo representativo

---

[22] FERREIRA, Silvestre Pinheiro. *Ideias Políticas*. Ed. e intr. Vicente Barretto; apres. Celina Junqueira. Rio de Janeiro: Documentário, 1976.

[23] FERREIRA, Silvestre Pinheiro. *Ensaios Filosóficos*. Intr. Antonio Paim; apres. Celina Junqueira. Rio de Janeiro: Documentário, 1979.

[24] O material se encontra disponível na internet no seguinte endereço: <http://www.cdpb.org.br/estudos_criticos_silvestre_pinheiro_ferreira.pdf>.

[25] PEREIRA, José Esteves. *Silvestre Pinheiro Ferreira: Seu Pensamento Político*. Coimbra: Universidade de Coimbra, 1974.

– para o qual Silvestre Pinheiro Ferreira não via alternativa capaz de apaziguar os ânimos, envolvidos que estavam em guerras civis intermináveis –, informava habitualmente o Senado do conteúdo desses livros, os principais dos quais, aliás, preservaram-se na Biblioteca da instituição. O Catálogo da Garnier, como se pode ver da recente reedição da obra de José de Alencar (1829-1877) – que o inclui – ainda na década de 1970 oferecia suas obras. Contudo, a evidência não se resume a isto. A maneira como Silvestre Pinheiro Ferreira entende a doutrina liberal – contraposta tanto ao democratismo (que chegou a ser denominado de liberalismo radical) quanto ao conservadorismo católico que em parte evoluiria para renegar o liberalismo – foi diretamente assumida pelo grupo vitorioso, conforme procuraremos demonstrar no capítulo subsequente.

A contribuição fundamental de Silvestre Pinheiro Ferreira reside no entendimento da doutrina da representação política. Em seu tempo, a distinção entre mandato imperativo e mandato político, nas condições do sistema representativo, foi estabelecida por Edmund Burke (1729--1797), no famoso *Speech to the Electors of Bristol* [*Discurso aos Eleitores de Bristol*], apresentado em 3 de novembro de 1774. Em síntese, embora o representante deva viver "na união mais estreita, na correspondência mais íntima e numa comunicação sem reservas com seus eleitores", não pode abdicar da própria independência política pela condição simultânea de representante da Nação. Somente em 1861, com o livro *Considerations on Representative Government* [*Considerações sobre o Governo Representativo*], de John Stuart Mill (1806-1873), iria aparecer uma nova doutrina. Agora a independência do representante é justificada pelo fato de que é (ou deve ser) mais instruído e mais sábio que seus eleitores. A doutrina de Silvestre Pinheiro Ferreira – inspirada em Benjamin Constant (1767-1830) – é inteiramente original e foi abraçada, como exemplificaremos, pela liderança liberal do Império. Para Silvestre Pinheiro Ferreira a representação é de interesses. No *Manual do Cidadão em um Governo Representativo*, agora reeditado, assinala que, em prol da concisão, tornou-se praxe, entre publicistas e jurisconsultos, dizer que "o procurador representa o seu constituinte, quando, em prol da clareza e da exatidão", competia dizer que "o procurador representa os interesses do seu constituinte". Ao que acrescenta:

> Se os jurisconsultos tivessem avaliado a importância desta observação, teriam concluído sem hesitar que a jurisprudência da representação não pode ser outra que a do mandato. Quando se tratava de fixar os direitos e deveres dos mandatários ou representantes, quaisquer que fossem, era na natureza dos *interesses* que se deveriam procurar os motivos; mas, perdendo de vista esta ideia tão simples ou omitindo a palavra "interesses" e conservando a de pessoa, caíram em graves erros, mormente quando trataram de direito constitucional e de direitos e deveres dos agentes diplomáticos [...].

Considerando a importância da personalidade de Silvestre Pinheiro Ferreira – e do próprio – para o ordenamento institucional alcançado no Segundo Reinado, o Senado Federal promoveu a reedição do *Manual do Cidadão em um Governo Representativo*, numa primorosa edição fac-similar.

O *Manual do Cidadão em um Governo Representativo*, lançado em 1834, corresponde à versão popular, em forma de diálogo, do *Curso de Direito Público Interno e Externo*, de 1830, que, por sua vez, é parte de um conjunto de obras destinadas a consolidar, no plano legal, a transição da Monarquia absoluta para a constitucional, em Portugal e no Brasil. Tudo leva a crer que o livro teve papel importante no ordenamento institucional que começa com o chamado Regresso, em 1840.

A partir da Revolução do Porto, entre agosto e setembro de 1820, tanto o Brasil quanto Portugal experimentam dois decênios de extrema turbulência. Guerras civis prolongadas – em nosso caso, agravadas pelo separatismo – instabilidade política, acefalia do Poder Monárquico, por conta da abdicação de Dom Pedro I no Brasil e da usurpação do trono por Dom Miguel (1802-1866) em Portugal. O quadro viu-se extremamente complicado graças à total inexperiência quanto ao funcionamento do sistema representativo. Paulino José Soares, visconde de Uruguai, em sua obra *Ensaio sobre o Direito Administrativo*, de 1862, relata como a Câmara dos Deputados, ainda nos anos 1830, interferia no preenchimento de cargos do Executivo, envolvia-se em questiúnculas da Administração, pretendendo impor diretrizes de ordem prática. Relaciona grande número de proposições que, embora contrariando frontalmente a Constituição, chegaram a merecer o apoio de um terço dos representantes.

Atento à circunstância, Silvestre Pinheiro Ferreira comentou exaustivamente as Constituições do Brasil e de Portugal, concebendo um conjunto de leis que facilitasse a conclusão do novo arranjo institucional. O *Curso de Direito Público* destina-se também a expor a teoria do governo representativo, isto é, a doutrina liberal que, então, se denominava Direito Constitucional.

Como esperamos demonstrar, a obra do ilustre homem público forneceu a orientação básica a partir da qual notável grupo de políticos brasileiros conseguiu assegurar cerca de meio século de estabilidade política, durante o Segundo Reinado, feito que não mais se repetiu em nossa história.

O primeiro tomo do *Manual* contém a parte doutrinária. O segundo está dedicado às alterações a serem efetivadas na Administração, cuja caracterização inicia-se, aliás, na última parcela do primeiro. Na parte final do segundo tomo consta a apresentação dos princípios do Direito Internacional e um índice alfabético de toda a matéria considerada nos dois tomos iniciais. Finalmente, o terceiro insere o projeto das leis fundamentais e constitutivas de uma Monarquia constitucional, a que chama de Código Geral.

Na parte doutrinária (tomo primeiro), Silvestre Pinheiro Ferreira inicia pelo preâmbulo das Cartas Constitucionais que se formularam desde a Revolução Americana, isto é, trata dos direitos e dos deveres, seguindo-se a caracterização dos diversos poderes. Aqui, contudo, a questão central, parece-me, consiste na teoria da representação.

Tamanha a importância que atribui à questão, decide-se por considerá-la como um poder autônomo (o Poder Eleitoral).

Essa é, aliás, a novidade básica da monarquia constitucional em oposição à absoluta.

Silvestre Pinheiro Ferreira tinha perfeita intuição de que se fosse possível organizar adequadamente a representação criar-se-ia um novo desaguadouro para os conflitos. Enquanto na discussão levada a cabo pelos americanos no *Federalista* ou nos primórdios do chamado *utilitarismo* – tal como defendido por Jeremy Bentham (1748-1832), cujas ideias tornam-se mais conhecidas a partir do aparecimento do periódico *Westminster Review*, em 1824, e de sua vulgarização por James Mill (1773-1836) –, os interesses individuais são encarados de forma negativa, admitindo-se, contudo, a possibilidade de emergirem e terem livre curso os interesses gerais, desde que assegurada a liberdade de iniciativa dos cidadãos – no fundo, a "mão invisível" de Adam Smith –, Silvestre Pinheiro Ferreira iria não só avaliar de modo diferenciado a natureza dos interesses, como, por este meio, abrir o caminho à possibilidade de organizar a sua expressão.

O autor do *Manual* arrolou doze tipos de atividades (agricultura, mineração, comércio e os principais segmentos do Poder Público) reunindo-as em três "estados" (comércio, indústria e serviço público), voltando sua atenção para a forma de escolha que assegurasse autenticidade à representação. "Ainda mesmo no caso de possuir conhecimentos mui extensos em outras partes da administração", escreve, os representantes devem possuir, sobretudo, familiaridade com os interesses que lhes incumbe representar. Diz expressamente que não é levando em conta aqueles conhecimentos gerais (sobre os quais hão de ter "um interesse mui remoto") que "os eleitores estabelecem sua confiança".

Na visão de Silvestre Pinheiro Ferreira, a maneira sugerida permitiria compor o Legislativo de forma mais adequada que a geralmente praticada, "enquanto, escreve, nos métodos vulgares cada eleitor escolhe sem saber que condições deve reunir o candidato". Ao que acrescenta:

Por isso vemos que os interesses dos diferentes estados são mui imperfeitamente representados nos congressos de quantas nações se presumem viver debaixo do regime constitucional; pela simples razão de que a lei não dirigiu a atenção do eleitor a fim de que ele se concentrasse no círculo de seus conhecimentos e procurasse entre as pessoas de seu mesmo estado os mais capazes de representar os respectivos interesses.

No fundo, o que advoga é o afunilamento dos interesses, função de que os partidos políticos acabariam por desincumbir-se.

A ambição de Silvestre Pinheiro Ferreira é no sentido de que os próprios responsáveis pelo Executivo sejam eleitos e não apenas os membros do Legislativo.

A legitimidade da representação e o novo arcabouço institucional em que os interesses (devidamente ordenados e organizados) devam sentar para negociar, ao invés de confrontar-se pelas armas, completa-se pela identificação daquela esfera moral que precisa estar acima de qualquer barganha. Os legisladores brasileiros optaram pelo Poder Moderador, exercido pelo Monarca, assistido pelo Conselho de Estado. Silvestre Pinheiro Ferreira preferiu diluir tal responsabilidade, a ser exercida pelo que chamou de Poder Conservador. Trata-se de garantir os direitos individuais dos cidadãos e de assegurar harmonia e independência entre os poderes.

Na proposta de Silvestre Pinheiro Ferreira essa incumbência cabe aos eleitores, ao Congresso Nacional, aos Tribunais de Justiça, ao Executivo e, finalmente, ao Conselho Superior de Inspeção e Censura Constitucional, composto mediante eleição. É recomendada essa diluição porque "ninguém ignora que os príncipes estão de tal modo cercados de lisonja e de intriga" que a verdade dificilmente chegará ao trono. Na matéria, o Congresso Nacional tampouco está "em condições mais favoráveis do que quaisquer outros cidadãos".

Capítulo 6

Liberalismo Doutrinário

Outra fonte por meio da qual a elite imperial teve acesso à doutrina liberal consiste no denominado *liberalismo doutrinário*, corrente francesa que enfrentou os ultras, no plano teórico, conseguindo ganhar a opinião e isolá-los no seu empenho de reconstituição do Antigo Regime, tendo logrado chegar ao poder com a Revolução de 1830.

A presença dos doutrinários no governo durou até 1848. Embora breve, nesse curto período histórico conseguiram fixar com clareza em que instituições deveria repousar a Monarquia constitucional. Os doutrinários tiveram uma filosofia (o espiritualismo eclético) que acabou tornando-se a vertente dominante no Brasil, em grande parte do século XIX.

Para caracterizar o liberalismo doutrinário, tomaremos por base o magnífico ensaio que Ubiratan Borges de Macedo lhe dedicou, retirado do já mencionado livro *Evolução Histórica do Liberalismo*. Define-o deste modo:

O liberalismo doutrinário é a versão francesa do liberalismo inglês, embora não se trate de simples cópia ou transplante. Ao contrário, os doutrinários franceses elaboraram questões teóricas da maior relevância, que não se encontravam no horizonte das preocupações da liderança liberal inglesa. Por isto mesmo ocupam, juntamente com Kant, uma posição fundamental na evolução histórica do liberalismo. Desde meados do século XIX, este não é apenas a experiência, as instituições e a doutrina inglesa, mas esse conjunto acrescido da meditação de Kant e dos doutrinários. De modo que o processo de democratização da ideia liberal na segunda metade da centúria, de que a Inglaterra é também o arquétipo, já não se inspira apenas na atividade teórica local, mas leva em conta a contribuição do continente. Na obra de Kant e dos doutrinários é que se encontram os argumentos para a crítica do *cartismo* – expressão inglesa do democratismo continental.

Ubiratan Borges de Macedo entende que tem na figura de Benjamin Constant o seu grande precursor. Constant é outra personalidade familiar à nossa elite imperial, sendo o Brasil o país que adotou a sua proposta de constituir o Poder Moderador, proposta essa que tanto impressionaria a Dom Pedro I. A esse propósito, Ubiratan Borges de Macedo lembra que Benjamin Constant era conhecido na época como o *chef de la gauche* [líder da esquerda], parecendo-lhe plausível admitir que Dom Pedro dele "se aproximou juntamente por sua condição subversiva". Ao que acrescenta:

> O nosso primeiro Imperador lutou denotadamente contra o absolutismo monárquico, e, na formação desse seu espírito liberal, o conhecimento da obra de Benjamin Constant há de ter desempenhado um papel decisivo, fato atestado pelo seu biógrafo Otávio Tarquínio de Sousa. Não seria estranho à predileção do nosso primeiro imperante a tumultuada vida pessoal de Benjamin: paixões e casamentos sucessivos, duelos, postura boêmia, nada conservadora.

Benjamin Constant considerava a liberdade como o núcleo do seu sistema. A partir de tal princípio concebeu a Monarquia constitucional, de governo representativo, embrionariamente parlamentarista e bicameral, como definiu Ubiratan Borges de Macedo.

À segunda Câmara (o Senado), duradoura, incumbe não apenas a prudência nas reformas, mas sobretudo evitar retrocessos na marcha política para maior liberdade e igualdade.

O modelo de Constant atribui papel especial ao Monarca, ao lhe delegar a função que se chamou de Poder Moderador. Explica Ubiratan Borges de Macedo:

> Na fase em que viveu o nosso autor, a questão não se resumia à harmonia entre Judiciário e o Executivo ou entre este e o Parlamento.
> A rigor não existia Parlamento, mas duas Câmaras separadas e frequentemente em conflito. Havia também atritos entre o Rei e seus Ministros, num tempo em que somente na Inglaterra se consagrara a figura do Primeiro--Ministro. De sorte que tem toda pertinência a ideia de criar-se uma outra Magistratura, com atribuições de exercitar a coordenação dos vários poderes; pairando acima deles como árbitro. Essa doutrina deve ser avaliada à luz da circunstância concreta em que apareceu. Em sua época a ideia era absolutamente válida e, de certo modo, imprescindível, porquanto o sistema de governo constitucional, inaugurador de uma nova realidade de poder descentralizado, ainda não havia formado os mecanismos coordenadores que se criariam de formas múltiplas, segundo a experiência de cada país.

O liberalismo doutrinário formou-se em contraponto a Benjamin Constant, reunindo, como líderes, um grupo de intelectuais de grande nomeada, como François Guizot (1787-1874) e Pierre-Paul Royer--Collard (1763-1845).

Royer-Collard é o fundador da Escola Eclética, sendo seus discípulos Victor Cousin (1792-1867) e Theodore Jouffroy (1796-1842). Alguns brasileiros, como Domingos Gonçalves de Magalhães (1811-1882) e Salustiano José Pedrosa (†1858), teriam oportunidade, em Paris, de ser alunos de Jouffroy. Ao liberalismo doutrinário associa-se Alexis de Tocqueville (1805-1859), cujo grande feito consiste em haver recuperado o valor do ideal democrático, inteiramente desmoralizado pelo democratismo. A partir de sua obra – sobretudo *A Democracia na América*, de 1835 –, começa o processo de democratização da ideia liberal, sendo seu grande artífice o líder liberal inglês William Gladstone (1809-1898).

Ubiratan Borges de Macedo resume deste modo as principais teses dos doutrinários:

1) A Revolução Francesa é um fato a ser aceito com suas consequências. A volta ao Antigo Regime é impensável, tanto a nível prático quanto teórico.

2) A Revolução não pecou por demasia. Sua doutrina teórica (o democratismo) é que era falha.

3) O constitucionalismo é condição indispensável de organização do Estado. Os direitos e liberdades individuais não têm, contudo, origem racional, mas resultam de condições históricas concretas.

4) A soberania popular é um mito, ponto no qual discordam frontalmente de Benjamin Constant. A Câmara representa interesses e correntes de opinião, e não a noção abstrata de povo.

5) Ao sistema representativo não incumbe representar apenas correntes de opinião e interesses, mas todas as forças e instituições existentes no país, inclusive a Monarquia. Ao mesmo tempo, recusa a ideia de Poder Moderador.

Concluindo a sua abrilhante análise, escreve Ubiratan Borges de Macedo:

Assim, os doutrinários deram uma contribuição fundamental no sentido de preservar o espírito da ideia liberal, no século anterior virtualmente circunscrita à Inglaterra, distinguindo-o nitidamente do democratismo difundido pela Revolução Francesa, sem voltar as costas ao sistema representativo, e, deste modo, distinguindo-se também do tradicionalismo, que em nosso país, ainda hoje, lamentavelmente é entendido como única forma de conservadorismo. Sua atuação não se circunscreveu ao plano doutrinário, sendo inestimável a contribuição que deram à configuração de instituição liberal. Está neste caso o grande esforço que desenvolveram no sentido de tornar a Universidade pública uma instituição laica. Os doutrinários conceberam e plasmaram as Forças Armadas como uma instituição profissional.

Dessa sua atuação prática não resultou a sonhada estabilidade política e talvez essa ambição estivesse muito acima de suas forças.

Parte III

O DEBATE TEÓRICO QUE ACOMPANHOU A IMPLANTAÇÃO DO SISTEMA REPRESENTATIVO

Paulino José Soares (1807-1866), o visconde de Uruguai

Capítulo 7

As Décadas de 1820 e 1830

Desde que chegou ao Rio de Janeiro a notícia da Revolução do Porto iniciada em 24 de agosto de 1820, cerca de dois meses depois de sua eclosão, em outubro do mesmo ano, a política ocupa gradativamente todos os espaços, com a peculiaridade de abrir-se à elite brasileira, até passar inteiramente às suas mãos. Desde então, as pessoas de escol não se sentiam no direito de ocupar-se da cultura. A radicalização fez o resto, transformando o choque elétrico – de que fala Silvestre Pinheiro Ferreira, no seu depoimento daqueles meses iniciais, que denominou de *Cartas sobre a Revolução do Brasil* – numa espécie de grande curto-circuito. Os fatos da radicalização são bem conhecidos, razão pela qual limitamo-nos a dispô-los em ordem, para destacar a magnitude crescente:

- Dissolução da Assembleia Constituinte em fins de 1823;
- Confederação do Equador em 1824, que convulsionou de Pernambuco ao Ceará;

- Agitação intermitente no Rio de Janeiro, inclusive com levantamentos militares, em 1831 e 1832, entremeada pelo desfecho colossal que foi a abdicação de Dom Pedro I em 7 de abril de 1831;
- Guerra civil no Pará entre 1835 e 1840;
- Guerra civil na Bahia entre 1837 e 1838;
- Guerra civil no Maranhão entre 1838 e 1841;
- Revolução Farroupilha nas províncias do Sul, iniciada em 1835 e que só terminaria em pleno Regresso no ano de 1845.

O Ato Adicional de 12 de agosto de 1834 inclinava-se francamente por uma República, de estilo norte-americano, ao estabelecer eleição direta de um regente único, extinguindo simultaneamente o Conselho de Estado.

As guerras civis travavam-se com grande ferocidade. Para exemplificar, na Sabinada (guerra civil na Bahia) morreram em combate 1.685 indivíduos, dos quais 594 governistas e 1.091 insurretos, com cerca de três mil feridos em ambos os lados.

Dispensamo-nos de caracterizar a contraparte doutrinária do radicalismo, pois pretendo apenas chamar a atenção para o fato de que a política teve que ser praticada em regime de tempo integral e dedicação exclusiva, como diríamos hoje. José Bonifácio de Andrada e Silva deixa de lado a pesquisa mineral que tanta celebridade lhe dera nos círculos científicos europeus e norte-americanos. O visconde de Cairu abandona a obra de tratadista do Direito para fazer-se panfletário.

Martim Francisco Ribeiro de Andrada (1775-1844) e Diogo Antônio Feijó (1784-1843), introdutores do kantismo no Brasil, acham-se igualmente absorvidos pela ação.

A experiência republicana fracassou redondamente. Aos fins da Regência Feijó, terminada em 19 de setembro de 1837, como indica Otávio Tarquínio de Sousa (1889-1959), chega-se a uma certa saturação do monopólio e do fascínio da política. A esse propósito escreve o historiador:

O certo é, porém, que do país, pela classe que ascendera à direção política, se apoderou um cansaço de lutas tão ásperas, um grande desejo de ordem e estabilidade.

A regência subsequente à de Feijó, a de Pedro de Araújo Lima (1793-1870), o marquês de Olinda, desembocou diretamente no Regresso, iniciado em 24 de julho de 1840, que lança as bases do mais longo período de estabilidade política da história brasileira.

Os indícios de que agora há condições (e tempo) para a cultura são os seguintes:

I) Criação da revista *Niterói*, que teve dois números impressos em Paris no ano de 1836, com a colaboração de jovens que muito se destacariam durante o Segundo Reinado, a saber: Domingos Gonçalves de Magalhães (1811-1882), Manuel de Araújo Porto Alegre (1806- -1876) e Francisco de Sales Torres Homem (1812-1876). Assinale-se que a revista *Niterói* insere um artigo de Silvestre Pinheiro Ferreira ("Ideia de uma sociedade promotora de educação industrial"), o que evidencia a permanência de seus laços com a elite brasileira;

II) Estruturação do Colégio Pedro II em 2 de dezembro de 1837, que atraiu desde logo intelectuais promissores para constituir seu corpo docente; e,

III) Mais relevante que tudo, a criação do Instituto Histórico e Geográfico Brasileiro (IHGB), em 21 de outubro de 1838.

De sorte que é na segunda metade da década de 1830 que estão dadas no país as condições para a efetivação de um debate filosófico de grande significado, cujo mote, segundo toda a evidência, foi dado por Silvestre Pinheiro Ferreira.

Capítulo 8

O Regresso

Conforme tivemos oportunidade de assinalar no capítulo precedente, desde o momento em que chegaram ao Rio de Janeiro as primeiras notícias da Revolução Constitucionalista do Porto, iniciada em 24 agosto de 1820 e vitoriosa no mês seguinte, até a organização do Gabinete Conservador, em 23 de março de 1841, que marca o começo da fase histórica denominada de Regresso, o país viveu período da mais intensa agitação. Durante vinte anos a Nação quase soçobrou, e, em vez de ser consolidada a unidade nacional, correu o risco de consumar-se a separação de partes importantes no Sul, no Nordeste e no Norte do país.

Do ano em que se proclama a Independência até a abdicação de Dom Pedro I, em 1831, atropelam-se as questões, todas afinal ofuscadas pelo problema magno de solidificar-se a separação de Portugal. No período de organização constitucional, mostram-se irreconciliáveis três facções extremadas: liberais radicais, que iriam evoluir para o franco separatismo provincial; autoritários, que acabariam preferindo a monarquia absoluta; e os conciliadores, desejosos de encontrar as fórmulas que permitissem a estruturação de Monarquia constitucional. Nesse período, sobrevém a morte de Dom João VI e o Imperador brasileiro torna-se herdeiro da Coroa portuguesa.

Embora tenha renunciado à prerrogativa, a Independência e a separação de Portugal pareciam ameaçadas. A oposição extremada a Dom Pedro I leva-o afinal à abdicação.

Sem imperador, sem instituições consolidadas, exacerbando-se o espírito federalista, muitas vezes identificado com o puro separatismo, qual caminho empreender? A situação na década de 1830 é deveras dramática. Vota-se o Ato Adicional, que dá ganho de causa aos partidários da concentração dos poderes em mãos das Províncias, em detrimento do Poder Central. Entre as fórmulas imaginadas e experimentadas aparece a da eleição direta do regente. Se a experiência tivesse aprovado, estava aberto o caminho à Proclamação da República. Mas o todo-poderoso regente Feijó fracassa e renuncia. Tudo conspirava no sentido da plena instauração do caos.

Em fins da década de 1830, o centro moderado consegue articular-se, e o Parlamento vota sucessivamente um conjunto de providências – por exemplo, Lei de Interpretação do Ato Adicional, reduzindo os poderes das províncias, e a maioridade do Imperador – de que iria resultar a estruturação das instituições nacionais. Nos quatro decênios subsequentes surge plenamente o entendimento de que a questão magna corresponde à organização da representação.

Paulino José Soares, com o propósito de acentuar a perplexidade que então se havia apoderado da elite, relacionou os projetos que lograram o apoio de um terço da Câmara dos Deputados:

Sessão de 27 de maio de 1831 – Que o governo do Brasil seja federal e uma lei marque as circunstâncias da federação.

Sessão de 3 de junho de 1831 – Que a religião seja negócio de consciência, e não estatuto de lei do Estado. Nessa fase, muitos liberais passam a supor que a religião poderia acabar com os conflitos e tensões, segundo se pode ver na obra do visconde de Cairu.

Sessão de 16 de junho de 1831 – Que a Justiça seja eletiva, abolindo-se as penas. Os fins da Justiça serão: conciliação dos desavindos, satisfação da obrigação, reparação do dano, correção ou repressão do malfeitor e segurança dos ofendidos. Lembra Paulino Soares, a propósito, a iniciativa de Saint Just, durante a Revolução Francesa, no sentido de entregar a Justiça a "seis velhos notáveis", "enfeitados com uma faixa tricolor e penacho branco" [...] "Se a perturbação continua, os velhos anunciam o luto da lei; os que insultam um velho são reputados maus e perdem a qualidade de cidadãos" [...] etc.

Sessão de 12 de outubro de 1831 – Cada Província nomeará uma Assembleia, que fará sua própria Constituição.

Sessão de 16 de junho de 1831 – Que o Governo do Brasil seja ora vitalício na pessoa do Imperador Pedro II, depois temporário na pessoa de um Presidente das Províncias Confederadas do Brasil.

Sessão de 27 de junho de 1835 – Transferência dos impostos para as províncias, dividindo-se entre elas as cotas que cobrissem as despesas gerais da Nação.

Com a votação da Lei de Interpretação do Ato Adicional e, em seguida, do Código de Processo, surge no país um novo polo aglutinador que acabaria logrando apaziguar os ânimos. Para tanto, estruturou-se a representação, que era o elemento novo enxertado nas velhas instituições do Estado português.

Paulo Mercadante (1923-2013) observa que a capacidade polarizadora do elemento moderado resulta do próprio agravamento da situação. A esse propósito indica:

Meia dúzia de homens acrescentam bem amiúde uma ponta de moderação nas crises políticas que sacodem o Império. Não se trata de pulso de ferro, imprimindo um rumo novo aos acontecimentos, mas da palavra firme e sensata. Tudo faz crer que o radicalismo fosse, muitas vezes, conduzir o país a uma revolução, mas o equilíbrio dos líderes aparece de molde a contaminar as aspirações desenfreadas e assustadoras.

A atuação desse grupo, em seguida à abdicação de Dom Pedro I, é bem expressiva da relevância que vai assumindo. Eis como descreve o quadro:

> A onda democrática avolumara-se e levava de vencida a tendência suspeita de restauração que parecia existir no espírito do Imperador. Pela manhã, a anarquia dos primeiros momentos poderia ter conduzido o país a uma República ou ao fracionamento das províncias. Dom Pedro I abandonara o Trono; o Ministério, incapaz de deter a avalanche, não tinha onde apoiar-se, já que contra ele fora feito o motim; a Assembleia e o Senado estavam em recesso. Não havia autoridade alguma nem força militar que se encontrasse apta para sustar a marcha evolucionária, impregnada de aspiração republicana e federalista. Nessa extremidade, podia a revolução deflagrar-se. Não obstante, os membros das Casas legislativas que se encontravam na capital reuniram-se à pressa para formar um governo e assim levantarem um dique às pretensões do elemento *sans-culotte*.

Semelhante desfecho, acentua Paulo Mercadante, evidenciou a prevalência daquela "tendência que melhor traduzia as aspirações da sociedade, realizando-se outra vez, para a preservação da ordem existente". Vencia o partido que advogava as modificações moderadas e que, no dizer do historiador Manuel Duarte Moreira de Azevedo (1832-1903),

> desejava que os progressos e mudanças na ordem social marchassem de acordo com os progressos da inteligência e da civilização, que as refor-

mas, a fim de permanecerem, fossem operadas lentamente e pelos meios legais[26].

Mercadante define-os ainda como "os líderes realistas da política de transação" e indica que deles sairia também a falange da Interpretação e do Código de Processo.

A alteração fundamental introduzida neste último diz respeito à eliminação das eleições para Juízes de Paz e a revisão de suas atribuições. No *Ensaio sobre o Direito Administrativo*, de 1862, Paulino José Soares, visconde de Uruguai, que foi o artífice dessa reforma, examina detidamente seus fundamentos.

Mostra, em primeiro lugar, que a herança legal recebida de Portugal inseria uma grande confusão entre a Administração e o Poder Judiciário, decorrente, aliás, como indica, da circunstância de tratar-se de Monarquia absoluta, alheia à divisão dos poderes. Segundo aquela legislação, os juízes exerciam muitas funções administrativas.

Antes de introduzir as reformas pertinentes ao novo regime – isto é, adequar a Monarquia tradicional aos institutos do sistema representativo –, competia, segundo Uruguai, separar inteiramente as funções administrativas das judiciárias para, em seguida, delegá-las aos poderes competentes. Nada disto se fez, cuidando-se tão somente, segundo suas próprias palavras, de

> Tornar a autoridade judicial, então poderosamente influente sobre a Administração, completamente independente do poder administrativo pela eleição popular. O governo ficou, portanto, sem ação própria sobre agentes administrativos também dos quais dependia sua ação e que, todavia, eram dele independentes.

---

[26] MERCADANTE, Paulo. *A Consciência Conservadora no Brasil*. Rio de Janeiro: Civilização Brasileira, 2. ed., 1972. Cap. VI, p. 98ss.

Os juízes de paz, "filhos da eleição popular, criaturas da cabala de uma das parcialidades do lugar", foram cumulados de atribuições, na esfera criminal e outros, abrangendo, inclusive, aquelas relacionadas ao processo eleitoral. Prossegue Uruguai:

> Sucedia vencer as eleições uma das parcialidades em que estavam divididas as nossas Províncias. A maioria da Assembleia Provincial era sua. Pois bem, montava o seu partido e, por exemplo, depois de nomeados para os empregos e postos da Guarda Nacional homens seus, fazia-os vitalícios. Amontoava os obstáculos para que o lado contrário não pudesse para o futuro governar. Fazia Juízes de Paz seus, e Câmaras Municipais, suas. Estas autoridades apuravam os jurados e nomeavam, indiretamente, por propostas, os Juízes Municipais, de Órfãos e Promotores. Edificava-se assim um castelo, inexpugnável, não só para o lado oprimido, como ainda mesmo para o Governo Central.

Ou seja, um instrumento do novo regime – a eleição – fora colocado ao serviço da dominação de uma das facções em luta ao arrepio de suas funções próprias que eram a seleção do representante apto à defesa dos interesses, mas obrigado a fazê-lo mediante a negociação em vez da imposição.

Nas reformas do período do Regresso aboliu-se a eleição do juiz de paz. As instituições do Judiciário e da polícia passaram a subordinar-se ao Poder Central. Lançavam-se as bases para a organização da Justiça em bases definitivas, assegurando-lhe a possibilidade de ser de fato independente.

A esse respeito escreve Uruguai:

> A Lei de Interpretação do Ato Adicional e a de 3 de dezembro de 1841 (Código de Processo), modificaram profundamente esse estado de coisas. Pode por meio delas ser montado um partido, mas pode também ser desmontado quando abuse. Se é o governo que monta terá contra si, em todo o Império, todo o lado contrário. Abrir-se-á então uma luta vasta e larga porque terá de

basear-se em princípios, e não na luta mesquinha, odienta, mais perseguidora e opressiva, das localidades. E se a opinião contrária subir ao Poder encontrará na legislação meios de governar. Se quando o Partido Liberal dominou o Poder no Ministério de 2 de fevereiro de 1844 não tivesse achado a Lei de 3 de dezembro de 1841, que combateu na tribuna, na imprensa e com as armas na mão, e na qual não tocou nem para mudar-lhe uma vírgula, se tivesse achado o seu adversário acastelado nos castelos do sistema anterior, ou teria caído logo ou teria saltado por cima das leis. Cumpre que na organização social haja certas molas flexíveis, para que não quebrem quando aconteça, o que é inevitável, que nelas se carregue um pouco mais[27].

Assim, no começo da década de 1840, foram estabelecidas as regras segundo as quais os segmentos da sociedade, que dispunham da prerrogativa de fazer-se representar, tinham assegurado esse direito, tornando sucessivamente desnecessário o recurso às armas. Começa o ciclo em que ganham forma os instrumentos capazes de proceder à negociação e de sancionar a barganha, em primeiro lugar os partidos políticos, que eram então simples blocos parlamentares, como nos demais países em que se ensaiava a prática do sistema representativo. Eram, porém, capazes de fazer valer os interesses dos grupos sociais, que tinham acesso à representação. O aprimoramento desta seria um tema que não mais seria excluído da ordem do dia.

O aprimoramento em causa, que se estendeu por mais de quarenta anos – interrompendo-se, afinal, pelo advento da República –, compreendia a delimitação rigorosa da base territorial abrangida pelo mandato do representante, o problema da representação da minoria e, finalmente, a ampliação da base social possuidora do direito de fazer-se representar. Não havia, óbvio, nenhuma preocupação com a democratização do sistema, tema que somente emergiria, na própria Inglaterra, anos mais tarde.

---

[27] SOARES, Paulino José. *Ensaio sobre o Direito Administrativo*. Rio de Janeiro: Tipografia Nacional, 1862. V. II, cap. XXX.

Capítulo 9

As Instituições do Sistema Representativo no Segundo Reinado

1 – A Estruturação e o Aprimoramento da Representação

À geração que fez a Independência competia criar as instituições do sistema representativo, matéria na qual não dispunha da menor experiência.

A presença da Corte no Brasil durante mais de um decênio permitira que se estruturasse a última instância das diversas agências governamentais, antes sediadas em Lisboa. Essa máquina administrativa, no entanto, refletia uma longa tradição na qual o Estado era virtualmente tudo, cabendo-lhe até mesmo instaurar atividades econômicas que davam nascedouro ou sustentavam grupos sociais.

Como se sabe, os dois primeiros decênios da nova situação foram extremamente dramáticos, sobretudo devido ao fato de que a elite se fracionou nas mais variadas opiniões. Interesses regionais se constituíam em elemento adicional para agravar o quadro.

Aos poucos, a Constituição de 1824 tornou-se o principal ponto de referência. Esse instituto optara pela manutenção do arcabouço institucional herdado da Monarquia absoluta, nele enxertando mecanismos, atenuadores de seu poder até então ilimitado. Tais mecanismos eram sobretudo a Câmara dos Deputados, renovada periodicamente, o Senado vitalício e o Conselho de Estado. Sob o império de Dom Pedro I a prática anterior não se alterou substancialmente, além de que, com a morte de Dom João VI, em 10 de março de 1826, a questão da Independência volta à ordem do dia, obscurecendo a magnitude do problema institucional.

Com a abdicação de Dom Pedro I, em 7 de abril de 1831, a elite parece inclinar-se francamente por uma experiência republicana. Outro não é o sentido do dispositivo do Ato Adicional votado em 12 de agosto 1834 no qual se determina a eleição do regente.

O Ato Adicional expressa com clareza o processo pelo qual a Constituição de 1824 irá transformar-se no principal elemento aglutinador, já que visa à eliminação da linha aprimoradora da Monarquia e à sua substituição por um sistema inteiramente novo.

Depois de estabelecer as atribuições das Assembleias Provinciais, então criadas, em substituição aos Conselhos Gerais, o Ato Adicional, promulgado em 12 de agosto de 1834, introduz estas alterações na direção dos negócios do Império:

Art. 26. Se o imperador não tiver parente algum que reúna as qualidades exigidas no Art. 122 da Constituição, será o Império governado durante a sua minoridade por um regente eletivo e temporário, cujo cargo durará quatro anos, renovando-se para esse fim a eleição de quatro em quatro anos.

Art. 27. Esta eleição será feita pelos eleitores da respectiva legislatura, os quais reunidos nos seus colégios votarão por escrutínio secreto em dois cidadãos brasileiros, dos quais um não será nascido na Província a que pertencerem os colégios, e nenhum deles será cidadão naturalizado.

Apurados os votos, lavrar-se-ão três atas do mesmo teor, que contenham os nomes de todos os votados e o número exato de votos que cada um obtiver. Assinadas estas atas pelos eleitores e seladas, serão enviadas uma à Câmara Municipal a que pertencer o colégio, outra ao Governo Geral por intermédio do presidente da província, e a terceira diretamente ao presidente do Senado.

Art. 28. O presidente do Senado, tendo recebido as atas de todos os colégios, abri-las-á em Assembleia Geral, reunidas ambas as Câmaras, e fará contar os votos: o cidadão que obtiver a maioria destes será o regente. Se houver empate, por terem obtido o mesmo número de votos dois ou mais cidadãos, entre eles decidirá a sorte.

Art. 29. O Governo Geral marcará um mesmo dia para esta eleição em todas as províncias do Império.

Art. 30. Enquanto o regente não tomar posse, e na falta de impedimentos governará o ministro de Estado do Império; e na falta ou impedimento deste, o da Justiça.

Art. 31. A atual regência governará até que tenha sido eleito e tomado posse o regente de que trata o Art. 26.

Art. 32. Fica suprimido o Conselho de Estado de que trata o Título III, Capítulo VII, da Constituição.

A experiência não seria bem-sucedida. Tiveram prosseguimento as desordens e insurreições nas províncias. O governante mais forte do período, o regente Feijó, renunciou em 19 de setembro de 1837 ao mandato conquistado em eleição direta – de verdadeiro Presidente da República, desde que a criança que deveria assumir o Trono, se chegasse a ser instituído, não contava para nada – e posteriormente encabeçou uma insurreição contra o Poder Central que inutilmente tentara consolidar e fazer respeitar.

Não amadurecera suficientemente a compreensão de que a questão nuclear consistia em organizar a representação, reconhecendo a diversidade e a legitimidade dos interesses e zelando para que fossem criados obstáculos a que determinado interesse tivesse condições de sobrepor-se aos demais.

Essa compreensão despontaria a partir do Regresso, que costuma ser datado da aprovação pela Câmara da chamada Lei de Interpretação do Ato Adicional, que teve lugar em 12 de maio de 1840.

O essencial consiste na subordinação ao Poder Central (ao Ministério da Justiça) dos institutos vinculados ao processo eleitoral, que se inicia com a reforma do Código do Processo Criminal, patrocinada por Paulino José Soares, em 3 de dezembro de 1841, e teria continuidade ao longo do Império, para culminar com a denominada Lei Saraiva de 9 de janeiro de 1881.

Até a Reforma Paulino Soares, o aparelho judicial e policial achava-se subordinado aos juízes de paz, eleitos e como tal vinculados a essa ou aquela facção provincial. A centralização não era certamente tudo e o autor da reforma reconhecia-o plenamente, como assinala João Camilo de Oliveira Torres (1916-1973):

> A argumentação de Paulino é seca e simples: antes, com juízes de paz responsáveis pela polícia, além de se fracionar a autoridade em mil centros dispersos, retirando ao Poder Central os meios de fazer valer a sua vontade, estabelecia o jogo das facções.
> E com franqueza e agudo senso das realidades, em palavras de homem que não se deixa levar pelo som harmonioso das teorias grandiloquentes, mas conhece o terreno onde tem os pés bem fincados no solo, diz:
> "As pequenas facções que nas localidades disputam as eleições [...] não cometem tantos excessos para que a eleição recaia no homem mais capazes de administrar justiça e mais imparcial; mas sim para que sejam eleitos homens de partido, mais decididos, mais firmes, mais capazes de coartar, por quaisquer considerações, para o servir e para abater e nulificar o contrário. E qual resultado? Uma luta continuada, uma série não interrompida de reações com que as paixões cada vez mais se irritam, que o governo não pode conter e de que, todavia, é sempre acusado."
> E conclui: "Todo favor, toda a proteção para aqueles que os ajudam a vencer, toda a perseguição aos vencidos."

Paulino conseguiu com a Lei de Interpretação do Ato Adicional transferir para o Governo Central a Justiça de primeira instância – que uma interpretação liberal do Ato Adicional passara para as províncias – e com a lei de 3 de dezembro fundou a Justiça unificada e a polícia centralizada no Brasil. Graças à legislação de 1841, as autoridades policiais deixaram de ser eleitas e passaram a nomeadas.

Mas, então, toda a máquina policial do país passou a ser revista a cada alternação de situação política. Paulino, esta a verdade, conseguira apenas a metade de suas aspirações: abolira a anarquia, é verdade, mas não conseguiu acabar com o espírito de facção: os delegados assim nomeados passaram a agentes do partido dominante. E, até hoje, em muitos Estados, as delegacias de polícia são preenchidas de acordo com os interesses e as necessidades das facções em luta.

Paulino compreendeu esta verdade, todo o interesse político de sua reforma[28].

O outro lado da questão consistia na organização do corpo eleitoral. Nesse sentido, podem ser identificadas duas linhas básicas:

1ª) Reexame frequente da base territorial (distrito eleitoral) em que deveria ser escolhida a representação, de modo a distribuí-la com equilíbrio pelo conjunto do país; e,

2ª) Liberalização do censo nas cidades, acompanhando o processo de democratização do sistema representativo que tinha lugar na Inglaterra.

A esse tema voltaremos, ainda neste capítulo, pelo papel que desempenha na conquista da estabilidade política alcançada no Segundo Reinado.

---

[28] TORRES, João Camilo de Oliveira. *Os Construtores do Império: Ideias e Lutas do Partido Conservador.* São Paulo: Companhia Editora Nacional, 1968, p. 29-30.

2 – Os Partidos Políticos

O processo de constituição dos partidos políticos imperiais estendeu-se ao longo das duas primeiras décadas da Independência. Durante o Primeiro Reinado havia sobretudo governo e oposição. É no período regencial que se formaria polarização diversa.

Na fase da Regência anterior à eleição de Feijó, estiveram no poder os moderados, então denominados de *chimangos*. A oposição fracionou-se em dois grupos: os *exaltados* (radicais, federalistas extremados, promotores da Revolução Farroupilha e de outros levantes provinciais) e *caramurus* (restauradores, que sonhavam com a volta de Dom Pedro I). Com o falecimento do antigo Monarca, em 24 de setembro de 1834, desaparece o Partido Caramuru. Nesse mesmo ano é votado em 12 de agosto o Ato Adicional e os exaltados, em parte vitoriosos, voltam-se para o processo eleitoral. Com a eleição de Feijó em 1835, constitui-se o Partido Progressista que daria origem, posteriormente, ao Partido Liberal.

A oposição a Feijó denominou-se inicialmente de *regressista*. Seus elementos, granjeando o apoio de antigos caramurus e outros descontentes, dariam origem ao Partido Conservador.

Embora se considere que o Partido Conservador estivesse formalmente constituído em 1837, sendo posterior o surgimento do Partido Liberal, as distinções doutrinárias entre as duas entidades somente tornar-se-iam expressas muito mais tarde, em decorrência da prática da Monarquia constitucional.

Ambas eram, sobretudo, blocos parlamentares, a exemplo das agremiações políticas então existentes em outros países. Além disso, predominaram os elementos moderados, tanto entre conservadores quanto entre liberais. No Segundo Reinado, o então chamado liberalismo radical (democratismo) estaria reduzido à facção minoritária.

Entre outras coisas, a questão do Poder Moderador, que se estudará neste capítulo, faculta compreender o tipo de divergência que separava liberais e conservadores.

Como se sabe, o sistema representativo do século XIX não era democrático, já que o direito de se fazer representar estava circunscrito à classe proprietária rural. As reformas destinadas a ampliar o direito de voto começam na Inglaterra em 1832, beneficiando inicialmente outras camadas proprietárias, em especial urbanas, prolongando-se ao longo do século. Somente em 1884 constituem-se distritos eleitorais de peso equiparável e tem lugar a ampliação do corpo eleitoral mediante a eliminação da discriminação originada pela renda (permaneciam as restrições em relação às mulheres, aos analfabetos, etc.). A elite imperial brasileira cuidaria de acompanhar este processo, sobretudo por meio da liberalização do censo nas cidades.

3 – Os Órgãos do Poder Executivo

A Constituição de 1824 estabeleceu que "o Imperador é o chefe do Poder Executivo e o exerce pelos seus ministros de Estado" (Artigo 102). Para Dom Pedro I, essa prerrogativa significava que o Ministério deveria merecer a sua confiança. E o papel da Assembleia? Não significava a preferência pela Monarquia constitucional uma opção automática pelo regime parlamentar? Incapaz de resolver esse problema, Dom Pedro I acabaria abdicando. Nas duas décadas seguintes o conflito desaparece porquanto desloca-se diretamente para as facções políticas em choque, inexistindo imperador capaz de exercer a mediação constitucional.

De acordo com a Constituição, o Imperador tinha inteira liberdade na escolha dos ministros. A indicação de uma só pessoa para constituir o Ministério ocorreria em 1843.

Dessa experiência amadureceria a ideia de criar-se a Presidência do Conselho de Ministros, formalizada pelo decreto de 20 de junho de 1847. A rigor, dá-se o início de funcionamento do sistema parlamentar de governo, mediante o qual passa o Ministério a depender da confiança da Assembleia.

O reconhecimento de que o Ministério formava um Conselho, a ser constituído e dirigido por um presidente – equivalente ao primeiro-ministro ou chefe do gabinete, existente nas Monarquias constitucionais europeias do mesmo período – facultava uma interpretação liberal do dispositivo constitucional que dava ao Imperador a chefia do Executivo, na linha expressa pela consigna "o rei reina mas não governa". Isso não ocorreria no país, como veremos a seguir.

4 – O Poder Moderador

Tudo leva a crer que Dom Pedro I somente aceitaria um texto constitucional que lhe outorgasse prerrogativas aptas a assegurar a sua supremacia sobre a Assembleia. A ideia de dar-lhe a denominação de Poder Moderador e a forma de que se revestiu na Constituição de 1824 parecem ter surgido na Constituinte, quando da discussão do projeto de Regimento. Este deveria estabelecer a forma da promulgação de seus documentos e, em consequência, o papel da sanção do imperador.

Antônio Carlos Ribeiro de Andrada Machado e Silva (1773-1845) entendia que ao Monarca só caberia se curvar ante a vontade da Assembleia, não sendo admissível a figura do veto em vista do caráter constituinte do órgão. A seu ver, somente cabia veto em matéria de legislação ordinária. Nessa oportunidade, José Joaquim Carneiro de Campos (1768-1836), o futuro marquês de Caravelas, ponderou que:

> Negando ao Imperador a sanção nas leis regulamentares ou administrativas, que decretamos nesta Assembleia, nós com efeito o despojamos de um direito essencial e inseparável do caráter sagrado do Monarca, de que ele se acha revestido.

No discurso de Carneiro de Campos é que pela primeira vez se menciona o Poder Moderador, nestes termos:

> Cumpre que jamais percamos de vista que o Monarca constitucional, além de ser o chefe do Poder Executivo, tem, demais, o caráter augusto de defensor da Nação; ele é a sua primeira autoridade vigilante, guarda dos nossos direitos e da Constituição. Esta suprema autoridade, que constitui a sua pessoa sagrada e inviolável, e que os mais sábios publicistas deste tempo têm reputado um poder soberano distinto do Poder Executivo por sua natureza, fim e atribuições, esta autoridade, digo, que alguns denominam Poder Neutro ou Moderador e outros Tribunício, é essencial nos governos representativos[29].

A obra doutrinária de Benjamin Constant, em que caracteriza esse poder e denomina-o de Moderador, era bem conhecida daquela parcela da elite familiarizada com o Direito Constitucional.

Essa ideia parece ter, desde logo, agradado a Dom Pedro I, que nela terá visto uma fórmula para preservar os seus poderes ainda que a Monarquia se revestisse da forma constitucional, isto é, em presença de Câmara Legislativa eleita. No prefácio à reedição do livro que Braz Florentino Henriques de Souza (1825-1870) dedica à questão, Barbosa Lima Sobrinho (1897-2000) teria oportunidade de escrever:

> A criação desse Poder Moderador foi a fórmula que permitiu a Pedro I aceitar a instituição da Monarquia constitucional. E, como teve receio de que a Assembleia Constituinte de 1823 não a admitisse, valeu-se de qualquer pretexto para dissolver a Assembleia. Nada mais do que um pretexto, como tantas vezes acontece, quando se trata de recorrer a poderes discricionários, que resultam mais da mentalidade dos que os promovem do que da importância ou da gravidade dos acontecimentos a que desejam atender. É Otávio Tarquínio de Sousa quem informa que, na primeira redação do texto da Constituição, que havia de ser outorgada pelo Im-

---

[29] LIMA SOBRINHO, Barbosa. "Introdução". In: SOUZA, Braz Florentino Henriques de. *Do Poder Moderador*. Brasília: Senado/Editora Universidade de Brasília, 1978, p. 5.

perador, já figurava, logo no começo, no Art. 2º, redigido com a letra de Francisco Gomes da Silva, e ditado pelo Imperador, o preceito que consagrava a instituição de quatro, e não de três poderes, incluído neles o Poder Moderador. O que leva Otávio Tarquínio de Sousa a comentar que "a soma de poderes que o projeto da Constituição do Estado lhe deixava nas mãos (ao Imperador) há de ter agradado aos seus pendores de mando, no zelo com que defenderia sempre a sua autoridade".

Concordo com ele que foi o texto do Poder Moderador que deu livre trânsito à ideia da elaboração de uma Constituição, que tantas cerimônias demonstrava no cercear a autoridade do Imperador que, ainda assim, tanto não se ajustava a limites constitucionais que foi afinal arrastado à crise de 1831 e ao ato de abdicação, que era o termo inevitável de sua concepção de uma Monarquia constitucional[30].

No texto da Constituição de 1824, promulgada por Dom Pedro I após a dissolução da Assembleia Constituinte, adotou-se esta fórmula: "Os poderes políticos reconhecidos pela Constituição do Império do Brasil são quatro: o Poder Legislativo, o Poder Moderador, o Poder Executivo e o Poder Judicial" (Artigo 10), declarando-se taxativamente que "todos estes poderes do Império são delegações da Nação" (Artigo 12). As funções do Poder Moderador acham-se enunciadas como segue:

Art. 98. O Poder Moderador é a chave de toda a organização política e é delegado privativamente ao Imperador, como chefe supremo da nação e seu primeiro representante, para que incessantemente vele sobre a manutenção da Independência e harmonia dos mais poderes políticos.

Art. 99. A pessoa do Imperador é inviolável e sagrada. Ele não está sujeito a responsabilidade alguma.

Art. 100. Os seus títulos são: Imperador constitucional e defensor perpétuo do Brasil, e tem o tratamento de Majestade Imperial.

---

[30] *Ibidem*, p. 7.

Art. 101. O Imperador exerce o Poder Moderador:

1. Nomeando os Senadores, na forma do Art. 43.

2. Convocando a Assembleia Geral extraordinariamente nos intervalos das sessões, quando assim o pede o bem do Império.

3. Sancionando os decretos e resoluções da Assembleia Geral, para que tenham força de lei.

4. Aprovando e suspendendo interinamente as resoluções dos Conselhos Provinciais.

5. Prorrogando ou adiando a Assembleia Geral e dissolvendo a Câmara dos Deputados, nos casos em que o exigir a salvação do Estado, convocando imediatamente outra, que a substitua.

6. Nomeando e demitindo livremente os ministros de Estado.

7. Suspendendo os magistrados, nos casos do Art. 15.

8. Perdoando e moderando as penas impostas aos réus condenados por sentença.

9. Concedendo a anistia em caso urgente, e que assim aconselhem a humanidade e bem do Estado.

Esse dispositivo não constava do projeto a que chegara a própria Constituinte. O já mencionado Antônio Carlos Ribeiro de Andrada Machado e Silva, o relator do projeto na Assembleia, teria oportunidade de manifestar-se desta forma em debate com Honório Hermeto Carneiro Leão (1801-1856):

> [...] Senhores, a Constituição foi feita às carreiras; quanto mais nela medito, mais me persuado de que quem a fez não entendia o que fazia (oh! oh!). Eu provarei que não entendeu em parte...
> O Sr. Carneiro Leão – Mas V. Exa. já nos disse aqui, em uma ocasião, que ela era obra sua.
> O Sr. Andrada Machado (Antônio Carlos) – A que eu projetava não tinha Poder Moderador.
> O Sr. Carneiro Leão – Mas trata-se do Poder Executivo.

O Sr. Andrada Machado – Também disse que fiz as bases da Constituição; que reconheci, quando apresentei o projeto, que era ele muito defeituoso, e esperava que na discussão se modificasse; mas os senhores conselheiros de Estado que entraram a fazer a Constituição não fizeram senão inserir o Poder Moderador, o elemento federativo, colocar artigos diferentemente e no mais copiaram o meu projeto. Mas para que se verifique que S. M. possa ser chamado Chefe do Poder Executivo não é preciso que governe; basta que nomeie os que governarão[31].

O tema do Poder Moderador – do mesmo modo que o Senado vitalício e a existência do Conselho de Estado – polarizou as atenções na década de 1830. Parte da elite inclinava-se, então, pelo regime republicano, de que é uma expressão clara o fato antes mencionado da eleição do regente por voto direto. Vigorou, entretanto, uma solução de compromisso, que consistia no fortalecimento do Poder Central em mãos de uma autoridade selecionada entre os políticos sem, entretanto, abolir a Monarquia. Essa situação manteve-se até o Regresso, quando prevalece a opção pelo regime monárquico.

Nas décadas de 1840 e 1850 – salvo nos debates de junho de 1841, quando tem lugar o depoimento de Antônio Carlos Ribeiro de Andrada Machado e Silva, antes transcrito –, ao tema do Poder Moderador não é atribuída maior relevância. O próprio Uruguai observa que, nesse período, isto é, depois de 1841, a questão tem "reaparecido esporadicamente na nossa imprensa e tribuna, sumindo-se logo como o relâmpago, no qual ninguém mais cogita depois que se desfaz".

A eleição de 1860, efetivada para compor a primeira legislatura, a inaugurar-se em 1861, iria suscitar de forma inteiramente nova a questão do Poder Moderador.

---

[31] SOARES. *Ensaio sobre o Direito Administrativo*. *Op. cit.*, v. II, p. 16. (Ob. cit.: 1ª v. II, p. 156-157; 2. ed., p. 342).

O Partido Liberal alcança uma estrondosa vitória em Minas Gerais e no Rio de Janeiro. Em que pese a circunstância, mais uma vez o nome de Teófilo Ottoni (1807-1869) seria preterido por Dom Pedro II para integrar o Senado, embora figurasse como o primeiro da lista tríplice. Reclama-se, então, que os atos do Imperador se submetam ao referendo do Ministério. A recusa desse princípio identificará o Poder Moderador com o Poder Pessoal, de cunho absolutista, ao invés de vinculá-lo a exigências morais, como era do espírito dos mecanismos moderadores.

A exigência do referendo dos atos do Poder Moderador acabaria sendo a bandeira dos liberais nas três últimas décadas do Império. O ponto de vista extremo, expresso na fórmula "o rei reina mas não governa", seria pugnado apenas por facções radicais. O debate se trava entre conservadores e liberais que aceitam o princípio da existência do Poder Moderador. Contudo, o ponto de vista radical deve ser aqui consignado a fim de tornar, desde logo, patente que se trata de uma discussão de cunho eminentemente político, como adverte Alberto Venâncio Filho, e não de uma temática jurídica, como seria a feição predominante do debate.

O ponto de vista liberal, na pureza doutrinária de que se revestiu na Europa, apareceria na argumentação de Antônio Carlos Ribeiro de Andrada Machado e Silva, na discussão de 1841. Diria então:

Nos governos representativos, o monarca é inviolável. Ora, a inviolabilidade não pode existir quando ele governa; nos governos representativos o Rei nunca faz mal, e ele não pode deixar de fazer mal se se quer que ele governe.

Barbosa Lima Sobrinho expressa essa ideia ainda de modo mais claro ao escrever:

O parlamentarismo francês procurava acompanhar, sem dúvida com a mesma firmeza, a regra fundamental da Monarquia britânica: *the king cannot do wrong*, que Thiers traduzira na fórmula famosa: "O rei reina mas não governa." Um publicista inglês via nessa máxima, não uma injúria ao soberano de seu país, como pensavam os políticos do Brasil, mas uma fórmula "necessária para a proteção da Monarquia", que assim se tornava "inofensiva por força da doutrina de que os ministros de Estado eram responsáveis pelos atos da autoridade real"[32]. No fundo, a responsabilidade dos ministros como fundamento da irresponsabilidade real. A tese de que *the king cannot do wrong* [o rei não erra] se completava com uma conclusão que era, ao mesmo tempo, uma salvaguarda irrecusável: *because he does nothing* [porque ele nada faz]. A irresponsabilidade só se explica, ou só se compreende, como ausência da própria autoridade. Irresponsabilidade com autoridade significa tão somente despotismo.

Tendo consistido, além da *representação*, num tema de grande relevo no debate teórico que permeou a constituição das instituições do sistema representativo, no período histórico considerado, vamos nos deter especificamente no seu exame logo adiante.

5 – O Conselho de Estado

O Conselho de Estado, que assessorava o Imperador no exercício das funções do Poder Moderador, desempenhou um papel muito importante ao longo do Segundo Reinado. Como se referiu, foi suprimido pelo Ato Adicional e restabelecido logo no início do Regresso.

Subjacente à ideia do Poder Moderador, encontra-se a hipótese de que, na vida política e social, há questões que não deveriam estar sujeitas à negociação e à barganha, porquanto transitam para a ordem moral. Os países que conseguiram consolidar o sistema representativo, contaram, para sustentar esse resultado, com a forma-

---

[32] TODD, Alpheus. *Le Gouvernement parlementaire en Angleterre*. 1, 2.

ção do que Max Weber (1864-1920) denominou de *moral social de tipo consensual*. Esta decorreu, basicamente, da pluralidade religiosa, devendo ser as mudanças de ordem moral, de certa relevância, precedidas de amplas discussões.

Em geral, quando se transita para fixá-las em lei, estriba-se essa transição em opiniões claramente majoritárias ou mesmo consensuais. No Brasil da primeira fase da Independência, não tivemos nem pluralidade religiosa nem moral social consensual. Coube ao Conselho de Estado respaldar aquelas decisões que tinham inquestionável sentido moral, a exemplo da denominada Questão Religiosa, quando se procedeu a prisão de bispos da Igreja Católica.

De certa forma, Silvestre Pinheiro Ferreira teve presente a existência de tal esfera moral na sociedade, ao preconizar a necessidade do que chamou de Poder Conservador, diluindo-o, entretanto, em diversas instituições, em vez de concentrá-lo na pessoa do Imperador. O Conselho de Estado, constituído por personalidades que já haviam exercido cargos públicos de relevância e que, pela experiência e idade, guardavam certo distanciamento das disputas cotidianas, estava em condições de desempenhar a contento tal papel, como a história iria comprovar.

Capítulo 10

O Entendimento Teórico da Representação

A doutrina de Silvestre Pinheiro Ferreira, segundo a qual a representação seria de interesses, teve uma grande fortuna em nosso país, tendo sido adotada francamente por toda a liderança imperial, conforme se pode comprovar pelas indicações adiante.

Antônio Carlos Ribeiro de Andrada Machado e Silva, autor do projeto de Constituição que acabaria sendo adotado, com as alterações introduzidas por Dom Pedro I, ao outorgá-la em 1824, em discurso na Câmara em que explica os seus percalços, começa a sua fala emitindo a opinião de que ao Senado não incumbe ocupar-se dos impostos, atribuição que considera exclusiva da Câmara. E acrescenta:

> Fundo-me na índole do sistema representativo, na natureza dos impostos, nos interesses representados pelas três partes que representam os interesses gerais, e, além disto, na Constituição.

E, mais adiante:

Sr. Presidente, todo mundo não ignora as divisões do interesse; há interesses particulares, há interesses de grandes massas, há interesses entre as profissões, há interesses entre o poder que manda e os súditos que obedecem, há interesses entre a nação e as nações estrangeiras. Para os interesses de cada profissão somos nós, para os interesses das grandes massas territoriais são os senhores Senadores, para os interesses entre o poder que manda e os súditos que obedecem são os representantes. E pergunto: o imposto diz respeito aos interesses das grandes massas territoriais ou aos interesses de cada uma das profissões? Quem, pois, deve consentir nele? É o representante hereditário desses interesses, somos nós os deputados da nação. Ali se vê que, segundo a índole do sistema representativo, não pode nem deve ser ninguém que consinta o imposto senão a Câmara dos Deputados[33].

Quando se debateu prolongadamente a questão da representação das minorias, debate este reconstituído por Walter Costa Porto[34], a discussão partia do pressuposto de que todos os interesses deveriam fazer-se representar, e não apenas aqueles contemplados pelo sistema censitário, vigente no país.

Ainda nos começos da República, em sessão da Câmara dos Deputados de 20 de outubro de 1891, o representante paulista Adolpho Gordo (1858-1929), ao encaminhar emendas ao projeto de Reforma Eleitoral, adota como premissa que a Constituição de 1891:

Não quis garantir a representação de uma minoria, o que quis foi garantir a representação de todos os interesses coletivos da nação, porque num sistema democrático verdadeiramente representativo [...] o sistema [deve ser] organizado de tal modo que tenha em vista todos os interesses que se

---

[33] Texto integral publicado por Walter Costa Porto na coleção que organizou para o Instituto Tancredo Neves (ITN), intitulada *Grandes Discursos* (volume 2, 1988).

[34] PORTO, Walter Costa. *O Voto no Brasil: Da Colônia à Quinta República*. Brasília: Senado Federal, 1989.

distribuem entre as diversas esferas da atividade social. (Anais da Câmara dos Deputados).

Adolpho Gordo entende também que:

O direito de sufrágio é mero direito político, que não pode ser confundido, como o faz, aliás, a Escola de Rousseau, com os direitos primitivos que constituem a liberdade individual: não é um direito inerente à natureza humana, como o é a liberdade de pensamento, a liberdade de trabalho e associação e tantas outras que estão fora do poder político e em relação às quais a Lei nada mais pode fazer do que reconhecer e garantir.

Há, portanto, direitos individuais e direitos sociais. Neste último âmbito insere-se a representação política dos interesses.

Como teremos ocasião de referir, a doutrina da representação como sendo de interesses, adotada durante o Império, foi abandonada sob a República, ao mesmo tempo que o tema perde a relevância de que chegou a revestir-se.

Capítulo 11

O Poder Moderador em Discussão

1 – O Ponto de Vista Eclético

O ecletismo espiritualista corresponde à principal corrente de filosofia estruturada no país após a Independência. Essa filosofia familiarizou a elite imperial com algumas teses que a habituaram à flexibilidade mental, despertando a sua capacidade criativa. Assim, para a Escola Eclética o espírito humano é perfectível ao infinito, não havendo apenas erros, mas erros e acertos, nas teses que ganham a preferência em determinados ciclos históricos.

O ecletismo pretendia-se herdeiro de toda a tradição humanista do Ocidente, que encarava como um processo histórico largo e contínuo, rigorosamente encadeado, em conformidade com os ensinamentos da filosofia hegeliana. Por isto mesmo, o chefe da Escola, Victor Cousin escreveria que o ecletismo

> é aliado natural de todas as boas causas. Ele mantém o sentimento religioso; apoia a verdadeira arte, a poesia digna deste nome, a grande literatura,

é o suporte do direito; recusa igualmente a demagogia e a tirania; ensina a todos os homens a amarem-se e a respeitarem-se; e conduz pouco a pouco as sociedades humanas à verdadeira República, este sonho de todas as almas generosas que em nossos dias na Europa somente a Monarquia constitucional pode realizar[35].

As duas mais importantes obras publicadas no período acerca das instituições imperiais – os livros *Direito Público Brasileiro e Análise da Constituição do Império* (1857), de José Antônio Pimenta Bueno (1803-1878), o marquês de São Vicente, e *Ensaio sobre o Direito Administrativo* (1862), de Paulino José Soares, o visconde de Uruguai – obedecem à inspiração eclética. Precisamente o visconde de Uruguai definiria as regras do que denominou de ecletismo esclarecido desta forma:

> Para copiar as Instituições de um país e aplicá-las a outro, no todo ou em parte, é preciso primeiro conhecer o seu todo e o seu jogo perfeita e completamente [...] Há muito que estudar e aproveitar (no sistema criado por outros povos) por meio de um ecletismo esclarecido. Cumpre, porém, conhecê-lo a fundo, não o copiar servilmente como o temos copiado, muitas vezes mal, mas sim acomodá-lo com critério como convém ao país.

Nesta oportunidade nos limitaremos à apresentação do ponto de vista do visconde de Uruguai.

Paulino José Soares de Sousa estudou Direito em Coimbra, mas concluiu o seu curso em São Paulo, ingressando na magistratura. A partir de 1837 elege-se deputado pelo Rio de Janeiro em sucessivas legislaturas. É um dos principais artífices do Partido Conservador, tendo-lhe incumbido, como ministro da Justiça do gabinete regressista que subiu em 1841, conceber e implantar as instituições de âmbito nacional, em especial na oportunidade da elaboração do Código de

---

[35] COUSIN, Victor. *Du Vrai, du Beau et du Bien*. Paris: Didier, 1853, p. V.

Processo Criminal. Posteriormente foi ministro dos Estrangeiros no gabinete de Honório Hermeto Carneiro Leão, o marquês do Paraná, entre 1843 e 1848, no gabinete de Pedro de Araújo Lima, o marquês de Olinda, entre 1849 e 1852 e no gabinete de Joaquim José Rodrigues Torres (1802-1872), o visconde de Itaboraí, entre 1852 e 1853, bem como senador em 1849 e membro do Conselho de Estado em 1853. Sua obra sobre a organização política do Império é fruto de meditação amadurecida, quando a borrasca havia passado e as instituições achavam-se consolidadas, e encontra-se nestes livros: *Ensaio sobre o Direito Administrativo*, lançada originalmente em dois volumes no ano de 1862, e *Estudos Práticos sobre a Administração das Províncias do Brasil*, publicada também em dois volumes, em 1865.

A argumentação de Paulino José Soares em defesa do Poder Moderador consiste em invocar o papel que desempenha em benefício da harmonia do sistema. A experiência aconselharia que não se constituíssem poderes exclusivos, nem do lado da representação nem do lado da Monarquia. O Poder Moderador correspondia ao fiador do equilíbrio.

Eis como o formula:

> No exercício do Poder Moderador tem sempre havido acordo entre esse Poder e os ministros do Executivo. Talvez em algum caso houvessem transações, concessões voluntárias, recíprocas. O certo é que tem havido acordo e as referendas o provam. Talvez mesmo que quase todos, senão todos os atos do Poder Moderador, tenham sido solicitados e propostos pelos ministros, o que lhes é lícito e é muito conveniente. Prova a harmonia dos poderes. Não tem, portanto, aparecido necessidade de prescindir o Poder Moderador da referenda. Se algumas crises têm aparecido, têm elas tido um desenlace constitucional e prudente. E por quê? Porque os ministérios não têm procurado dominar a Coroa e não a podem dominar. E porque os ministérios não têm procurado dominar a Coroa. Por que não a podem dominar? Porque a Constituição constituiu

o Poder Moderador independente. Porque constituiu-o não satélite dos ministros, mas primeiro representante da Nação, e fez dele um ente inteligente e livre.

A questão tem, porém, um alcance imenso. Refundi o Poder Moderador no Executivo. Ponde o exercício de suas atribuições na absoluta dependência dos ministros e as coisas mudarão completamente. Tereis dado um grande passo para a aniquilação das Constituições (francesas) de 1814 e 1830 e terá a mesma sorte que elas tiveram. A Coroa perderá a maior parte do seu prestígio e força. O Imperador não será mais o representante da Nação, como o fez a Constituição. Os ministros hão de procurar pôr-se acima da Coroa [...] Se a Nação estiver dividida em partidos encarniçados, se estiver no poder um partido opressor, não haverá um poder superior, independente, sobranceiro às paixões, que valha aos oprimidos.

Durante os ministérios de 23 de março de 1841 e de 2 de fevereiro de 1844, a Coroa procurou sempre moderar as reações e atenuar as asperezas da posição dos vencidos. Pois bem, os vencedores queixavam-se de obstáculos postos à aniquilação de seus adversários. Os vencidos queixavam-se por não serem embaraçadas todas as medidas e pela existência e conservação, no poder, dos seus contrários.

Quando se pretende que, conforme a Constituição, os atos do Poder Moderador sejam exequíveis sem a referenda e sem a responsabilidade, quer legal, quer moral, dos ministros, não se quer excluir sempre os ministros e a sua responsabilidade moral, não se pretende que cada Poder marche para o seu lado em direções diversas. Semelhante pretensão seria absurda e funesta.

O que se pretende é que fique bem-entendido e patente que, havendo desacordo entre os Poderes, e, portanto, em casos extraordinários, quando perigar a independência dos Poderes, quando estiver perturbado o seu equilíbrio e harmonia (hipótese da Constituição), possa o Poder Moderador, coberto pelo Conselho de Estado, obrar eficazmente como e nos termos que a mesma Constituição determinou, e que ninguém possa obstar a execução de seus atos, com o fundamento de que não estão revestidos da referenda dos ministros de outro Poder[36].

O espírito da argumentação de Uruguai aparece claramente quando correlaciona o Poder Moderador com o sistema parlamentar. Sua prática tivera que prescindir de maiorias firmes e estáveis, o que chega a parecer contraditório.

Na linha de argumentação do visconde de Uruguai toda a ênfase recai na circunstância de que se partiu de uma evidência inelutável, inexistência de maiorias, que identifica com a presença de chefes de partido de inconteste prestígio, de que carecia o país. O sistema, pois, tinha uma interdependência interna, que não cabia ignorar. A esse propósito, escreveu:

> Com efeito, o governo parlamentar tem sido possível na Inglaterra, porque os diferentes partidos se têm encarnado em um pequeno número de indivíduos, cujas aspirações seguiam cegamente, votando à vontade de seus chefes, com disciplina e abnegação exemplar [...] Se fosse possível pôr de parte tudo quanto há de pessoa e odiento em nossa política e fazer calar certas ambições pessoais, estaríamos nas mesmas circunstâncias.
> Seria o sistema do governo exclusivo das maiorias parlamentares praticável entre nós, sobretudo hoje, quando não há partidos claramente definidos, e do modo pelo qual é composta, e é de crer que continue a sê-lo a Câmara dos Deputados? Conta muitos moços de talento e esperançosos, mas que não se subordinam aos que consideram seus êmulos e que não receberam ainda aquela consagração que só dão o tempo ou grandes feitos em grandes lutas.
> Os homens aparecem menos em tempo de calmaria. As nossas maiorias hoje são mais ocasionais do que permanentes e como que é necessário arregimentá-las para cada votação. [...] Finalmente, e para nós essa con-

---

[36] SOARES, Paulino José. *Ensaio sobre o Direito Administrativo. Op. cit.*, v. II, p. 111-114.

sideração é a mais forte, a nossa Constituição não admite o governo exclusivo das maiorias parlamentares e principalmente da maioria da Câmara dos Deputados só [...] A Constituição, com muita sabedoria, não quis que algum dos Poderes governasse exclusivamente. Deu a cada um o seu justo quinhão de influência nos negócios do país. O que deu à Assembleia Geral é importantíssimo, é sem dúvida o maior. Mas ela não poderia absorver em si os quinhões dos outros poderes, sem destruir pela base a Constituição. E a Nação reservou-se, pelos Artigos 65 e 101, parágrafo 5º da Constituição, o direito de rever e decidir definitivamente, nos comícios eleitorais, as soluções, por assim dizer provisórias, mais importantes dadas pelo seu primeiro representante e delegado privativo, o Poder Moderador[37].

2 – O Ponto de Vista Tradicionalista

O tradicionalismo político não chegou a adquirir maior expressão no Império brasileiro, ao contrário de Portugal, onde correspondia ao núcleo fundamental do agrupamento conservador. Essa corrente, embora tenha ganhado alento com a reação europeia à Revolução Francesa, encontrou sempre cultores nacionais de grande categoria intelectual como Pascoal José de Melo Freire (1738-1798) e José da Gama e Castro (1795-1873).

Melo Freire, ainda sob o reinado de Dona Maria I, negou que a teoria do contrato social tivesse algum apoio nos fatos. Afirmaria taxativamente que na história de Portugal nunca se verificou essa "pactuação entre os reis e os súditos, e nem o chamado pacto social é mais do que um ente suposto que só existe na imaginação de alguns filósofos".

---

[37] *Ibidem*, p. 150.

A pergunta pela origem do poder do Monarca parece-lhe completamente destituída de sentido porquanto a história de Portugal confunde-se com a da própria Monarquia. Nessa primeira defesa da Monarquia absoluta a partir de uma fundamentação moderna, de cunho historicista e factual, esse sistema político é inteiramente desvinculado de qualquer espécie de tirania, despotismo ou defesa do arbítrio pessoal.

Mais tarde, o tradicionalismo político português vinculou-se abertamente ao miguelismo e encontrou seu grande teórico em Gama e Castro, que viveria no Rio de Janeiro, onde publicou sua obra fundamental, *O Novo Príncipe*, em 1841.

Os tradicionalistas brasileiros adaptaram-se ao sistema monárquico constitucional instaurado no país, sobretudo pelo fato de que este preservara a aliança com a Igreja, ao contrário do que ocorreria em Portugal, onde não só se deu a separação, como confiscou-se a propriedade eclesiástica. Limitavam-se a contrapor-se ao racionalismo em geral e ao ecletismo em particular. O artífice dessa linha de atuação seria o bispo Dom Romualdo Seixas (1787-1860), primaz do Brasil desde fins da década de 1820.

Pernambuco era dos poucos lugares onde os tradicionalistas tinham grande ascendência sobre a intelectualidade. A esse grupo pertenciam os irmãos Souza: José Soriano de Souza (1833-1895), pioneiro na difusão do tomismo no Brasil; Tarquínio Bráulio Amarantho de Souza (1824-1894), que foi uma espécie de porta-voz tradicionalista no Parlamento; e o já mencionado Braz Florentino Henriques de Souza, cuja fundamentação do Poder Moderador destoava da doutrina conservadora oficial. Em relação à atuação política dos tradicionalistas brasileiros, no período imperial, Ubiratan Borges de Macedo teria oportunidade de observar:

> Soriano de Souza seria o único que chegaria a formular de maneira mais ou menos acabada um projeto político, sem maiores consequências, contudo.

Em decorrência da Questão Religiosa e da prisão dos Bispos, ocorreu-lhe propugnar pela organização de um Partido Católico, e o faz em carta aberta ao conselheiro Zacarias de Góes e Vasconcelos[38]. "Para esse partido", escreve, "não faltam elementos: temo-los em grande cópia, porque a maioria dos brasileiros é católica. Mas eles estão dispersos, isolados e inativos. Mister é, pois, que apareça uma força capaz de reuni-los e de imprimir-lhes unidade e direção, sem o que não é razoável esperar a formação de um partido". Pouco mais tarde, Soriano publicaria o *Ensaio do Programa do Partido Católico no Brasil*. Pode-se dizer que os tradicionalistas brasileiros no século XIX tinham uma consciência clara de um conjunto de teses filosóficas, religiosas e de caráter social, em torno das quais desenvolveram ensaística de certa magnitude. Tais teses consistiam no menosprezo ao racionalismo e ao liberalismo; na defesa da Monarquia legítima; no empenho em prol da união da Igreja e do Estado e pela proscrição do casamento civil; em favor da liberdade de imprensa e de pensamento em nome dos direitos da verdade. Passando ao nível político, entretanto, excetuando a preferência pela Monarquia, não se observa maior clareza nas opções. A Monarquia constitucional vigente era francamente tolerada, do mesmo modo que o regalismo que reduzia o padroado à condição de funcionários do Estado. E, quanto a ter uma atuação política estruturada, como queria Soriano de Souza, não chegou a ser considerada. O grupo, embora atuante, era francamente minoritário e nunca teve maior proximidade com o poder[39].

Assim, a fundamentação do Poder Moderador, empreendida por Braz Florentino, representa o ponto de vista de uma facção minoritária no seio do conservadorismo brasileiro.

Braz Florentino Henriques de Souza bacharelou-se pela Faculdade de Direito do Recife em 1850, ingressando em seu corpo docente no

---

[38] Recife: Tipografia da União, 1874, opúsculo de 37 páginas.

[39] MACEDO, Ubiratan Borges de. "Diferenças Notáveis entre o Tradicionalismo Português e Brasileiro". *Ciências Humanas*, v. V, n. 16, p. 19, jan.-mar. 1981.

ano de 1856, como professor substituto. Tornou-se, mais tarde, catedrático de Direito Público, vindo a optar, posteriormente, pela cadeira de Direito Civil. Escreveu diversos textos didáticos sobre as disciplinas, como *Direito Comercial do Império: Comentários aos Códigos Criminal e do Processo* e *Estudos sobre Delitos e Delinquentes*, além de publicar *Ensaio sobre o Casamento Civil e o Casamento Religioso*. Considera-se, entretanto, que sua obra fundamental seja *O Poder Moderador: Ensaio de Direito Constitucional*, contendo a crítica do Título V, Capítulo I, da Constituição Política do Brasil[40]. Recentemente se promoveu sua reedição, enriquecida com uma introdução de Barbosa Lima Sobrinho[41]. Em relação à personalidade do autor, Barbosa Lima Sobrinho observa: "Tudo, em Braz Florentino, o inclinava a simpatizar com a ideia de uma Monarquia absoluta."

Aprígio Guimarães (1832-1880), que fora companheiro de Braz Florentino na Congregação da Faculdade de Direito do Recife, ao fazer o seu necrológio, no Instituto Arqueológico Pernambucano, observava que "nossos pontos de partida e de mira, sob o ponto de vista político, eram diferentes; víamos, porém, nele, o mais lógico e autêntico apóstolo das doutrinas autoritárias da ciência do Direito".

Ao referir-se à sua morte, aos 46 anos, ocorrida no Maranhão, quando exercia a presidência da Província, registrava que ele era, "um homem reto", e sucumbira à "indignação contra as urdiduras mesquinhas dos próprios aliados". A defesa do Poder Moderador de Braz Florentino cifra-se na doutrina da necessidade imperativa da existência de um poder supremo, colocado acima de todos os outros, ao qual não se recusa a chamar de absoluto.

---

[40] SOUZA, Braz Florentino Henriques. *O Poder Moderador: Ensaio de Direito Constitucional*. Recife: Tipografia Universal, 1864.

[41] SOUZA, Braz Florentino Henriques. *Do Poder Moderador*. Intr. Barbosa Lima Sobrinho. Brasília: Senado/Editora Universidade de Brasília, 1978.

3 – A Justificativa Liberal

No seio do sistema representativo, por toda parte onde surgiu, surgiram duas grandes facções, geralmente denominadas de conservadores e liberais. Essa tradição deve-se à Inglaterra, onde primeiramente se formaram os Partidos Conservador e Liberal. A denominação deste último não significa que encarne preferentemente o ponto de vista do sistema representativo.

Na verdade, tanto conservadores quanto liberais encontram-se nos marcos do liberalismo, isto é, daquela corrente de pensamento político que se bateu pela adoção de uma Constituição e pela eliminação do poder absoluto do Monarca, propugnando a sua divisão com uma parte da sociedade que, para tanto, eleve representantes.

No Brasil, a grande divisão que se estabeleceu desde logo seria entre radicais e moderados. O processo de constituição dos partidos políticos compreende o isolamento dos radicais. Os moderados é que se fracionariam em conservadores e liberais.

Embora a prática é que tivesse delimitado o agrupamento radical, distinguia-se dos moderados, antes de mais nada, pela maneira como encarava a doutrina liberal, confundindo-a com o que veio a ser denominado de democratismo.

O liberalismo pretendia o fracionamento do poder do Monarca em nome da diversidade de interesses vigente na sociedade, partindo da comprovação histórica de que a nobreza ou o funcionalismo burocrático não os representava. Muito pelo contrário: os interesses dos elementos diretamente vinculados à Coroa mais do que conflitavam abertamente com os daqueles segmentos da sociedade mais bem estruturados. Semelhante conceituação aparece no país desde os primórdios da discussão da ideia liberal, em especial na obra de Silvestre Pinheiro Ferreira, conforme foi indicado.

O democratismo partia de consideração diversa. Animava-o a convicção do que os tempos modernos conduziriam os povos à sociedade racional. A educação faria de todos os homens seres morais. O obstáculo a semelhante propósito era a Monarquia. Desse esquema simplista resultaria (na pregação de Frei Caneca, por exemplo) a tese de que os pontos de vista divergentes não podiam existir no mesmo território. Se o Rio de Janeiro preferia o ponto de vista monárquico, as províncias deveriam separar-se. Assim, em nome do liberalismo, chegava-se a uma proposta de fracionamento do país. A ideia da Confederação do Equador e da República Farroupilha ameaçava fortemente a unidade nacional. E em nome desta unidade é que se conseguiu isolar o democratismo.

Tal isolamento consumar-se-ia na fase de votação do Ato Adicional em 1834. Os riscos da Monarquia absoluta estavam superados com a abdicação de Dom Pedro I em 1831. A descentralização administrativa, em vista da vastidão do território, era reconhecida como imperativa, do mesmo modo que a mais adequada distribuição das receitas provenientes de impostos. Em nome de tais princípios, em torno dos quais se ia formando o consenso, aparece a proposta de constituir-se a "Monarquia federativa", em razão da qual seria extinto o Poder Moderador. O ato votado em 12 de agosto de 1834, segundo vimos precedentemente, facultaria uma autêntica experiência republicana, sem, entretanto, revogar a estrutura institucional inserida na Carta de 1824, apenas extinguindo o Conselho de Estado. O fracasso da experiência republicana, com o regente Feijó, corresponderia a outro golpe no democratismo.

Deste modo, nos três primeiros lustros subsequentes à Independência, emerge o centro liberal, equidistante dos que sonhavam com um Monarca forte como daqueles que aspiravam à abolição da Monarquia. Chegou-se a afirmar, com propriedade, que o centro liberal queria "um governo que parece ter sido até agora na Europa o sonho de alguns políticos, mas que vai ser agora uma realidade na América, uma Monarquia sustentada por instituições populares".

Os elementos moderados, afinal vitoriosos, é que se fracionariam em liberais e conservadores. A prática governamental nas décadas de 1840 e 1850 acabaria virtualmente os confundindo, a ponto de dizer-se que nada há de mais parecido a um conservador que um liberal no poder.

Essa circunstância deveu-se em grande medida à chamada política de conciliação, subsequente ao Regresso.

Paulatinamente, entretanto, nas décadas restantes do Segundo Reinado, os liberais elaboram uma plataforma distinta dos conservadores. Uma das principais diferenças radicava na conceituação do Poder Moderador.

A interpretação liberal emergiria no começo da década de 1860, quando intervenções do Imperador, no cumprimento de atribuições do Poder Moderador, são identificadas com o arbítrio do poder pessoal. O principal artífice dessa interpretação seria Zacarias de Góes e Vasconcelos (1815-1877).

Baiano de nascimento, Zacarias de Góes e Vasconcelos formou-se no curso jurídico de Olinda, em 1837. Pertenceu ao corpo docente da Faculdade, mas dedicar-se-ia sobretudo à política. Foi governador do Piauí de 1845 a 1847, de Sergipe de 1848 a 1849 e do Paraná em 1849, deputado durante várias legislaturas, senador, ministro e presidente do Conselho de Ministros nos gabinetes de 1862, de 1864 e de 1866 a 1868. Teve atuação destacada na chamada Questão Religiosa, quando se incumbiu da defesa de Dom Frei Vital Maria Gonçalves de Oliveira, OFM Cap. (1844-1878). Integra o grupo de grandes personalidades do Partido Liberal, singularizando-se pela persistência com que procurou lhe fixar a doutrina.

Em matéria de Poder Moderador sustentava, contra a interpretação conservadora, que os atos deste pressupõem a referenda dos ministros. Em defesa dessa posição, publicou o livro *Da Natureza e Limites do Poder Moderador* em 1860, reeditado em 1862 com o acréscimo de três discursos pronunciados na sessão legislativa de 1861 e de uma resposta aos capítulos correspondentes do *Ensaio sobre o Direito Administrativo*, do visconde de Uruguai. A conclusão do trabalho, escreve Alberto Venâncio Filho, é afinal a premissa básica que orienta toda a discussão de que "a teoria do Ensaio é a dos governos absolutos, em que a segurança e a felicidade do povo dependem do acidente do nascimento de príncipes de coração bem-formado e de inteligência vigorosa".

A doutrina com que combate tal opinião é a do regime representativo, por meio de cujas combinações a segurança e a prosperidade do país tornam-se independentes, tanto quanto é possível, daquele acidente.

Capítulo 12

O Declínio da Ideia do Poder Moderador

A ideia do Poder Moderador parece haver adquirido o máximo de prestígio nos anos 1860. A publicação das obras doutrinárias antes mencionadas são uma prova eloquente. Sua identificação com o poder pessoal e arbitrário, que emergira em decorrência do resultado eleitoral de 1860, passa a segundo plano. Entre outras coisas, a nação estará, naquele decênio, mobilizada para a guerra contra o Paraguai. Esse momento de fastígio marca, entretanto, o ponto a partir do qual desgasta-se sucessivamente, abrindo caminho à derrocada do sistema.

O início da curva descendente pode ser encontrado na queda do Gabinete Zacarias, em 1868, precipitando o Partido Liberal na oposição por longos anos e facilitando a união de forças que acabariam desaguando na ideia republicana.

A demissão do governo chefiado por Zacarias de Góes e Vasconcelos deve-se à escolha, pelo Imperador, para integrar o Senado, de Francisco de Sales Torres Homem, outrora panfletário famoso, conhecido como

Timandro, em detrimento do tradicional líder liberal. Zacarias nega referendo à nomeação do senador e se demite. O Imperador dá, entretanto, outro passo mais radical e constitui um gabinete conservador. A esse propósito comenta Alberto Venâncio Filho:

> É a consternação geral: no meio de um ambiente totalmente liberal um novo gabinete conservador assumir o poder. Saldanha Marinho falaria de um "estelionato político"; José Bonifácio, na Câmara, apresenta moção declarando que "a Câmara viu com profundo pesar e grande surpresa o estranho aparecimento do atual gabinete, gerado fora do seu seio e simbolizando uma nova política, sem que uma questão parlamentar tivesse provocado a queda do seu antecessor.
> Amiga sincera do sistema representativo e da máquina constitucional, a Câmara lamenta este fato singular, não tem e não pode ter confiança no Governo". E Rui Barbosa afirmaria que "a onipotência da Coroa, por imperscrutável mistério de sua graça, houve por bem, depois de Humaitá, vitimar à reabilitação de Timandro o partido de cujas simpatias populares o dinasta se valera para a campanha do Prata".

Alberto Venâncio Filho vê na recusa de Zacarias em integrar o Conselho de Estado, no período imediatamente subsequente à queda do Gabinete de 1868, indício flagrante do desprestígio da Coroa. Diz taxativamente:

> Episódio ainda mais expressivo do desgaste da ideia monárquica é a recusa veemente que Zacarias faz ao convite recebido em 12 de outubro de 1870 para integrar o Conselho de Estado. A negativa de Zacarias é sucinta, mas tal onda de boatos provoca, que se justifica pelos jornais, em 29 de dezembro, dando as suas razões. Depois de tecer considerações sobre por que nomeara, quando Presidente do Conselho de Ministros, elementos conservadores para o Conselho de Estado, e como liberal se sentia incapacitado para aceitar a indicação, declara Zacarias: "Ocorre ainda que, em

sua organização atual, o Conselho de Estado parece-me antes joguete do Governo do que roda útil da administração; trabalha ou conserva-se em ócio, conforme a índole dos ministros; ocupa-se às vezes de verdadeiras rugas e ninguém sequer tem notícias (a não ser pelos jornais) dos gravíssimos negócios do Estado." Joaquim Nabuco comenta o inusitado manifesto dizendo que ele "completa bem, senão vence o páreo, o manifesto republicano.

Em tempos normais um ex-Presidente do Conselho teria recusado a nomeação para o Conselho do Estado que sabia ser do Imperador, com todas as desculpas e deferências; não se serviria dessa ocasião para lançar um liberal contra o Governo, corporação a que fora chamado, de fato, contra o regime político do País".

O declínio da ideia do Poder Moderador, que começa na metade do Segundo Reinado, aponta para o equívoco dos analistas que veem na figura de Dom Pedro II a chave para a explicação do largo período de estabilidade política experimentado pelo país no século XIX. Talvez haja contribuído, de forma mais expressiva, para o término do ciclo das insurreições, a representação que veio a ser assegurada aos interesses diversos dos dominantes.

Dispondo da possibilidade de manifestar-se através de seus representantes, nos vários níveis do regime, as forças minoritárias renunciaram à crítica das armas.

É certo também que o sistema representativo não criou raízes fortes no país, sendo abolido na República. Esta entretanto não é razão suficiente para minimizar a significação que chegou a alcançar no período em que o país viveu sob a Monarquia.

Capítulo 13

A Geração de 1870 em Face das Instituições Imperiais

Parece essencial considerar a crítica apaixonada que a geração de 1870 dirigiu às instituições imperiais. Essa postura emotiva prolongou-se no tempo, o que somente se explica pela persistência da mesma base teórica então adotada: o cientificismo. Este, por sua vez, remonta ao marquês de Pombal. Trata-se, deste modo, de arraigada tradição cultural que seria ingênuo não levar em conta.

No começo da década de 1870, o país é varrido pelo que se convencionou denominar "surto de ideias novas". Sílvio Romero (1851-1914) definiu-o desta forma:

> O decênio que vai de 1868 a 1878 é o mais notável de quantos no século XIX constituíram a nossa labuta espiritual. Quem não viveu nesse tempo não conhece por ter sentido diretamente em si as mais fundas comoções da alma nacional. Até 1868, o catolicismo reinante não tinha sofrido nestas plagas o mais leve abalo; a filosofia espiritualista, católica e eclética, a mais insignificante oposição; a autoridade das instituições monárquicas,

o menor ataque sério por qualquer classe do povo; a instituição servil e os direitos tradicionais do aristocratismo prático dos grandes proprietários, a mais indireta opugnação; o romantismo, com seus doces, enganosos e encantadores cismares, a mais apagada desavença reatora. Tudo tinha adormecido à sombra do manto do príncipe ilustre que havia acabado com o caudilhismo nas províncias e na América do Sul e preparado a engrenagem da peça política de centralização mais coesa que já uma vez houve na história de um grande país.

De repente, por um movimento subterrâneo, que vinha de longe, a instabilidade de todas as coisas se mostrou e o sofisma do Império apareceu em toda a sua nudez.

A Guerra do Paraguai estava a mostrar a todas as vistas os imensos defeitos de nossa organização militar e o acanhado de nossos progressos sociais, desvendando repugnantemente a chaga da escravidão; e, então a questão dos cativos se aguça e logo após é seguida da questão religiosa; tudo se põe em discussão: o aparelho sofístico das eleições, o sistema de arrocho das instituições policiais e da magistratura e inúmeros problemas econômicos; o Partido Liberal, expelido do poder, comove-se desusadamente e lança um programa de extrema democracia, quase um verdadeiro socialismo; o Partido Republicano se organiza e inicia uma propaganda tenaz que nada faria parar.

Na política é um mundo inteiro que vacila. Nas regiões do pensamento teórico o travamento da peleja foi ainda mais formidável, porque o atraso era horroroso.

Um bando de ideias novas esvoaçou sobre nós de todos os pontos do horizonte[42].

O ponto de referência do novo ciclo parece ter sido a crise governamental de 1868, quando os liberais são afastados do poder e o Im-

---

[42] ROMERO, Sílvio. "Discurso de saudação a Euclides da Cunha, no ato de sua posse na Academia Brasileira de Letras, em 18 de dezembro de 1908". In: *Provocações e Debates*. Porto: Livraria Chardron, 1910, p. 358-359.

perador constitui um gabinete conservador, para o arrepio da maioria parlamentar. Os elementos mais descontentes iriam formar em 1870, o Partido Republicano. Nos meios acadêmicos, o fenômeno traduziu-se numa autêntica onda cientificista: Charles Darwin (1809-1882), Auguste Comte (1798-1857), Ernest Renan (1823-1892) e Hippolyte Taine (1828-1893) tornam-se nomes da moda. Gilberto Amado (1887-1969) observaria, a esse propósito, que a situação de equilíbrio, alcançada em 1862, exprimia "a plenitude da maré cheia". A seu ver, começara então "a vazante conservadora e ia pronunciar-se a forte corrente democrática". A Guerra do Paraguai interromperia abruptamente esse processo. Depois da campanha,

> reacendem-se as paixões políticas, escreve, e rompe com uma nova investida, no Parlamento e os comícios públicos, a luta pelo princípio federativo retomado com vigor no manifesto republicano de 70, pela abolição da escravatura e, de maneira geral, pelas ideias liberais.

Nesse quadro, o tema do Poder Moderador servia apenas de pretexto para a crítica demolidora da Monarquia. Expressa-o Tobias Barreto (1839--1889) ao escrever, no auge daquele clima, não descobrir naquele tema "o que seja capaz de interessar os espíritos, que, uma vez adquirido o senso das grandes coisas, recusam pagar tributo às frivolidades do dia".

\O propósito do pensador sergipano é muito mais o de propagar as novas ideias que efetivamente proceder à avaliação crítica da obra de autores brasileiros dedicada ao assunto. Contudo, é essencial considerá-la porquanto a falta de perspicácia que revela, para compreender as razões profundas pelas quais exigiu a sociedade um poder colocado acima das instituições do sistema representativo, teria curso ao longo do período republicano, determinando que a instância moderadora acabasse sendo improvisada no bojo das crises.

O ensaio de Tobias Barreto intitulado *A Questão do Poder Moderador: o Governo Parlamentar no Brasil* consiste de três artigos publicados em *O Americano*, jornal político que organizou no Recife, em 1871, e de acréscimos realizados em 1883, para fazê-lo figurar no livro *Questões Vigentes de Filosofia e Direito*, publicado em 1887. Sílvio Romero incluiu-o, em reedição póstuma, no volume a que deu o título de *Direito*. Evaristo de Morais Filho (1914-2016) tomou-o por base na organização da coletânea *A Questão do Poder Moderador e Outros Ensaios Brasileiros*[43], editada por Hildon Rocha.

Tobias Barreto concluiu o curso de Direito em 1869, aos 30 anos. Durante 1870 tentaria a vida no Recife como advogado. Ingressa no Partido Liberal e funda o jornal político *O Americano*. Não tendo sido bem-sucedido como advogado na capital, transfere-se para o interior. Viveria em Escada de 1871 a 1882, dedicando-se à advocacia e à política. Neste período, inclui-se em sua múltipla atividade o exercício da advocacia e do mandato de deputado à Assembleia Provincial (eleições de 1878, pelo Partido Liberal; nas eleições de outubro de 1879 concorreu como candidato independente, sendo derrotado).

Na medida em que se aproxima o fim do decênio, Tobias Barreto começa a descrer inteiramente das virtudes da política. Fracassara no propósito de dar coerência ao Partido Liberal de Pernambuco. Como candidato independente não chega a eleger-se.

A gota d'água pode ter consistido no seu desentendimento com os abolicionistas do Recife, que não lhe prestaram solidariedade nos incidentes decorrentes da alforria dos escravos que recebera por herança. A incoerência dos abolicionistas chega a tal ponto, segundo diz em carta a Sílvio Romero, que, ao pedido de apoio de Tobias Barreto, retrucaram "ser um despropósito meu, uma iniquidade sem igual, pois eu não tinha o direito de alforriar todos os escravos". Acabaria concluindo que a política do seu tempo não tinha muito a ver com princípios.

---

[43] BARRETO, Tobias. *A Questão do Poder Moderador e Outros Ensaios Brasileiros*. Coord. Hildon Rocha; intr. Evaristo de Morais Filho. Petrópolis: Editora Vozes, 1977. (Coleção Dimensões do Brasil, v. 6).

Restava trabalhar pela reforma dos espíritos. Decide-se, pois, a conquistar uma tribuna na Faculdade de Direito do Recife e quer fazê-lo dispondo de uma filosofia apta a contrapor-se ao presente (o positivismo em ascensão) sem riscos de volta ao passado (o espiritualismo). Torna-se professor da Faculdade a partir de 1882. Desde então, ocupa-se sobretudo de Filosofia e Direito. Tobias Barreto esteve gravemente enfermo nos dois últimos anos de vida, em 1888 e 1889. É considerado o fundador da Escola do Recife, um dos movimentos filosóficos de maior pujança entre os que o país conheceu.

A argumentação de Tobias Barreto desdobra-se em dois segmentos. No primeiro afirma que o governo parlamentar é uma criação inglesa, resultante do desenvolvimento histórico daquela nação, estando fadadas ao fracasso as tentativas brasileiras de copiá-lo porquanto não se podem reproduzir aqui as condições que lhe deram origem.

O segundo segmento da argumentação resume-se à crença de que a ciência pode desvendar a "lei" do curso histórico brasileiro. Essa crença não se sustentaria em sua obra posterior. Para fazer justiça a Tobias Barreto cumpre indicar que mesmo na fase cientificista jamais desceu a qualquer espécie de materialismo. Assim, escreveria naquele ensaio que "a ciência do governo assenta em princípios; mas estes princípios são fatos gerais de ordem moral, as paixões, os costumes, as ideias dominantes, que importa conhecer a fundo para dar-lhes o caminho que demandam".

Tobias Barreto distingue *governo parlamentar* de *constitucionalismo*. Para ele, o governo parlamentar inglês é a expressão de algo profundamente arraigado em tradições. Afirmaria a propósito:

> O regime parlamentar dos ingleses é um regime segundo as leis e por meio de leis. O que nos apraz designar pelo nome de constitucional, ali é simplesmente legal. As leis, porque se regula o exercício da autoridade pública, têm adquirido uma extensão crescente desde o tempo da Magna Carta.

O Direito Administrativo inglês, baseado em inúmeros estatutos do Parlamento e milhares de leis, forma a parte desconhecida da Constituição do Estado, sobre a qual foi que Blackstone escreveu uma introdução.

O que mais importava conhecer da organização política foi justamente aquilo que se deixou de lado.

Como os próprios juristas nacionais, que têm a procurar nos papéis do Parlamento, em número de mais de dois mil infólios, a matéria e os motivos das leis vigentes, não podiam acomodá-los à compreensão do estrangeiro, só restava, para seguir-se, este alvedrio: considerar não existente a porção desconhecida do Direito Público inglês.

Daí resultou que todos os trabalhos de cultura e transplantação se concentraram no que havia de mais superficial. Destarte, a composição das duas Câmaras, o Direito Eleitoral ativo e passivo, os modos de eleição, os direitos do Parlamento, sua influência sobre o Gabinete [...] eis o que tem ocupado, desde os tempos de Montesquieu, a sociedade europeia.

O erro crasso de Montesquieu e dos publicistas franceses, em geral, consiste, a seu ver, na suposição de que a solução final da crise revolucionária das nações, na época moderna, residiria na uniforme transplantação da Monarquia representativa. É a isto que denomina de *constitucionalismo*.

Em seu ensaio Tobias Barreto examina de forma pormenorizada as características peculiares da evolução cultural e política da Inglaterra. Os acréscimos de 1883 tiveram mais que tudo este propósito.

Em síntese, a sua conclusão é a seguinte:

De feito, admitidas as premissas, nem eu concluiria que tudo deve ser confiado à bondade do Rei, nem também, como é fácil inferir, que a Constituição se ressente de vícios e lacunas capitais.
Minha conclusão seria outra.
O Governo do Brasil não pode ser parlamentar, à maneira do modelo que oferece a terra dos Pitt e dos Palmerston; porquanto esse regime supõe

ali uma penetração recíproca do Estado e da sociedade, que em geral nos outros países vivem divorciados. O Governo do Brasil não pode ser tal, atento que o sistema inglês é o resultado de um gérmen poderoso, deposto pela Providência, isto é, pela mesma índole do povo, no largo ventre da sua história.

E quem sabe que concurso de circunstâncias influíram na marcha ascendente a Constituição da Inglaterra para que a realeza, por uma espécie de redução *ad absurdum,* se desenvolvesse no sentido de chegar à quase negação de si mesma, restringindo-se e anulando-se, de modo que o ideal, de sua perfeição, se confunde com sua destruição; quem sabe disto não deveria vir falar-nos de governo parlamentar.

Entende que a Constituição Brasileira não cogitou do governo parlamentar. Segundo supõe, a Carta Brasileira não contém qualquer opção pelo constitucionalismo liberal, mas pela independência e preponderância do Monarca. Deste modo, considera mais coerente a defesa do Poder Moderador efetuada por Braz Florentino que a de Zacarias de Góes e Vasconcelos.

CAPÍTULO 14

A Atualidade da Questão do Poder Moderador

No esquema imaginado por Locke no *Segundo Tratado do Governo Civil*, de 1690, os poderes do sistema representativo seriam o Legislativo, o Executivo e o Federativo. Parecia-lhe que o Legislativo não precisaria dispor de existência permanente, cabendo-lhe reunir-se periodicamente para elaborar as leis. O Executivo é que funcionaria ininterruptamente. Sem embargo, proclama que o Legislativo é o poder supremo, cabendo ao Executivo tão somente cumprir seus ditames. O Poder Federativo ocupar-se-ia da segurança externa e das relações com outros países.

A experiência de meio século de funcionamento do Parlamentarismo inglês seria resumida por Montesquieu em 1749 em *O Espírito das Leis*, quando então se populariza a doutrina dos três poderes. Ao transplantar-se o sistema inglês para outros países – sobretudo de tradição católica – tornou-se imprescindível explicitar algo que se achava implícito na experiência social da Inglaterra: a existência na sociedade de uma esfera que não está sujeita à barganha ou à disputa político-partidária.

Na tradição católica, a ingerência da Igreja nos assuntos do poder temporal levavam à identificação entre moral e religião. Nos países protestantes, a Igreja é esvaziada de quase todas as funções. Primeiro, há múltiplas igrejas. Segundo, a relação do crente é diretamente com Deus, prescindindo de qualquer mediação institucional. Agora, à Igreja incumbe tarefas educativas em matéria de religião.

Quando se criou na Inglaterra o sistema representativo, supunha-se que todas as questões atinentes à convivência social se inseriam em sua esfera de competência. A prática e a discussão pública – sobretudo nas primeiras décadas do século XVIII – levaram à dissociação entre moral social e religião. A religião é o guia interior para a moralidade individual. A moral social estabelece-se por consenso. Mas os ingleses não o disseram diretamente. Fixada a independência da moralidade social em face da religião, o debate teria lugar em torno do estabelecimento de critérios segundo os quais a sociedade sanciona os princípios e as regras morais. A experiência é que iria apontar para um novo tipo de moralidade: a moral social consensual.

Sobretudo depois da Revolução Francesa, emerge no continente a consciência clara de que algumas questões extravasam a competência, seja do Príncipe, seja dos partidos que compõem o Parlamento. A principal delas seria a conservação do próprio sistema representativo. Assim, a faculdade de dissolver o Parlamento adquiriu extrema magnitude desde que podia facultar a substituição do novo sistema pelo governo pessoal do Monarca ou de um dos agrupamentos representados no Parlamento. A experiência francesa consistiu numa prova cabal de que essa ameaça não era simples ficção, correspondendo a realidade deveras assustadora. As revoluções constitucionalistas da Península Ibérica representavam outra indicação da magnitude do problema. Assim, embora a instituição do Poder Moderador tenha sido enxertada na Constituição Brasileira de 1824 para atender ao autoritarismo de Dom Pedro I, o tema revestia-se da maior importância nos destinos do sistema representativo em nossa terra.

Silvestre Pinheiro Ferreira é sem dúvida o pensador que mais de perto apreendeu a singularidade da experiência social inglesa e, por essa razão, buscou diluir a competência naquela matéria que ultrapassava a política partidária, e que definiu como dizendo respeito à guarda dos direitos dos cidadãos e à independência e harmonia dos poderes políticos, "a fim de que os agentes de um não usurpem as atribuições de outro". A isso denominou Poder Conservador.

O exercício do Poder Conservador, no que tange aos direitos civis, incumbiria diretamente aos cidadãos por meio da petição ou da resistência legal. A harmonia entre os poderes não pode de modo exclusivo ser delegada a qualquer um deles isoladamente. Assim, no que se refere ao monarca, como indicamos, "ninguém ignora que os príncipes estão de tal modo cercados de lisonja e de intriga que a verdade apenas pode chegar ao trono". O Congresso Nacional não se encontra em condições mais favoráveis. Imaginou, portanto, a distribuição de diversas incumbências por cada um dos poderes, que seriam na matéria fiscalizados por um Conselho Supremo de Inspeção e Censura Constitucional[44].

A doutrina do Poder Conservador da lavra de Silvestre Pinheiro Ferreira não seria adotada pela elite imperial que o seguiu em diversos outros passos. A par disto, a prática do Poder Moderador acabaria obscurecendo a questão magna da moral social. O país não chegou a criar os mecanismos requeridos pelo estabelecimento do consenso nas questões relativas àquela esfera, mecanismos que foram substituídos pelo magistério moral do Imperador e da Igreja católica.

Os críticos da Monarquia constitucional brasileira, em especial a geração de 1870, tampouco contribuíram para situar o tema de forma adequada. Na verdade, acabaram regredindo aos primórdios da prática do sistema representativo, quando se desconhecia a magnitude dos pro-

---

[44] A doutrina do Poder Conservador acha-se resumida em sua obra capital *Manual do Cidadão em um Governo Representativo*, de 1834, tendo sido transcrita, na já citada antologia organizada por Vicente Barretto: FERREIRA, Silvestre Pinheiro. "Do Poder Conservador". In: *Ideias Políticas. Op. cit.*, p. 167-176.

blemas que ultrapassavam a competência da política partidária, como a integridade do território, a manutenção do sistema representativo, etc. Ao longo da República, toda vez que tais princípios estiveram em perigo, considerou-se legítima a intervenção das Forças Armadas, sem que, entretanto, o tema tivesse ensejado discussão teórica.

Não se reveste dessa característica o livro de Antônio Augusto Borges de Medeiros (1863-1961) *O Poder Moderador na República Presidencial*[45] porquanto a questão é simplesmente postulada, sem muita fundamentação. Limita-se a perguntar: "Se – no dizer de Benjamin Constant – a grande vantagem da Monarquia constitucional foi a de ter criado esse poder neutro (moderador) na pessoa de um rei, porque não há de a República criar esse poder na pessoa do presidente?"

A Escola Superior de Guerra (ESG), ao identificar o que denomina *objetivos nacionais permanentes*[46] contribuiu sem dúvida para delimitar aquela esfera, que, correspondendo às aspirações supremas da Nação, ultrapassariam os simples limites da política partidária. Contudo, a ESG não se preocupou em determinar as formas de seu estabelecimento, contentando-se com vagas alusões à tradição e sem enfatizar o papel do consenso nem se deter no exame de seus possíveis mecanismos. Além disto, a hierarquia de tais objetivos não é dada automaticamente a partir do seu simples enunciado, como bem o demonstrou o professor José Alfredo Amaral Gurgel (1929-2012) no livro *Segurança e Democracia*[47]. Por tudo isto, a questão do Poder Moderador preserva inteira atualidade.

---

[45] MEDEIROS, Antônio Augusto Borges de. *O Poder Moderador na República Presidencial*. Recife: Diario de Pernambuco, 1933.

[46] Seriam os seguintes: democracia representativa; integração nacional; integridade territorial; paz social; prestígio internacional; prosperidade nacional; e segurança nacional.

[47] GURGEL, José Alfredo Amaral. *Segurança e Democracia*. Rio de Janeiro: José Olympio, 2. ed., 1976.

Situa-se como estudo isolado, na República, da questão de que ora nos ocupamos, o livro *O Poder Moderador*[48], de João de Scantimburgo (1915-2013), sobre o qual o professor Miguel Reale (1910-2006) emitiria a seguinte opinião: "É, penso eu, nossa melhor análise sobre a repercussão das ideias do constitucionalista liberal franco-suíço Benjamin Constant nos domínios do constitucionalismo pátrio."

Contudo, Scantimburgo limita-se à análise do tema associando-o à Monarquia, quando, ao meu parecer, a necessidade de mecanismos moderadores, requerida pela sociedade, pode ser atendida por outros meios, como, aliás, reconhece na experiência americana. Tem certamente razão ao destacar que não pode, com sucesso, ser transplantada. Ainda assim, como a adoção da Monarquia é muito difícil, as sociedades são instadas a buscar alternativas.

---

[48] SCANTIMBURGO, João de. *O Poder Moderador*. São Paulo: Pioneira, 1977.

CAPÍTULO 15

Balanço do Segundo Reinado

O Segundo Reinado permanece em nossa história como um momento singular, insuficientemente admirado em decorrência da feição autoritária e antiliberal assumida pela República. Foi, entretanto, exaltado por observadores independentes e descompromissados. Assim, escrevendo na década de 1850, o republicano francês Charles Ribeyrolles (1812-1860) registra que no país "há anos não há mais nem processos políticos, nem prisioneiros de Estado, nem processos de imprensa, nem conspiração, nem banimento[49]".

E assim vivemos por quase meio século, situação que contrasta de modo flagrante com a República. Boanerges Ribeiro (1919-2003), no livro *Protestantismo e Cultura Brasileira*[50], ressalta a exemplar tolerância

---

[49] RIBEYROLLES, Charles. *Le Brésil Pittoresque*. Rio de Janeiro: Tipografia Nacional, 1859

[50] RIBEIRO, Boanerges. *Protestantismo e Cultura Brasileira*. São Paulo: Casa Ed. Presbiteriana, 1981.

religiosa garantida por autoridades policiais e judiciárias, no Império, apesar de haver uma religião oficial. Ao contrário do que ocorria em Portugal, conforme enfatiza o mesmo autor.

É preciso ter presente as dificuldades do liberalismo na Europa católica e patrimonialista, na mesma época. Basta recordar o que ocorreu na França, com a derrubada do governo liberal em 1848 e a Proclamação da República, seguindo-se a reintrodução da Monarquia e a grande instabilidade política que culminou com a derrota militar de 1870, a Comuna de Paris e a Terceira República, por sua vez notoriamente instável. O panorama de tais dificuldades seria sistematizado por Arno Mayer[51]. Tudo isto serve para realçar o significado da situação brasileira. Em que pese a tradição patrimonialista e a maioria católica, o regime conseguiu afeiçoar-se aos países protestantes, como Inglaterra e Estados Unidos. Trata-se de um feito que nunca é demais exaltar, cumprindo enterrar de vez o longo menosprezo que lhe tem devotado a estéril e infecunda historiografia positivista-marxista, abandonando inteiramente a fecunda trilha que nos havia sido aberta por Adolpho Varnhagen (1816-1878).

Devido a essa circunstância, a inquirição acerca das determinantes dos cinquenta anos de estabilidade política, alcançada no século XIX, sequer foi aventada. Aquela investigação poderia, adicionalmente, ser muito instrutiva para o nosso reordenamento institucional, já que a República fracassou na matéria, não havendo garantias insofismáveis de que no presente ciclo venhamos a ser plena e integralmente bem-sucedidos. O Segundo Reinado mantém-se como fato isolado em nossa história, quando vivemos sem golpes de Estado, estados de sítio, presos políticos, insurreições armadas, tudo isto com absoluta liberdade de imprensa, mantidas as garantias constitucionais dos cidadãos.

---

[51] MAYER, Arno. *Dinâmica da Contra-Revolução na Europa: 1870-1956*. Trad. M. Gonçalves. Rio de Janeiro: Paz e Terra, 1971. _____. *A Força da Tradição: Persistência na Europa, 1848-1914*. Trad. Denise Bottmann. São Paulo: Companhia das Letras, 1987.

Na já citada obra coletiva *Evolução do Pensamento Político Brasileiro*[52], Vicente Barretto descreve minuciosamente o que chama de *"aprimoramento da representação"*, tudo levando a crer que foi justamente aquele aprimoramento que tornou dispensável o recurso às armas. O fato de que o sistema era basicamente elitista não justifica que a República tivesse primado por ignorar tão significativa experiência. Ao invés de atirar a criança fora com a água suja da banheira, a democratização do sistema pressupunha a manutenção daquela linha de aprimoramento desde que, consoante a lição de Silvestre Pinheiro Ferreira, abrangesse o essencial, a saber: a representação.

---

[52] BARRETTO; PAIM. *Evolução do Pensamento Político Brasileiro. Op. cit.*

Parte IV

O LIBERALISMO NA
REPÚBLICA VELHA:
1889-1930

Rui Barbosa (1849-1923)

Capítulo 16

Nova Configuração do Quadro Político

No governo constituído após a Proclamação da República participavam pelo menos três correntes de opinião: os liberais, os positivistas e os militares sem muita formação doutrinária, mas em cujo seio surgiram grupos exaltados, por isto mesmo denominados jacobinos. Os liberais eram liderados por Rui Barbosa (1849-1923). O chefe do governo, marechal Deodoro da Fonseca (1827-1892), conceituado militar, achava-se distanciado de todo radicalismo, mas não tinha qualquer compromisso com um projeto democrático nem se pode dizer que existisse tal, em seu delineamento global, salvo no que diz respeito à necessidade de restringir-se o período de exceção, dotando o país de nova Constituição.

A hegemonia estava com os positivistas, embora não se achassem unidos quanto às características que deveriam imprimir ao novo regime. Esta hegemonia se expressava, sobretudo, pela presença de Benjamin Constant Botelho de Magalhães (1836-1891) à frente do Ministério da Guerra. O prestigiado líder militar, embora positivista confesso, não tinha boas relações com o Apostolado. Este, contudo, achava-se representado no ministério por Demétrio Ribeiro (1853-1933).

Aurelino de Araújo Leal (1877-1924), na *História Constitucional do Brasil*, de 1915, conta ter ouvido do próprio Rui Barbosa que "os positivistas e os jacobinos lutaram pela dilatação do regime ditatorial". Segundo os diversos depoimentos, o chefe do governo não atribuía maior relevo à questão constitucional. De sorte que a decisão de convocar a Assembleia Constituinte deve-se à habilidade e à persistência demonstradas por Rui Barbosa, mas também ao apoio recebido de Benjamin Constant, que acabou concordando com a providência depois de haver obtido a anuência do chefe da Igreja Positivista em Paris[53].

A Constituição de 1891 deu aos liberais um instrumento aglutinador, permitindo-lhes elaborar o que Nelson Saldanha (1933-2015) denominou *pensamento político oficial*. Assim, pelo menos ao longo das três primeiras décadas republicanas, o liberalismo corresponde à doutrina política oficial. Mas a prática do regime era francamente autoritária.

A prática autoritária republicana consiste basicamente no abandono do princípio da representação.

No Império, a realidade consistia, sem dúvida, no Estado de características patrimonialistas. Contudo, a elite dirigente, premida pela onda de insurreições, assegurou aos vários interesses, reconhecida sua diversidade e legitimidade, o direito de fazer-se representar no sistema do poder. A representação não tinha certamente caráter democrático, de que não cogitava o liberalismo da época. Mas a par do predomínio da classe proprietária rural, tinham acesso à representação as camadas urbanas, não só os proprietários (comerciantes, sobretudo), como igualmente o funcionalismo e a intelectualidade. Assim, embora não tivesse ocorrido nenhuma ruptura abrupta com o patrimonialismo

---

[53] Ver, a propósito: LINS, Ivan. *História do Positivismo no Brasil*. São Paulo: Companhia Editora Nacional, 2. ed., 1927, p. 645-648.

português[54], a prática ia permitindo a paulatina estruturação da sociedade civil.

A prática republicana criou uma situação inteiramente nova. Passa a primeiro plano o conflito entre grupos cujo interesse próprio se resume em apossar-se do patrimônio constituído pelo Estado. E mais: essa conquista, ao nível das antigas províncias, revela-se de pronto insuficiente. É necessário assegurar a posse do Executivo Central. Para apaziguar esse conflito inventou-se a "política dos governadores" ou o chamado "café com leite" (alternância de São Paulo e Minas Gerais na suprema magistratura).

Nas antigas províncias (agora denominadas estados) não surgiram atividades econômicas capazes de manter alta rentabilidade durante largo período, a exemplo da cafeicultura, agora radicada basicamente em São Paulo e Minas Gerais, ensejando o surgimento de novos grupos locais e assim contribuindo para tornar mais diversificada a sociedade. Deste modo, o ideal de progresso, que se inscrevera na nova bandeira que o regime republicano dera ao país, ficara circunscrito a São Paulo. Os recursos públicos mal permitiam a modernização da Capital da República.

Quanto à ordem, esta só se mantinha mediante a sucessiva decretação de estados de sítio e a intervenção naqueles estados politicamente mais fracos.

Na medida em que a prática autoritária se generaliza, os liberais vão paulatinamente circunscrevendo sua plataforma à defesa das liberdades democráticas. Não lhes ocorre sequer a necessidade da diversificação partidária – o regime era de partido único, o Republicano, estruturado a nível estadual –, salvo em 1926, quando se cria em São Paulo o Par-

---

[54] O patrimonialismo luso-brasileiro – e as análises que veio a merecer – acha-se estudado em: PAIM, Antonio. *A Querela do Estatismo: A Natureza dos Sistemas Econômicos, o Caso Brasileiro*. Rio de Janeiro: Tempo Brasileiro, 1994. Uma edição revista e ampliada da obra será relançada em breve pela LVM Editora.

tido Democrático. Os liberais sofrem também a influência positivista e acabam minimizando o papel da doutrina da representação.

À prática autoritária começa a se sobrepor o autoritarismo doutrinário, dentre os quais o principal consiste no castilhismo.

A corporação militar consegue modernizar-se e profissionalizar-se. A par disto, contudo, em seu seio continuam tendo curso as doutrinas que lhe atribuem papel especial na obtenção do progresso material do país. Esse ideário ganha corpo no chamado tenentismo, que enseja insurreição militar em 1922 e 1924 e acaba resultando na Revolução de 1930.

Além de não ter sido capaz de formular com clareza uma doutrina da representação, de base republicana – isto é, dissociada dos institutos da Monarquia e do Parlamentarismo, presentes na obra doutrinária do século XIX –, contribuiria para a perda de terreno de parte dos liberais o seu apego à doutrina do liberalismo econômico, aplicada de modo inflexível, como no caso da crise da borracha. É certo que, na Europa, essa flexibilização somente seria introduzida pelo keynesianismo muito mais tarde, no período posterior à crise econômica de 1929.

Nesse particular, forçado a antecipar-se em face da mencionada Crise de 1929, o país acabou contando com uma doutrina provinda do positivismo. A plataforma intervencionista seria concebida por um teórico positivista – Aarão Reis (1856-1936) – e incorporada à prática política instaurada por Getúlio Vargas após a Revolução de 1930. Serviu, portanto, para fortalecer o autoritarismo em ascensão, e não para favorecer o elemento liberal.

Em síntese, durante os quarenta anos da República Velha assiste-se, de um lado, ao ocaso do liberalismo – que parecia tão forte, já que impusera ao país a Constituição de 1891 e assumira as rédeas do pensamento político oficial – e, de outro, à confluência da prática autoritária no sentido da doutrina castilhista. O novo ciclo, em que Vargas seria a figura central, já tem lugar sob a égide do autoritarismo doutrinário, cujo núcleo fundamental será constituído pelo castilhismo.

Na República Velha ocorre igualmente a plena configuração do conservadorismo católico, que não chegou a se estruturar no Império. Esse conservadorismo, que muitos estudiosos preferem chamar de tradicionalismo, iria nutrir a principal vertente do movimento integralista, após 1930. Surgem também as primeiras correntes socialistas.

Capítulo 17

Principais Inovações da Constituição de 1891

A Declaração de Direitos está redigida de modo muito semelhante ao que dispunha o título da Constituição de 25 de março de 1824 relativo às "garantias dos direitos civis e políticos dos cidadãos brasileiros".

As inovações da Constituição republicana dizem respeito: 1º) às decorrentes da eliminação da nobreza; e 2º) as que advieram da separação entre Igreja e Estado. Em matéria de privilégios da Igreja católica, na Constituição imperial dizia-se que "ninguém pode ser perseguido por motivo de religião, uma vez que respeite a do Estado e não ofenda a moral pública". Com o abandono do princípio de que deveria haver uma religião oficial, altera-se a legislação referente ao casamento civil, à administração dos cemitérios e ao ensino. A Constituição mantém um resquício do passado ao deixar de introduzir o divórcio. A nova elite dirigente, constituída pelos positivistas, era radicalmente contrária à providência.

No que diz respeito às liberdades públicas (de imprensa, de reunião e de associação, etc.), as duas Cartas apresentam disposições idênticas.

Quanto aos princípios gerais da aplicação da Justiça, os dois estatutos são bastante semelhantes. A Constituição imperial estabelecia, além dos princípios gerais, "um código civil e criminal, fundado nas sólidas bases da justiça e equidade", disposição que, em relação ao Código Civil, somente a República tornaria realidade. A Constituição de 1891 introduz o *habeas corpus,* que se constituía numa das grandes conquistas resultantes da vigência do sistema representativo, com vistas a assegurar a efetiva garantia da liberdade assegurada em lei.

A Constituição optou pela forma presidencialista do exercício do Poder Executivo e, simultaneamente, pela descentralização dos poderes da União mediante a transferência de múltiplas atribuições aos estados. As duas tendências eram francamente contrárias, não se conciliando nem na Magna Carta nem no seu exercício.

Ao presidencialismo deu-se uma configuração que o contrapunha frontalmente ao Parlamento. Restava a alternativa de eliminar apenas os institutos que haviam sido estruturados para conjugar a preservação da figura do Monarca e a introdução do sistema representativo, como o Poder Moderador e o Conselho de Estado, mantendo-se o Conselho de Ministros e a confirmação pelo Parlamento.

Não havia por que identificar o parlamentarismo com o regime monárquico, mas a verdade é que a maioria dos espíritos se inclinava por esse entendimento. Na verdade, o que se pretendia era um poder central forte sem o imperativo de conviver com o Legislativo. De sorte que essa preferência constitucional pelo presidencialismo não pode ser atribuída apenas ao desejo de copiar instituições adotadas universalmente na América, com a única exceção do Brasil, mas igualmente ao propósito de configurar o Executivo tão próximo quanto possível do ideal de "ditadura republicana" preconizado pelos positivistas.

A ideia federal era igualmente nutrida pelos positivistas, que chegaram a popularizar a doutrina das "pátrias brasileiras". Contudo, inseria uma cunha no Executivo Central e debilitava-o na luta contra o Legislativo.

O quadro constitucional deixava aberto o espaço para a continuação da luta entre liberais e positivistas.

A propósito das inovações inseridas na Constituição de 1891, quando confrontada à de 1824, Nelson Saldanha teria oportunidade de observar o seguinte:

> A combinação doutrinária era mais coerente do que na Carta de Pedro I, mas, em compensação, a estrutura geral do Estado passava a ser mais complexa. O unitarismo imperial mudava-se expressamente num *federalismo*. Cada província chamava-se agora "estado", terminologia desnecessariamente copiada do modelo do Norte. Mas o fato é que, não possuindo um passado de autonomia efetiva, em que cada um houvesse sido território independente (como é pressuposto nas federações clássicas como os Estados Unidos e a Suíça), os novos estados não sabiam propriamente o que fazer com os poderes recebidos. E, aliás, estes poderes, que deveriam ser originariamente seus e não recebidos, iam ser lenta e gradualmente recolhidos pela União, na evolução posterior do país.

A estruturação do *federalismo*, na ordem constitucional, implicava algumas questões técnicas especiais. Aos estados-membros atribuía-se uma autonomia que não chegava a nível de poder "soberano"; duplicavam-se os planos normativos, com uma correlata hierarquia para as leis; distribuíam-se as competências da União e dos estados, no plano legislativo e no tributário, tudo dentro do modelo norte-americano e embasado sobre a metodologia do Direito Público respectivo. E Rui Barbosa, embora chegasse a advertir num dado momento contra o exagerado *apetite* federalista que tomava conta dos espíritos, fazia isso justamente por notar que nos Estados Unidos um contramovimento centralizador começava a se robustecer.

Havia, como novidade política, o *presidencialismo*, já que Federação e República eram aspirações com passado longo. O modelo norte-americano era presidencialista, e o eram também as Repúblicas da América Latina. Algumas já dominadas pelo caudilhismo truculento e imaturo; por outro lado, tratava-se de contrapor o máximo possível a nova ordem ao que se tinha como o "parlamentarismo" do período imperial. E não faltaram motivações concretas para que a instituição do presidencialismo, realmente um regime que confere ao chefe de Estado atribuições governamentais enormes, se fizesse aos poucos uma forma peculiar de personalismo político.

Assis Brasil argumentava, entre outros, que a ordem federal exigia o presidencialismo. Mas foi com Manuel Ferraz de Campos Sales (1841-1913) que a ideia presidencialista adquiriu realidade mais incisiva e mais contundente, fazendo da chefia do Executivo uma sede de forte poder *pessoal*, embora constitucionalmente respaldado, e reduzindo a presença política dos ministros a um papel funcional, a que cabiam lealdade e competência, dentro de um programa centralizado sobre o Presidente e por ele efetivamente liderado.

Pode-se dizer, entretanto, que o federalismo, que correspondia à reclamação de diversas gerações liberais, e que foi pensado por Rui Barbosa, nunca foi plenamente posto em prática no Brasil, confundido nesta mesma fase com as caudilhagens locais e criticado em nome de uma maior "eficiência" política[55].

---

[55] SALDANHA, Nelson. *O Pensamento Político no Brasil*. Rio de Janeiro: Editora Forense, 1978, p. 109-110.

Capítulo 18

Evolução Doutrinária

1 – O Abandono do Tema da Representação e a Descoberta da Questão Social

Talvez pela circunstância de que devessem reconceber as instituições, a fim de adequá-las ao novo regime, o certo é que a liderança liberal republicana desinteressou-se inteiramente do tema da representação, que a experiência precedente sugeria tratar-se de tema nuclear. Essa omissão é tanto mais grave quanto será precisamente no ciclo considerado que se completa a denominada democratização da ideia liberal nos principais países europeus e nos Estados Unidos.

As energias espirituais voltaram-se para questões institucionais, circunstância em que se produziram textos marcantes, como *O Poder Executivo na República Brasileira* (1916), de Aníbal Freire da Fonseca (1884-1970); *Do Estado Federado e sua Organização Municipal* (1920), de José de Castro Nunes (1882-1959) e o estudo *Do Poder Judiciário* (1915) tornado clássico, de Pedro Lessa (1859-1921), dedicado à caracterização do Poder Judiciário no regime republicano. Como ministro do Supremo Tribunal, caberia justamente a Pedro Lessa o mérito de haver transformado o *habeas corpus*, que se entendia então como uma esfera limitada ao direito de locomoção, num instrumento de defesa das liberdades, em contraponto com a ascendência crescente do autoritarismo.

Sobressai a circunstância de que a liderança liberal na República Velha tinha se dado conta da importância de que estava se revestindo a denominada questão social, graças sobretudo ao contato com a obra de pensadores como Leonard T. Hobhouse (1864-1929), preservada na Biblioteca de Rui Barbosa, na instituição que leva o seu nome.

O sentido principal da trajetória então empreendida pelo pensamento liberal brasileiro pode ser apreendida a partir do exame da obra de Rui Barbosa, de Joaquim Francisco de Assis Brasil (1857-1938) e de João Braz de Oliveira Arruda (1861-1943), adiante efetivada.

2 – O Pensamento Político de Rui Barbosa

Nascido em 5 de novembro de 1849, Rui Barbosa concluiu seus estudos na Faculdade de Direito de São Paulo, aos 21 anos, em 1870. Ingressou no Jornalismo, em sua terra natal, a Bahia, e elegeu-se deputado provincial em 1877, aos 28 anos.

No ano seguinte é eleito para a Câmara dos Deputados e participa ativamente de toda a movimentação política dos anos 1880, notadamente as campanhas abolicionista e republicana.

Com o advento da República, torna-se ministro do Governo Provisório do marechal Deodoro da Fonseca aos 41 anos. Nessa condição, desempenha um papel muito importante no sentido de dotar o novo regime do necessário arcabouço institucional.

Na década de 1890 encontrar-se-á na oposição, o que lhe vale, entre outras coisas, o exílio no exterior, no período de 1893 a 1895.

De volta ao Brasil, é sucessivamente eleito para representar a Bahia no Senado e passa a polarizar a corrente liberal no país, em oposição à prática autoritária. Enxergando nesta uma resultante da ingerência militar na vida política, patrocinou a organização do movimento civilista. Em duas campanhas presidenciais – 1910 e 1919 – Rui Barbosa apresentou plataformas que exprimem com propriedade o pensamento liberal na República Velha. Faleceu em 1º de março de 1923 aos 73 anos.

Trabalhador incansável, Rui Barbosa deixou uma obra de amplitude inusitada, cujo plano geral, executado a partir de 1942, foi concebido pelo principal estudioso de seu pensamento, Américo Jacobina Lacombe (1909-1993). Empreendimento editorial sem precedentes, que serviu para consolidar, como instituição cultural, a Fundação Casa de Rui Barbosa, a obra completa do jurista abrange cinquenta tomos, alguns dos quais subdivididos em mais de um volume.

Publicaram-se diversos livros sobre os variados aspectos da atuação de Rui Barbosa. Em relação ao seu pensamento constitucional, conta-se com o estudo definitivo *Rui Barbosa e a Primeira Constituição da República* (1949), de Américo Jacobina Lacombe.

A Editora Aguilar, em 1960, divulgou uma antologia com mais de mil páginas, organizada por Virgínia Cortes de Lacerda (1903-1959), que reúne o essencial de seu pensamento político[56]. Esta coletânea, além de textos introdutórios de caráter geral e de uma cronologia, insere os seguintes estudos especiais: "Rui Barbosa e a Renovação da Sociedade", de San Tiago Dantas (1911-1964); "Rui Barbosa e a Técnica da Advocacia", de Rubem Nogueira (1913-2010); "Rui Barbosa, Escritor e Orador", de Homero Pires (1887-1962); "Rui Barbosa, o Jornalista da República", de Elmano Cardim (1891-1979); "Posição de Rui Barbosa no Mundo da Filosofia", de Miguel Reale; "Rui e a Réplica", de

---

[56] LACERDA, Virgínia Cortes de (Org.). *Rui Barbosa – Escritos e Discursos Seletos*. Rio de Janeiro: Editora Aguilar, 1960.

Américo de Mora (1881-1953); e "Temário de Rui", de Naylor Bastos Vilas Boas.

Nelson Saldanha traçou de forma magistral o perfil dessa personalidade tão marcante da fase inicial da República, no texto que adiante se transcreve:

> Sua figura serve, precisamente, de ponto de referência para o entendimento das relações entre a teoria e a prática dos problemas políticos de então. Serve também de estalão para situar o trabalho intelectual envolvido pela construção da Constituição e pela interpretação da nova ordem. A figura de Rui Barbosa, discutível e discutida desde seus dias, ficou como um arquétipo para os modelos intelectuais brasileiros, pela verbosidade e pela erudição humanística, mas também pela combatividade permanente. Ora endeusado como patriota completo, ora criticado como orador sem visão sociológica e sem vínculos com a alma nacional, ele foi um tanto tudo isso, mas foi mais, muito mais.
> Encarnou, em grau superlativo, a tradição gramatiqueira de nossa formação intelectual, mas dando-lhe vigor inédito e dimensão maior; e se, de certa forma, faltou-lhe formação filosófica e sociológica, seu preparo em Direito e Literatura era de fato imenso. Encarnou também o legalismo coerente, alimentado por um liberalismo incansável, corajoso, oportuno e tremendamente bem-informado, que desempenhou em horas difíceis, na defesa dos direitos humanos e do poder civil, um papel realmente inegligenciável. O mesmo tipo de liberalismo convencional e legalista pode, de resto, ser encontrado nos primeiros comentadores da Carta republicana. Eles partilhavam da euforia vinda da campanha e aceitavam quase como um axioma a conveniência do modelo republicano-federalista, embora sem indagar as diferenças entre o primitivo "ideal" federalista e as distorções que o mandonismo local operava neste ideal. O assentimento em torno do texto, por parte dos principais constitucionalistas do tempo, formou uma espécie de pensamento político oficial. Isto foi obra, em grande parte, de Rui Barbosa, pontífice máximo da jurisprudência

nacional à época e principal expoente da teoria constitucional militante; mas, também, obra de Barbalho, cujo livro principal se tornou clássico – *Constituição Federal Brasileira: Comentários* (Rio de Janeiro, 1902) – como modelo de clareza e síntese e de outros publicistas[57].

Nesta oportunidade, vamos nos limitar à apresentação e ao comentário das plataformas que apresentou em 1910 e 1919, as quais constituem sem dúvida tentativas de estruturar o liberalismo como corrente de opinião no plano nacional. Em ambas as campanhas presidenciais, Rui Barbosa percorreu os principais pontos do país e falou de viva voz a milhares de brasileiros. Em que pese as qualidades morais do homem público e a combatividade sem par do político, tais movimentos não resultaram numa estruturação permanente nem barraram a ascensão do autoritarismo, razão pela qual requer avaliação crítica, a ser apresentada ao fim do tópico.

A campanha presidencial de 1910, realizada por Rui Barbosa, assumiu cunho nitidamente antimilitarista, pelas circunstâncias adiante descritas.

A 15 de novembro de 1906, empossou-se, na Presidência, Afonso Pena (1847-1909), político que vinha do Império e que, no período republicano, fora presidente da província de Minas Gerais, presidente do Banco do Brasil e vice-presidente da República. Seu mandato expirava a 15 de novembro de 1910. Na medida em que a experiência comprovara a possibilidade de enfeixar nas mãos do Presidente da República poder incontrastável, sua sucessão tornava-se uma questão crucial. Na praxe das sucessões civis, o Presidente indicava o sucessor. Afonso Pena fixara-se no nome de David Campista (1863-1911), seu conterrâneo e ministro da Fazenda de seu governo. Nesse quadro é que aparece a candidatura do ministro da Guerra, o marechal Hermes da Fonseca (1855-1923). Assim, como observa José Maria Bello (1885-1959): "Mais uma vez renasciam em torno de um general certas aspirações

---

[57] SALDANHA, Nelson. *O Pensamento Político no Brasil. Op. cit.*, p. 111-112.

crônicas de uma ditadura militar, embora revestida de formalidades legais [...]."

Por trás da candidatura do marechal Hermes encontra-se José Gomes Pinheiro Machado (1851-1915), representante do castilhismo e que se empenhava em transplantar essa doutrina ao plano nacional. A crise chegou a tal ponto que

> o presidente Pena, sem grandes qualidades combativas, desiludido, amargurado, enfraquecido por uma gripe, sucumbia a 14 de junho de 1909. Traumatismo moral é o diagnóstico que os políticos, corrigindo os médicos, lhe fizeram [...] A morte do velho estadista mineiro, elevando inesperadamente à chefia do governo o vice-presidente Nilo Peçanha, significava a vitória final de Pinheiro Machado. A candidatura de Hermes da Fonseca fortalece-se, desde então, com a extraordinária força da máquina do Executivo Federal[58].

Candidato à Presidência da República, com o sustentáculo do Partido Republicano Paulista (PRP), Rui Barbosa lança no país o movimento civilista.

No discurso inaugural da campanha, a 3 de outubro de 1909, do Rio de Janeiro, Rui Barbosa assim define o militarismo:

> Entre as instituições militares e o militarismo vai, em substância o abismo de uma contradição radical. O militarismo, governo da Nação pela espada, arruína as instituições militares, subalternidade legal da espada à Nação. As instituições militares organizam juridicamente a força. O militarismo a desorganiza. O militarismo está para o Exército, como o fanatismo para a religião, como o charlatanismo para a ciência, com o industrialismo para a indústria, como o mercantilismo para o comércio,

---

[58] BELLO, José Maria. *História da República*. Rio de Janeiro: Civilização Brasileira, 1940. Capítulos XVI ("Presidência Afonso Pena") e XVII ("Reação Civilista e Presidência Hermes da Fonseca").

como o cesarismo para a realeza, como o demagogismo para a democracia, como o absolutismo para a ordem, como o egoísmo para o eu. Elas são a regra; ele, o desmantelo, o solapamento, a aluição dessa defesa, encarecida nos orçamentos, mas reduzida, na sua expressão real, a um simulacro[59].

A plataforma do candidato civilista acha-se contida na conferência que pronunciou, em Salvador, no Teatro Politeama, a 15 de janeiro de 1910[60].

Nessa plataforma, Rui Barbosa critica acerbamente a prática republicana, notadamente a formação de novas oligarquias, e se manifesta sobre diversos temas tais como a instrução pública, a política econômica, a imigração, a modernização das Forças Armadas, etc. Para apreender o espírito de sua pregação basta, entretanto, considerar estes tópicos: 1) Reforma Constitucional; 2) Reforma Eleitoral e 3) Manifestação de acatamento à ordem legal.

Havia, entre os republicanos, uma grande reserva em relação à Reforma Constitucional, temerosos, sobretudo, de que levasse de roldão a própria República, já que a simples menção a temas como o parlamentarismo lhes parecia empenho de restauração monárquica.

Rui Barbosa manifesta-se a favor da providência desde que fosse precedida de um consenso quanto ao âmbito da reforma. Estabelecer-se-ia, desde logo, que não seriam objeto de reforma estas disposições constitucionais:

1º) As que declaram a forma republicana;
2º) As que instituem o princípio federativo;
3º) As que mantêm aos estados o seu território atual;
4º) As que lhes asseguram a igualdade representativa no Senado;

---

[59] LACERDA, Virgínia Cortes de (Org.). *Rui Barbosa – Escritos e Discursos Seletos*. Op. cit., p. 307.

[60] *Ibidem*, p. 339-394.

5º) As que separam a Igreja do Estado e firmam a liberdade religiosa;
6º) As que atribuem à Justiça o conhecer da constitucionalidade dos atos legislativos;
7º) As que proíbem aos estados e à União adotarem leis retroativas;
9º) As que declaram inelegíveis os ministros e estatuem a sua livre nomeação pelo chefe do Poder Executivo;
10º) As que afiançam aos estados a autonomia de organizarem as suas constituições, respeitada a da União.

Outrossim, à declaração dos direitos garantidos na Constituição, Artigos 72 a 78, aos brasileiros e aos estrangeiros residentes não se admitiria reforma senão ampliativa.

Adotadas estas precauções, tranquilizadoras contra as demasias do espírito de reforma, poderia ele encetar-se, como convém, "no terreno das nossas instituições constitucionais, moderada, gradual e progressivamente"[61].

No tocante à questão crucial do parlamentarismo, considera prematura a discussão que, entretanto, deverá travar-se oportunamente. Suas ponderações acham-se formuladas nestes termos:

> Não penso, como o Sr. Campos Sales, que o regime presidencial seja "da essência" do governo republicano como o parlamentar das monarquias constitucionais. Não. Na França o governo republicano se amolda ao regime parlamentar. Na Alemanha não se acomoda à forma parlamentar a monarquia constitucional. Aqui não se trata de um princípio tão essencial ao regime quanto o que antepõe à república unitária a república federativa. A natureza democrática das nossas instituições nada perderia com a substituição do governo presidencial pelo governo de gabinete. O que eu, porém, não saberia, é de que modo conciliar com este o mecanismo do sistema federal.

---
[61] *Ibidem*, p. 351.

Primeiramente, com o sistema parlamentar, o ministério se teria de constituir em gabinete, na significação britânica do termo.

Um gabinete supõe um ministro preponderante, que encarne a solidariedade coletiva do corpo ministerial e dirija o Parlamento.

Esse ministro eclipsaria a autoridade presidencial, o que bem se concebe num mecanismo, como o francês, em que o chefe do Estado se nomeia por eleição das Câmaras Legislativas, mas não seria possível no mecanismo americano, que elege o presidente da República mediante os sufrágios da Nação.

Dadas as formas parlamentares na Monarquia ou na República, o verdadeiro chefe do governo é, necessariamente, o primeiro-ministro; e as consequências deste resultado, anulando politicamente a Presidência, não se conciliam com a índole de um sistema, em que ela representa a Nação com a mesma realidade positiva que a legislatura.

Depois, no governo de gabinete, o gabinete é responsável. Mas responsável ante quem, sob uma Constituição federal? Nele não existe uma câmara predominante, como nas monarquias parlamentares. As duas casas do Congresso têm posições equidistantes. Ora, um ministério não pode ser responsável, juntamente, a duas câmaras, dotadas de poder igual e inspiradas, muitas vezes, em políticas diversas. Aquela que dispusesse da sorte dos gabinetes senhorearia o Poder Legislativo e absorveria o poder presidencial. Haverá, na República federativa, algum dos dois ramos do Congresso, a que se pudesse reconhecer tal ascendente?

São, bem o verdes, senhores, incompatibilidades essenciais. Não falo nos males do parlamentarismo. Também os tem a solução oposta. Uma se ressente da instabilidade na Administração; inconveniência do maior alcance, que, manifestada em França, entre nós se agravaria com a estreiteza do novo período presidencial. A outra, da ausência de responsabilidade, que, reduzida, nas instituições americanas, ao *impeachment* do chefe da Nação, não passa de uma ameaça desprezada e praticamente inverificável. Neste confronto as formas parlamentares levariam a melhor; porque mais vale, no governo, a instabilidade que a irresponsabilidade. Mas com o sistema federativo, único adotável no Brasil, não se compadecem as formas parlamentares. A ele, na República, liga-se essencialmente o presidencialismo, a cujos vícios congeniais temos de buscar, pois, os remédios nos freios e contrapesos do mecanismo: a brevidade na duração do poder supremo; a inelegibilidade do presidente; a larga autonomia dos estados; a posição oracular da Justiça na aplicação da lei e nas questões de constitucionalidade[62].

Rui Barbosa apresenta e justifica detalhadamente os tópicos que deveriam ser objeto de revisão. Em sua maioria dizem respeito à organização e ao funcionamento do Poder Judiciário, com o propósito de assegurar-lhe autonomia. Parece-lhe, antes de mais nada, que "o princípio da unidade que a Constituição impõe ao código civil, criminal e mercantil do país colide com a multiplicidade que estabeleceu para as leis do processo e a organização da Justiça".

Cumpre, a seu ver, seguir a trilha do "movimento de unificação jurídica [que] dia a dia se acentua". Entende, ainda, que "entregue ao arbítrio dos poderes locais, a magistratura baixou, moral e profissionalmente, de nível".

A Constituição, portanto, deveria ser reformada: 1º) para que se unifique o direito de legislar sobre o processo e 2º) para que se unifique a magistratura. Se não se quiser marcar no sentido da unificação, tendo em vista que em constituições e leis estaduais se tem amesquinhado a independência da magistratura, necessário será, "quando menos ampará-la com a égide da União nos estados, ditando-lhes como regra geral, quanto a ela, a vitaliciedade, a insuspensabilidade administrativa e a irredutibilidade dos vencimentos dos magistrados".

Afora as questões do Poder Judiciário, o candidato aponta este tópico, entre outros: "A Constituição da República, no Artigo 63, prescreve

---

[62] *Ibidem*, p. 351-353.

que 'cada estado se regerá pela Constituição e pelas leis que adotar, respeitados os princípios constitucionais da União'."

Nesta disposição há duas lacunas sensíveis, a que urgiria suprir.

Não se define, primeiramente, o alcance da indicação "princípios constitucionais". Quando se deverão considerar ofendidos por uma Constituição de Estado "os princípios constitucionais" da União? Claro me parece que quando, numa Constituição estadual, se encontrar uma cláusula que abra conflito com os textos da Constituição Federal ou que nesta não pudesse estar, sem lhe contradizer as bases essenciais.

Matéria, porém, de relevância tamanha, não convém, mormente num país como o nosso, deixá-la ao arbítrio dos interpretadores, importa que se defina, e em termos que varram de todo ambiguidades.

Em segundo lugar, omisso é o texto do Artigo 63, em que não se determina espécie de sanção no caso. No seu silêncio, a ilação é que ali não se cogita senão unicamente da sanção judiciária. Mas esta nem sempre bastará[63].

Delegação de competência à União "para intervir nos conflitos econômicos entre os estados, quando estes se hostilizarem uns aos outros mediante golpes de impostos, guerra de tarifas, retaliações tributárias, que ameacem a paz da União, promovendo entre os seus membros uma desigualdade aniquiladora"[64].

Regular constitucionalmente a faculdade de os estados e municípios contraírem "empréstimos externos", quando estes possam vir a empenhar a responsabilidade federal, provocar intervenções estrangeiras e arriscar a nossa integridade ou prejudicar a nossa reputação[65].

---

[63] *Ibidem*, p. 355.
[64] *Ibidem*, p. 356.
[65] *Ibidem*, p. 357.

A segunda questão, essencial à compreensão do pensamento liberal na República Velha, é a proposta de Reforma Eleitoral contida na plataforma de 1910 do candidato Rui Barbosa. Considera-a "vital para o sistema representativo" e aponta três condições fundamentais à sua efetividade:

1º) Assegurar a inviolabilidade ao direito do eleitor, pela "eliminação total do arbítrio na verificação do direito, a perpetuidade real deste, uma vez reconhecido e declarado". Para tanto, "substituam-se agora, entre nós, o funcionário municipal e o juiz de paz, aí indicados por uma só autoridade: a do magistrado, a quem toque entre nós reconhecer a maioridade civil. A este, como se alvitra no plano do Dr. Assis Brasil, competirá igualmente declarar a maioridade cívica. Estarão assim abolidas as qualificações e as revisões. Com o seu título de capacidade eleitoral, expedido pelo juiz, de plano, ante o documento da idade legal e a prova do saber ler e escrever, com esse título inalterável, uma vez exibido, terá o eleitor o direito ao voto"[66];

2º) Extinguir radicalmente a publicidade no voto. "No dia em que houvermos estabelecido o recato impenetrável da cédula eleitoral, teremos escoimado a eleição das suas duas grandes chagas: a intimidação e o suborno. A publicidade é a servidão do votante. O segredo, a sua independência"[67];

3º) "[...] abolição do voto cumulativo, cujas provas, entre nós, são miserandas, estabelecendo-se a representação proporcional mediante aquele dentre os vários sistemas conhecidos que mais racional e praticamente a efetue. Complicada e técnica, a discussão da preferência entre eles não é assunto que possa caber na

---

[66] *Ibidem*, p. 366.

[67] *Idem.*

ocasião e nas dimensões de um programa desta natureza. Baste firmar aqui o princípio da proporcionalidade, garantia necessária do direito das minorias, reservando-se para a oportunidade a decisão entre as diversas fórmulas aplicativas, até hoje indicadas ou ensaiadas"[68].

Na sucessão do marechal Hermes da Fonseca, em 1914, o governo da Bahia, então exercido pelo tradicional político republicano José Joaquim Seabra (1855-1942), promove a candidatura de Rui Barbosa, fundando-se então o Partido Liberal. Mas a máquina oficial agrupa-se, em torno de Venceslau Brás (1868-1966), o que lhe garantia de antemão o triunfo, conforme observa José Maria Bello. Ao que acrescenta:

> O Partido Liberal desaparecia depressa, como tantas outras tentativas análogas da política republicana, e Rui Barbosa, curtindo mais uma vez o dissabor da clamorosa preterição, acabou por desistir da nova corrida ao Catete, apreensivo com os perigos que a Grande Guerra poderia abrir para a paz pública[69].

Para substituir Venceslau Brás, o qual governou no quadriênio entre 1915 e 1918, elege-se Rodrigues Alves (1848-1919), que já havia exercido a Presidência no começo do século, no quadriênio entre 1903 e 1906, sucedendo a Campos Sales, que governara de 1898 até 1902. Rodrigues Alves tinha mais de 71 anos e possuía saúde alquebrada, falecendo em 18 de janeiro de 1919, sem sequer ter sido empossado na Presidência. Nos termos da Constituição, deve realizar-se nova eleição para conclusão do mandato, a expirar-se a 15 de novembro de 1922.

---

[68] *Ibidem*, p. 367.

[69] BELLO. *História da República*. Op. cit., p. 231.

Mais uma vez articula-se a candidatura de Rui Barbosa, já agora com 70 anos completos. O mundo oficial fixa-se, entretanto, no nome de Epitácio Pessoa (1865-1942), antigo ministro de Campos Sales, juiz aposentado do Supremo Tribunal Federal (STF), senador pela Paraíba, reconhecido como possuidor de grande cultura jurídica e da energia requerida para o exercício do cargo. "Mais uma vez traído pelos políticos que fingiam prestigiar-lhe o nome", registra José Maria Bello, "o velho e irredutível liberal encontra-se em oposição ao pequeno grupo que dominava o Brasil".

> Aceitando depois uma candidatura de luta, repete, já septuagenário, e na certeza da derrota, a campanha eleitoral do civilismo, percorrendo em viagens desconfortáveis várias regiões do país, inclusive o seu estado natal, de cujo governo partira a primeira e tenaz impugnação ao seu nome. No entanto, apesar da grande votação obtida – vencera em quase todas as grandes cidades –, desistira da contestação do pleito, publicando manifesto à Nação[70].

Nos pronunciamentos que teria oportunidade de fazer no curso da nova campanha, em 1919, revela-se o sentido principal da evolução do pensamento de Rui Barbosa. Persiste a crença na possibilidade de resolver o conflito por meio do simples ordenamento jurídico, mas transparece a preocupação com o segmento da sociedade civil. Expressam essa evolução as conferências "Às Classes Conservadoras"[71] e "A Questão Social e Política no Brasil"[72], pronunciadas, respectivamente, na Associação Comercial do Rio de Janeiro (ACRJ), a 8 de março de 1919, e no Teatro Lírico, também no Rio de Janeiro, no dia 20 do mesmo mês.

---

[70] *Ibidem*, p. 243.

[71] BARBOSA, Rui. "Às Classes Conservadoras". In: LACERDA, Virgínia Cortes de (Org.). *Rui Barbosa – Escritos e Discursos Seletos. Op. cit.*, p. 395-428.

[72] BARBOSA, Rui. "A Questão Social e Política no Brasil". In: LACERDA, Virgínia Cortes de (Org.). *Rui Barbosa – Escritos e Discursos Seletos. Op. cit.*, p. 429-469.

Na conferência da Associação Comercial, Rui Barbosa faz um balanço do período republicano com o propósito de evidenciar a coerência das posições que adotou. Parece-lhe que em vez de cerrar fileiras em torno da Constituição, a elite política arregimentou-se em derredor do poder que a violava.

> A criatura – isto é, a Constituição, prossegue – avariada no berço com o contágio precoce, que a poluía ao nascer, encetava a triste vida, abandonada pelos seus protetores naturais ao fadário de contaminações, que a devia degradar, de queda em queda, até ao hospital, onde acabam as perdidas.
> Com as úlceras que a chagavam, nem a diagnose, nem o prognóstico podiam errar. O mal apresentava, logo após a invasão, indícios fatais. Só a negligência ou a cegueira voluntária o não veria. Não havia de ser eu, pois, que não o visse. Vi-o em toda a sua extensão, em toda a sua letalidade, em todo o seu futuro, e dei rebate do perigo. Mostrei-o em toda a sua iminência e em toda a sua grandeza. Faz já não menos de 26 anos que o mostro. É mais de um quarto de século. É o espaço de uma geração.
> Vinte e seis anos há que aldrabo a todas as portas, vinte e seis anos que brado a todos os ventos, vinte e seis anos que busco sacudir com uma centelha do céu os nervos da nação, nervos sonolentos e atrofiados, vinte e seis anos que trabalho pelo mover desta provação vergonhosa, onde o ventre se nivela com a fronte, vinte e seis anos que lhe tento endireitar para cima a cerviz, os olhos, o rosto, o sublime, donde irradia a inteligência e a vontade, a indignação e o pudor, a coragem e a energia, onde o Criador nos imprimiu o selo da origem divina e da humana dignidade[73].

A renegação só poderia advir das classes conservadoras. Define-as deste modo:

---

[73] *Ibidem*, p. 398-399.

Não é só o proprietário, o industrial, o comerciante. Não é somente o banqueiro, o armador, o fabricante, o senhor de latifúndios, o dono de minas e estradas.

Não. Todos os que entram para o corpo social como um glóbulo de sangue, uma célula nervosa ou um elemento químico no corpo humano, todos esses participam dos elementos conservadores da comunidade. Grave erro seria o de pormos a uma parte o operário, à outra, as classes conservadoras. Nas classes conservadoras ao lado do patrão está, com o mesmo direito, o obreiro. Os elementos conservadores da sociedade são o trabalho, este primeiro que todos, o trabalho, digo, o capital, a ciência e a lei, mantida pela Justiça e pela força. Isto é: a lavoura, a indústria, o comércio, a instrução, a magistratura e as Forças Armadas. Eis, senhores, verdadeiramente, as classes conservadoras.

Excluída as Forças Armadas, que não se devem imiscuir na política, aos demais elementos é que competia buscar o bem do país. Lamenta que haja ocorrido o contrário. Nas palavras de Rui:

Tirai daí as Forças Armadas, a que a sua condição de consagradas às armas veda, por incompatibilidade substancial, a ingerência coletiva na política militante; e as demais são as que, sobre todas, havia de tocar especialmente a política da Nação. No Brasil, porém, sempre se entendeu o contrário; e daí a desgraça do Brasil. Bem cedo atinei eu com essa relação entre o nosso mal e a sua causa. Bem cedo apontei a lesão e a sua origem. Bem cedo chamei os que em si tinham o segredo específico da cura a nos valerem com a medicação. Bem cedo indiquei às classes conservadoras o posto abandonado, onde a Nação esperava com ansiedade a sua presença[74].

Entende a acolhida que naquele momento lhe tributa a Associação Comercial como uma tomada de posição dos elementos conservadores:

---

[74] *Ibidem*, p. 399.

Ei-la que se realiza hoje, ei-la que, hoje, se declara com estrondo, com unanimidade, com radioso esplendor à volta do meu nome, engrandecido assim da sua pequenez e desvalia à sublimidade excepcional de marco numa nova estrada, começo de uma era nova na história brasileira.

A situação do país, segundo seu entendimento, é da maior gravidade porquanto campeia a politicalha e a corrupção, sem que as forças vivas da Nação se tenham mobilizado para contrarrestar o desmando. Diz textualmente:

> Deste modo se inutilizam os órgãos vitais do governo representativo, as válvulas do seu aparelho respiratório e o centro do seu sistema vascular. Acabaram, a um tempo, com a tribuna e a imprensa. Encerraram as Câmaras Legislativas numa atmosfera de servilidade e mercantilismo. Os negócios invadiram o recinto sagrado dos procuradores sob a soberania nacional [...] Comercializou-se a pena dos jornalistas e o voto dos legisladores[75].

A oligarquia no poder abre, a seu ver, pelo descontentamento geral, as portas à anarquia, porque, hoje, prossegue, "já não há revoluções; há dissoluções. Para evitar as dissoluções fazem os governos as revoluções por meio de ousadas reformas". Na ausência destas, as nações não se revolucionam, decompõem-se. Conclui:

> O mundo inteiro o está sentindo. O mundo inteiro contra ele se reveste de forças morais, elevando as suas concepções da sociedade, revolucionando as suas leis, democratizando as suas Constituições, entregando aos povos a solução dos seus problemas [...]
> Só o Brasil não vê. Só o Brasil diverge. Só o Brasil recua. Só o Brasil se acastela na mentira de uma rotina conservadora, com que a indústria política mascara os interesses da sua estabilidade. Só o Brasil renuncia a

---

[75] *Ibidem*, p. 407-408.

ter um governo de legalidade, honestidade e liberdade, para se oferecer ao mundo no espetáculo de uma nação de vinte e cinco milhões de almas debaixo dos pés de sete acrobatas da feira política.
Ai do povo que não se envergonhe de tal força! Ai de vós, brasileiros! Ai de vós, classes conservadoras! Se não souberdes levar a Nação brasileira à sua reingressão na posse de si mesma, não são unicamente as nossas instituições as que periclitam: é a sociedade toda; é toda a ordem humana e divina, abandonada às ondas estrangeiras, que para nós avançam: às ondas bárbaras que devastam a Europa russo-germânica e às ondas civilizadoras que passaram por Cuba e Porto Rico. Anarquia e protetorado. Protetorado ou anarquia, a fórmula do nosso destino. Se o Brasil não acorda. Se a Nação não se reconquista. Se um grande povo não se envergonha de se deixar cavalgar e desonrar por meia dúzia de ciganos pernósticos e arrojados[76].

No discurso pronunciado em 20 de março de 1919 no Teatro Lírico, Rui Barbosa afirma que o retrato de Jeca-Tatu, traçado pelo literato José Bento Monteiro Lobato (1882-1948), simboliza na verdade a preguiça, o fatalismo e a subserviência que, no entendimento da oligarquia dominante, caracterizam o povo brasileiro. Ressalva que o autor talvez tivesse em vista tão somente desenhar o roceiro típico do Vale do Paraíba, mas o certo é que, consciente ou inconscientemente, expressou uma opinião encontradiça entre os oligarcas. Evidentemente, se os mandachuvas do país tivessem uma outra visão de nossa gente não "teriam a petulância de o governar por meio de farsanterias". "Eis o que eles enxergam [...] no povo brasileiro: uma ralé semianimal e semi-humana de escravos de nascença, concebidos e gerados para a obediência [...]."

Contudo, prossegue, o Brasil não é isto. A vida nacional dispõe de células ativas e conscientes. Entre estas inclui "a soma das atividades que constituem o trabalho, a união dos que não se nutrem do cabedal

---

[76] *Ibidem*, p. 428.

alheio o mundo limpo, claro e são dos que não têm que esconder o de que vivem".

O velho político liberal proclama que

> tudo o que nasce do trabalho é bom. Tudo o que se amontoa pelo trabalho é justo. Tudo o que se assenta no trabalho é útil. Por isso a riqueza, por isso o capital, que emanam do trabalho, são, como ele, providenciais, como ele necessários, benfazejos como ele. Mas, já que do capital e da riqueza é manancial o trabalho, ao trabalho cabe a primazia incontestável sobre a riqueza e o capital.

No quadro brasileiro, a seu ver, faltou amparar o escravo liberto: "Dar liberdade ao negro, desinteressando-se, como desinteressaram-se absolutamente da sua sorte, não vinha de ser mais do que alforriar os senhores."

Era uma segunda emancipação que se teria de empreender.

Quase no fim da terceira década republicana, parece-lhe menos árdua a camada do "operariado atual, que tomou dos ombros da escravidão a carga do trabalho emancipado", porquanto os interesses capitalistas da sociedade não se ressentem da intolerância que empedernia a propriedade servil.

> O capital de agora é mais inteligente e não tem direitos contra a humanidade. Nem o obreiro é o animal de carga ou tiro, desclassificado inteiramente da espécie humana pela morte política e pela morte civil, que sepultavam em vida o escravo. Ao passo que, a este, mal lhe assistia jus à preservação da vida material, o operário tem todos os direitos de cidadão, todos os direitos individuais, todos os direitos civis, e, dotado, como os demais brasileiros, de todas as garantias constitucionais, não se queixa senão de que às relações peculiares do trabalho com o capital não corresponda um sistema de leis mais equitativas, a cuja sombra o capital não tenha meios de abusar do trabalho[77].

---

[77] BARBOSA, Rui. "A Questão Social e Política no Brasil". In: LACERDA, Virgínia Cortes de (Org.). *Rui Barbosa – Escritos e Discursos Seletos. Op. cit.*, p. 438-439.

Manifesta-se a favor da Reforma Social, "na sua expressão moderada, conciliatória, cristã". Não vê nisto nenhuma contradição com o fato de que não se considere socialista. Constitui grave desacerto reduzir a boa causa operária a uma dependência essencial da sistematização socialista. Ao que acrescenta:

> A concepção individualista dos direitos humanos tem evoluído rapidamente, com os tremendos sucessos deste século, para uma transformação incomensurável nas noções jurídicas do individualismo, restritas agora por uma extensão, cada vez maior, dos direitos sociais. Já não se vê na sociedade um mero agregado, uma justaposição de unidades individuais, acasteladas cada qual no seu direito intratável, mas uma entidade naturalmente orgânica, em que a esfera do indivíduo tem por limites inevitáveis, de todos os lados, a coletividade. O direito vai cedendo à moral, o indivíduo à associação, o egoísmo à solidariedade humana.
> Estou, senhores, com a democracia social. Mas a minha democracia social é a que preconizava o cardeal Mercier, falando aos operários de Malines, "essa democracia ampla, serena, leal, e, numa palavra, cristã; a democracia que quer assentar a felicidade da classe obreira, não na ruína das outras classes, mas na reparação dos agravos, que ela, até agora, tem curtido". Aplaudo no socialismo o que ele tem de são, de benévolo, de confraternal, de pacificados, sem querer o socialismo devastador [...][78].

Rui Barbosa, no discurso que ora comentamos, enumera oito pontos que consubstanciam o sentido dessa reforma, a saber:

- A questão habitacional;
- O regulamento do trabalho de menores;
- A limitação da jornada de trabalho;
- A higiene do trabalho;

---

[78] *Ibidem*, p. 440.

- A proteção à gestante, oportunidade em que cita e elogia a posição do industrial Jorge Street (1863-1939), precursor, no seio do patronato, das franquias trabalhistas;
- Os acidentes de trabalho;
- O seguro-operário;
- O trabalho noturno.

Rui Barbosa refuta a tese de que "os contatos entre patrões e operários não exigem legislação especial". Aqui sua disputa é diretamente com os castilhistas. Afirma:

> A mera observância desses contratos é matéria de puro Direito Civil. [...] Mas não será preciso também ter lido Comte para discernir que, quando se fala "em medidas reclamadas pela questão social", em que se cogita não em cumprir tais contratos, mas em dar, fora desses contratos, acima deles, sem embargo deles, "por intermédio da lei", garantias, direitos, remédios, que, contratualmente, o trabalho não conseguiria do capital[79].

É mister, portanto, proceder à revisão constitucional, a fim de habilitar o Poder Legislativo a tomar medidas que a questão social reclama.

Os documentos da campanha presidencial de 1919 são talvez a última expressão do pensamento político do líder incontestável do liberalismo republicano, porquanto lhe restariam pouco mais de dois anos de vida ativa. Enfermo a partir de meados de 1922, faleceria no início de 1923.

A breve exposição precedente permite evidenciar que Rui Barbosa não apenas foi um paladino da liberdade e do Direito, ao longo das três primeiras décadas republicanas, revelando nesse mister coerência e persistência notáveis, como procurou manter-se um homem de seu tempo. Assim, forma com os jovens liberais no entendimento de que

---

[79] *Ibidem*, p. 458.

as relações de trabalho transcendiam a simples esfera do contrato entre duas partes tornando-se uma questão afeta à sociedade como um todo. Essa linha já tinha determinado, na época em que Rui Barbosa empreende a sua última campanha nacional e pronuncia o discurso no Teatro Lírico, que se constituísse na Câmara dos Deputados, a Comissão de Legislação Social, em 1918, e, em seguida, a adesão do Brasil à Organização Internacional do Trabalho (OIT), então criada. Depois da sua morte, com a Reforma Constitucional de 1926, atribui-se competência privativa à União para legislar em matéria de trabalho. A Revolução de 1930, como se sabe, interrompeu abruptamente esse processo, e a bandeira da Reforma Social passa às mãos do grupo egresso do castilhismo e que chegava ao poder com Getúlio Vargas.

Contudo, a doutrina liberal de Rui Barbosa, do mesmo modo que a de Assis Brasil, peca pelo abandono do entendimento firmado no Império de que a representação era de interesses. Ajudaram a nutrir a convicção de que a República seria o governo de todo o povo. Os males com que se defrontava o Brasil provinham da circunstância de se ter formado uma nova oligarquia que governava ao arrepio da Constituição. Deste modo, a necessidade do partido político circunscrevia-se ao período eleitoral, como instrumento para retirar do poder os oligarcas e restaurar o governo constitucional de toda a Nação. Eis a questão crucial.

Contagiados em sua juventude pelo comtismo, no fundo nunca se desprenderam da ideia de que o governo era uma questão de competência, e não uma disputa entre interesses diversos. Por isto mesmo, a simples defesa intransigente da liberdade não era suficiente para barrar o avanço do autoritarismo. Faltou ao liberalismo de Rui Barbosa o embasamento dos partidos políticos resultante da diversidade de interesses vigentes na sociedade, cuja legitimidade a doutrina liberal reconhece plenamente. E, como as correntes autoritárias em ascensão não tinham o menor interesse na organização política da sociedade, a República teve que completar mais de meio século de existência para assistir a uma autêntica diversificação partidária, ainda assim insuficientemente forte para sobreviver durante largo período, soçobrando em menos de duas décadas.

3 – O Liberalismo de Assis Brasil

Joaquim Francisco de Assis Brasil nasceu em 29 de julho de 1857, ingressando na Faculdade de Direito de São Paulo aos 20 anos. Ainda quartanista, em 1881, publicou seu primeiro livro *A República Federal*. O jovem publicista pretende que o movimento republicano, iniciado no decênio anterior, carece de maior estruturação doutrinária, justamente o que levara à perdição os movimentos de idêntica índole do passado, entre os quais destaca as revoluções pernambucanas de 1817 e de 1824, a Sabinada baiana de 1837 e a Revolução Farroupilha, entre 1835 e 1845.

Encantado pelas ideias positivistas que faziam o deleite de seus contemporâneos, pretende que a Monarquia pervertera o caráter nacional, sendo insofismavelmente republicana a vocação brasileira. Republicanismo e federalismo, a seu ver, constituem verso e reverso da mesma medalha, assim como o centralismo seria o corolário da Monarquia. No ano seguinte, em 1882, publica um segundo livro, *História da República Rio-Grandense*, dedicado à Revolução Farroupilha, em que defende aquele movimento da acusação de separatismo e exalta a ideia da República federal.

Em 1884, já formado em Direito, Assis Brasil elege-se deputado à Assembleia Provincial, tornando-se o primeiro representante que o Partido Republicano faz chegar àquela Casa legislativa.

Com a República, firma-se no Rio Grande do Sul a liderança de Júlio de Castilhos (1860-1903). Incompatibilizado com o sentido autoritário daquela liderança, Assis Brasil ingressa na diplomacia e afasta-se da política. Publica, em 1893, *Democracia Representativa: Do Voto e do Modo de Votar.* Parece-lhe então que, consolidada a República e tornada realidade a Federação, cumpria assegurar que o povo se fizesse efetivamente representar pelo voto.

A ideia de que a representação seria de interesses, como ensinaram os grandes teóricos do liberalismo brasileiro durante o Império, não está presente na pregação de Assis Brasil. Mas o desdobramento e as implicações de sua doutrina da representação somente se explicitariam quando se dispõe a assumir a liderança do combate ao castilhismo, como veremos a seguir. Em 1898, em substituição a Júlio de Castilhos, Borges de Medeiros torna-se presidente do Rio Grande do Sul. Como candidato único, reelege-se para um segundo mandato de 1903 até 1907.

Para o quinquênio de 1908 até 1913, Borges de Medeiros lança a candidatura de Carlos Barbosa Gonçalves (1851-1933). Júlio de Castilhos falecera em 1903. Em face da nova circunstância, Assis Brasil aceita assumir a chefia da oposição ao castilhismo. Tenha-se presente que, até então, toda a oposição se entendia como tentativa de restauração monárquica. Para combater essa doutrina, forma-se o Partido Republicano Democrático. No congresso da nova agremiação, realizado em setembro de 1908, Assis Brasil pela primeira vez iria proceder à sistematização da crítica liberal ao castilhismo. Este seria uma perversão do republicanismo.

O Partido Republicano Democrático quer apenas reencontrar a tradição republicana rio-grandense, desvinculando-a do sentido ditatorial que lhe imprimiu o castilhismo. Mais precisamente: em Assis Brasil, como em Rui Barbosa, não há uma autêntica doutrina da representação.

No discurso em apreço, publicado com o título de "Ditadura, Parlamentarismo, Democracia", Assis Brasil apresenta e justifica as seguintes teses:

1) O estabelecimento de um regime eleitoral que habilita o "eleitor a usar com segurança o seu voto por meio de mecanismo simples

e seguro de representação proporcional de todas as opiniões que puderem exibir número de adeptos igual ao quociente da divisão do número de votantes pelo de elegendos". A eleição tem por objetivo alcançar a "média das opiniões", a ser apurada proporcionalmente numa base territorial que inclua toda a província.

2) "Segundo a verdadeira teoria democrática, o povo não governa nem legisla diretamente, mas por meio de representantes tão legitimamente escolhidos quanto o permitir o grau de cultura do mesmo povo."

3) "Todos sabem o que são eleições no Brasil. Não há dúvida de que temos uma opinião pública vigorosa, que, pode ser, tem sido desrespeitada em dados momentos, mas que no fim das contas acaba por triunfar. Essa opinião pública, porém, não tem como seu melhor instrumento a eleição, entre nós, devido à pouca ou má educação do povo, ao escasso hábito de exercício da liberdade e, ainda, em grande parte, às leis eleitorais que chamaria absurdas, se não as reconhecesse como obra-prima de sofisma e fraude geral em favor do partidarismo tacanho. A eleição entre nós, em regra, só serve para sagrar o arbítrio dos que governam. É assim e foi assim, porque, na Monarquia, se houve diferença, foi para pior – ainda quando o neguem os que creem ingenuamente que a tênue muralha de tempo interposta entre as duas épocas possa abafar as vozes ainda vibrantes dos pró-homens do próprio Império, quase todos eles deixaram testemunhos imperecíveis do embuste sistematizado a que então se chamava consulta à nação."

Por essa razão, afirma o conhecido líder liberal, o princípio da reeleição só beneficia os maus governos.

A ideia de que a República corresponderia ao regime de todo o povo, a incompreensão de que a política só aparece onde há conflito e diversidade de interesse, invalida a crítica ao sistema eleitoral consagrado pela Constituição do Império, concebida na fase do liberalismo em que este entendia a representação como sendo de um segmento da sociedade, a classe proprietária, primeiro rural e depois urbana, e só posteriormente cogitou expandir sua base eleitoral, democratizando-se.

Assim, à luz da pregação de Assis Brasil, verifica-se que a elite imperial tinha sobre a republicana a vantagem insofismável de que o princípio da representação não se confundia com o caráter democrático do sistema. O princípio da representação adotado na Constituição de 1824 estabelecera condições muito precisas no que diz respeito a circunstâncias que habilitavam o cidadão a fazer-se representar. Contudo, sua aplicação sem nuanças teria levado à exclusividade na representação da denominada aristocracia rural. A busca posterior da democratização do sistema conduziu à liberalização das exigências quanto ao eleitor citadino. A clareza da doutrina estimulou sucessivos aprimoramentos da base territorial dos distritos e a limitação do número de deputados a serem eleitos em cada distrito. Assim, as cidades chegaram a ser super-representadas, conforme observa João Camilo de Oliveira Torres em *Os Construtores do Império*[80]. Independentemente do partido que obtinha a maioria, a opinião citadina se congregava firmemente em torno do Partido Liberal. Na eleição de 1881, graças ao predomínio do eleitorado urbano, Minas Gerais somou catorze deputados liberais e seis conservadores. Na eleição de 1884, elegeram-se ali doze liberais, sete conservadores e um republicano. Em 1886, onze liberais e nove conservadores.

O aglutinamento do eleitorado em torno de certas lideranças ocorria também em áreas predominantemente rurais: no Rio Grande do Sul, os liberais, e no Rio de Janeiro, os conservadores. Nas eleições consideradas, tais agrupamentos ganham sistematicamente nas províncias respectivas. A opinião expressa por Assis Brasil corresponde não à verdade dos fatos, mas à sobrevivência de uma tese de cunho propagandístico, posta em circulação nos primórdios da campanha

---

[80] TORRES, João Camilo de Oliveira. *Os Construtores do Império*. São Paulo: Companhia Editora Nacional, 1968, p. 32-33.

republicana. A distinção é a seguinte: no Império sabia-se e proclamava-se que a representação era de interesse. Na República perde-se de vista essa evidência, despreocupando-se a nova elite da organização do eleitorado, como forma de expressão da diversidade de interesses.

O mais grave é que, ao mesmo tempo que a nova doutrina perpetua a desorganização da massa de eleitores, proclama-se a total descrença em semelhante mecanismo, como o faz Assis Brasil. Se o sistema eleitoral é tanto mal-aprimorado quanto o nível de educação de um povo – tese, aliás, mais que discutível –, incumbia concebê-lo para o eleitorado concreto, disponível, existente, em cujos padrões educacionais certamente ninguém aportaria.

Em suma: Júlio de Castilhos concebeu e levou à prática um modelo tutelar para substituir o sistema representativo, que se identificava globalmente com a Monarquia constitucional. A grande força da doutrina castilhista consistia no fato de ter sido proclamada em nome da ciência. O saber positivo é que nos assegura quanto à forma a ser assumida pela organização política. Se o mero mortal não chega a semelhante entendimento, não cabe nenhum projeto pedagógico, que o próprio Auguste Comte chegou a conceber em certa fase de sua meditação, mas imposição do governo forte, centralizado. E, assim, os castilhistas, como os autoritários de diversos matizes que cultivaram essa tradição em nosso país, podiam dormir tranquilos sem peso na consciência. Pessoalmente nada tinham com a vontade de poder que sempre esteve associada às tiranias. Ao contrário, cumpriam determinada missão. Eram mártires e santos, como o próprio Castilhos chegou a ser chamado.

À semelhante concepção não se contrapunha nenhuma doutrina clara e precisa. Após a queda do Império, o pensamento liberal brasileiro dissociou-se da evolução do liberalismo no plano mundial.

Pode-se, portanto, afirmar que a crítica desenvolvida por Assis Brasil, na oportunidade da criação do Partido Republicano Democrático, se procurou situar-se em nível alto, se sistematizou os aspectos da filosofia política castilhista que, sucessivamente, seus porta-vozes buscariam contraditar, tangenciou o essencial.

O sentido geral da evolução do castilhismo – assim como do autoritarismo republicano – influiu sobremaneira no liberalismo de Assis Brasil, que acabaria circunscrevendo sua plataforma à defesa das liberdades democráticas. Tal ocorreria igualmente no plano nacional.

Terminado o período do governo de Carlos Barbosa Gonçalves, em 1913, ganha Borges de Medeiros novo mandato para o quinquênio de 1914 até 1918, fazendo questão de proclamar: "Alternaram-se os governantes, mas não se alteraram as situações." No período subsequente entre 1919 e 1923, abdica da premissa e permanece no poder, voltando a candidatar-se na eleição de novembro de 1922, a que concorre o próprio Assis Brasil, pela oposição. Nessa oportunidade, Borges de Medeiros obtém 106 mil sufrágios, enquanto 129 mil votos correspondem a anulações ou abstenções. De acordo com as regras estabelecidas pelo próprio sistema castilhista, segundo as quais o candidato eleito deveria alcançar maioria absoluta, o governante somente poderia, mais uma vez, ser proclamado vitorioso se alcançasse em torno de duzentos mil votos. Borges de Medeiros avançaria, entretanto, a doutrina de que "quando a Constituição diz 'três quartas partes dos sufrágios do eleitorado', entenda-se que ela quer se referir ao eleitorado ativo, ao que exerce o sufrágio". Semelhante desfecho do pleito conduziu à guerra civil que se prolongaria por todo o ano de 1823, requerendo a intervenção do governo federal, que impôs o término do ciclo das reeleições. Firmou-se nesta oportunidade o Tratado de Pedras Altas, em que a situação rio-grandense se compromete a respeitar direitos elementares estabelecidos na Constituição de 1891, como a proibição da perpetuidade das intervenções municipais.

Assis Brasil sobreviveria à Reforma Constitucional de 1926, que consagrou o princípio da proibição da reeleição do primeiro mandatário, o qual impunemente se violara no Rio Grande do Sul, e levou à ascensão de Getúlio Vargas ao governo rio-grandense em 1928, obtendo uma trégua nas antigas disputas e, finalmente, à Revolução de 1930 e à Constituinte de 1934, da qual foi membro, tendo renunciado ao mandato antes de votada a Constituição. Em seus últimos anos, Assis Brasil afastar-se-ia da política, falecendo em 24 de dezembro de 1938. Nessa última fase de sua vida, ele pouco acrescentaria ao seu liberalismo: tornou-se adepto da eleição indireta para a Presidência da República e favorável ao voto secreto, que não se praticava no Rio Grande do Sul desde que os castilhistas haviam estabelecido o voto a descoberto. Essa evolução, contudo, não altera em substância a doutrina liberal que defendeu.

4 – A Proposta de João Arruda

Com a morte de Rui Barbosa em 1923 e o término das reeleições de Borges de Medeiros – de que resulta a reunificação do Partido Republicano do Rio Grande do Sul em torno de Getúlio Vargas, empossado governador em 25 de janeiro de 1928 –, entram em recesso as tentativas de articulação nacional da oposição liberal. É o período em que a elaboração teórica e a atuação prática de índole liberal se deslocam para São Paulo, com a criação do Partido Democrático em 1926. Esse processo iria, entretanto, coincidir com a formação da denominada Aliança Liberal, a que se seguiram a Revolução de 1930 e os agitados anos da década. É o período da franca ascensão do autoritarismo, culminando com o Estado Novo. A circunstância parece ter impedido o reconhecimento do Partido Democrático – e da elaboração teórica que inspirou a sua ação – como autêntico corolário do pensamento liberal vigente na República Velha. Nessa condição, iria fornecer o núcleo básico das teses defendidas pelo liberalismo do pós-guerra. Pelo menos é a convicção a que se chega examinando-se o livro *Do Regime Democrático*, de João Arruda, publicado em São Paulo em 1927.

O fluminense João Braz de Oliveira Arruda cursou a Faculdade de Direito de São Paulo, bacharelando-se em 1881. Ingressou na magistratura, de onde somente se afastaria em 1896 para integrar o corpo docente da Faculdade, como substituto da primeira seção, a de Filosofia do Direito e de Direito Romano. Ascendeu a catedrático com a vaga aberta por Pedro Lessa, transitoriamente ocupada por João Pedro da Veiga Filho (1862-1909). Seu magistério prolongar-se-ia até o período que imediatamente se seguiu à Revolução de 1930, tendo-lhe incumbido reger a cadeira de Introdução à Ciência do Direito, criada pela reforma de Francisco Campos (1891-1968).

Conforme teria oportunidade de assinalar Theophilo Cavalcanti Filho (1921-1978), na introdução à reedição de *Fundamentos do Direito*[81], de Miguel Reale, João Arruda manter-se-ia fiel aos ensinamentos de Pedro Lessa no que tangia à Filosofia do Direito.

Indica ainda que "o mesmo espírito, as mesmas diretrizes se fizeram sentir" quando lhe coube, em 1931, instalar a nova cadeira introdutória. Pedro Lessa, em contraposição à ortodoxia comteana, acreditava na possibilidade da Ciência do Direito, mas a manteria ligada ao positivismo porquanto admitia, simultaneamente, uma sociologia normativa, de caráter geral, como "tronco que sustenta as diversas Ciências Sociais particulares e consequentemente o Direito".

No plano político, contudo, Pedro Lessa, na condição de ministro do Supremo Tribunal Federal (STF), tornar-se-ia um dos artífices da consolidação das instituições do sistema representativo, notadamente Judiciário independente e *habeas corpus*. Ainda assim, o denominado "positivismo ilustrado" que Pedro Lessa tão bem encarnava, embora opondo-se à prática autoritária da República Velha, jamais logrou formular uma plataforma clara com vistas a superá-lo, mesmo porque nutria amplas simpatias pelo socialismo. Nesse gru-

---

[81] REALE, Miguel. *Fundamentos do Direito*. Intr. Theophilo Cavalcanti Filho. São Paulo: Revista dos Tribunais, 1972.

po, João Arruda é que daria o passo decisivo no sentido da adesão à doutrina liberal.

O autor do livro *Do Regime Democrático* declara-se desde logo não apenas liberal, mas até mesmo *ultraliberal* o que à época deveria soar como uma espécie de anarquismo, pois logo se vê obrigado a acrescentar:

> Não adoto nenhum dos conceitos de Bakunin. O que defendo, quanto à organização política, é o que está consagrado como legal nos Estados Unidos, na Holanda, na Noruega, em vários cantões da Suíça. [...] Muito pouco quero mais do que têm os habitantes desses lugares em que hoje não é conhecida a tirania.

O autor registra com destaque, na capa do livro – repetindo-a e comentando-a em diversas oportunidades –, a divisa "Vigilância eterna é o preço da liberdade", de Patrick Henry (1736-1799), adotada pela União Democrática Nacional (UDN), após a Segunda Guerra Mundial.

João Arruda discute as questões da soberania e da representação. É partidário da representação que resulte do sufrágio universal e contrário à representação profissional. Preconiza mandatos curtos. Admite a eleição indireta para os mais altos cargos executivos e pretende que a administração geral do país seja exercida por um Conselho.

> Reduzidas ao mínimo as atribuições do Poder Executivo, escreve, não passando de um ano a eleição para o exercício desse poder, entendo que a última cautela contra os abusos será não haver um único chefe, mas um Conselho de Administração, como sucede na Suíça. Eleitos anualmente sete membros, dos quais um será constituído presidente do Conselho, só para tornar possíveis as deliberações e resoluções do corpo administrativo, muito maior será a segurança do cidadão, muito mais difícil será esse perigosíssimo poder de oprimir os governados.

Quanto à preocupação de que o governo seja constituído dos mais sábios, parece-lhe que

> Fora mesmo da administração, poderá o escol influir à feição de Adam Smith: do canto de sua lareira. Enfim, se sustento que deve haver um mínimo de delegação, também entendo, com os liberais, que deve haver um mínimo de governo. Não vamos nós, liberais, ao ponto de seguir à risca o *laissez-faire, laissez-passer*, não julgamos que se possa descontar no *il mondo va de se*; mas a nossa escola sustenta que muito pouco pode fazer o governo e que os particulares, muito melhor do que os governantes, conhecem os seus interesses. [...] E, quando o povo não acerta na escolha, que título terão os sábios para lhe impor sua vontade, seu modo de entender a vida? Nunca pude compreender com que direito o Governo de um povo se opõe à vontade deste, quer obrigá-lo a ser feliz.

As questões mais importantes a serem fixadas em lei, segundo seu entendimento, deveriam estar sujeitas ao referendo da massa dos votantes.

A posição de João Arruda em face da questão social merece especial referência porquanto endossada pelo liberalismo brasileiro no período subsequente. O autor refuta a acusação de que o regime democrático, por se achar ligado ao individualismo, exclui qualquer intervenção do Estado em favor dos menos favorecidos na comunhão social, opondo-lhe a tese de que o remédio contra os males da atual organização social não é o Estado-Providência. As máquinas agravariam a situação dos desfavorecidos, mas, ainda sem elas, insuportável seria a miséria que acarretou a Revolução Francesa. Não é para o cérebro de um homem, não é mesmo para uma geração, transformar radicalmente tudo o que os séculos constituíram.

Esse modo de ver não pode, contudo, ser acoimado de fatalista. Rejeitar a transformação social revolucionária, por reconhecer que embora bons críticos os socialistas nada construíram de radicalmente diverso, não equivale a obstar a roda do progresso e a desejar que a humanidade retroceda. O lema do autor assim se formula: "Nem precipitar, nem parar, nem retroceder."

Antes de apresentar a plataforma reformista dos liberais, avança duas premissas:

> 1) A reforma social não pode ser meramente econômica, embora o fator econômico possa ser considerado como o mais importante no atual momento histórico de evolução da humanidade. É inegável que o desenvolvimento intelectual seja parte do enriquecimento e que o desenvolvimento moral pela educação aumente a solidariedade contribuindo assim para a melhoria das condições patrimoniais do povo.
>
> 2) Os reformadores não devem voltar sua atenção exclusivamente para os operários. As providências que objetivem beneficiá-los unilateralmente podem redundar em agravamento das dificuldades para outras classes também menos favorecidas, como o reconhecem diversos estudiosos.

João Arruda refuta a ideia de um plano geral de reforma e advoga as reformas parciais, de que possam resultar a consecução dos objetivos socialistas no que diz respeito à diminuição das diferenças sociais.

O primeiro ponto refere-se à família. Os socialistas preocupam-se apenas com o trabalho dos menores, iniciativa das mais elogiosas. Ainda assim, não basta retirá-los do trabalho produtivo. Cabe, simultaneamente, educá-los do ponto de vista técnico, moral e cívico. Outra providência seria a legalização do divórcio.

> O divórcio a *vínculo* é um instituto que lenta mas fatalmente se vai infiltrando em nosso meio social. Já não há motivo para discutir-se se é bom ou mau: está vitorioso. O que cumpre, pois, é adaptar nossos preceitos jurídicos às exigências por ele geradas, e, entre elas, se acha a sorte da prole, particularmente a dos cônjuges menos favorecidos da fortuna.

Ao autor parece ainda que não basta legislar, cumprindo conceber as leis, de sorte que possam ser bem aplicadas. Dá como exemplo a lei dos acidentes de trabalho, que, ao permitir, de um lado, que o operário entre livremente em acordo com o patrão, faculta a burla; e de outro, que a empresa se exima da responsabilidade direta, mediante seguro, leva à ruína indústrias modestas que não podem suportar semelhante ônus.

Parece-lhe imperativa a adoção do imposto progressivo sobre heranças, capital e renda. Reconhece que, nos países em que tais providências vêm sendo adotadas, buscam-se fórmulas para transferir seus encargos às classes menos favorecidas. A seu ver, isto prova que as novas instituições devem ser vigiadas constantemente, vigilância esta exercida mais facilmente no regime democrático.

João Arruda está igualmente preocupado em que o avanço das conquistas do operariado não se dê em detrimento dos empregados no comércio, em escritórios e repartições públicas, que devem merecer igual atenção. O último capítulo do livro é dedicado à organização das Forças Armadas.

Tal é, em síntese, o conteúdo da obra de João Arruda. Representa certamente uma forte reação à onda crescente de adesões ao autoritarismo, no seio da intelectualidade, prenunciando a divisão que iria marcá-la no decênio subsequente, quando a grande diferenciação deixa de ser entre democratas e autoritários para verificar-se entre autoritários de direita e de esquerda. Cabe ter presente que, no mesmo período em que aparece o livro, Gilberto Amado proclamaria da tribuna do Senado o fim do liberalismo; um partidário do socialismo democrático como Evaristo de Morais (1871-1939) lança um manifesto em que preconiza um governo colegiado, integrado por um pequeno grupo de técnicos; e são crescentes as adesões à cruzada de *A Ordem* e de Jackson de Figueiredo (1891-1928). Por tudo isto, o livro de João Arruda está vinculado a outro polo de referência: os partidários do sistema representativo, reduzidos à minoria insignificante sob a República e que somente emergiriam para uma situação de proeminência após a queda do Estado Novo. Sua proposta, como vimos, não se limita às teses de Rui Barbosa e de Assis Brasil, sendo muito mais abrangente.

A obra de João Arruda registra, contudo, as limitações fundamentais de que não se livraria o liberalismo republicano, a saber:

- O receio de identificar representação e interesse, bem como de proclamar a legitimidade de todos os interesses;
- A despreocupação com a organização do eleitorado;
- O radicalismo não intervencionista e o alheamento da verdadeira magnitude da questão social.

O mestre paulista chega ao exagero de proclamar:

Perniciosíssimo para o povo é não compreender que raramente deixa o interesse social de coincidir com o dos indivíduos, uma vez que haja o regime democrático, ou, noutros termos, não entender que, salvo hipóteses que só ocorrem em circunstâncias anormais, nunca há colisão entre o interesse social e o interesse individual.

Na matéria, portanto, acha-se plenamente identificado com os doutrinadores precedentes, quando supunham pudesse a República ser proclamada como governo de todo o povo, destinando-se as eleições ao simples encontro da média das opiniões.

A posição do autor diante da Reforma Social e do não intervencionismo econômico seria profundamente enfraquecida no período subsequente, devido à crise do café, afinal enfrentada pelo governo saído da Revolução de 1930, francamente intervencionista, e que se dispõe ainda a equacionar a Reforma Social, mediante a organização do Ministério do Trabalho. Permanecendo alheios ao keynesianismo – emergente nesse período, isto é, depois da República Velha –, os liberais brasileiros acabariam permitindo que as bandeiras do intervencionismo e da Reforma Social ficassem em mãos dos agrupamentos autoritários.

Capítulo 19

A Herança Política da República Velha

Ao longo da República Velha ocorre o pleno amadurecimento da vertente autoritária de inspiração castilhista, formulada abertamente como alternativa para o sistema representativo. Essa é certamente a principal herança do período, segundo se evidencia da evolução experimentada pela Aliança Liberal, a hegemonia castilhista no governo saído da Revolução de 1930 e a capacidade do grupo getulista de sobrepor-se às demais vertentes autoritárias e implantar o Estado Novo.

Durante a República Velha, como vimos neste capítulo, a prática autoritária do Executivo Central, embora apoiada na eliminação do princípio da representação, manteve o Parlamento e recusou o intervencionismo econômico em nome dos princípios liberais. O próprio sistema rio-grandense teve que minorar suas formas, em decorrência da guerra civil de 1923, terminando o ciclo das reeleições de Borges de Medeiros. Contudo, como a sociedade não se modernizou nem se diversificou, salvo em São Paulo, o Estado continuava a ser a grande realidade e a disputa por sua posse o eixo principal da política. A radicalização dessa disputa, na oportunidade da sucessão presidencial de 1930, iria evidenciar sucessivamente que a prática autoritária inconsequente teria que ser substituída por uma doutrina coerente, de que somente os castilhistas estavam de posse. Amadureceram tanto a experiência castilhista quanto o país para abrigá-la no plano nacional.

Os acontecimentos posteriores a 1930 iriam igualmente evidenciar que o conservadorismo católico tinha uma plataforma aglutinadora, apropriada pela Ação Integralista, e que deu a essa organização a possibilidade de realizar no país ampla mobilização política e estruturar-se na maioria das municipalidades. Mas esse movimento nutria-se de outras vertentes, uma das quais de franca inspiração fascista, assustando por sua intolerância e agressividade mesmo a opinião conservadora do país, o que facilitou o seu isolamento e liquidação pelo autoritarismo castilhista no poder. A par disto, Getúlio Vargas atrairia a Igreja para um novo ciclo de ampla colaboração com o Estado.

Outro fator que confluiu para a consolidação, de um lado, do predomínio absoluto das correntes autoritárias e, de outro, da hegemonia castilhista no seio destas seria o desaparecimento do socialismo democrático. Ao longo da República Velha, as grandes figuras do socialismo brasileiro tinham amplo compromisso com a democracia e na verdade a entendiam como uma espécie de desdobramento natural do liberalismo. Sua atuação, desenvolvida com sucesso, achava-se voltada para a conquista de uma legislação social protecionista do trabalho, com o apoio dos liberais. Evaristo de Morais Filho relaciona estes eventos do seguinte modo:

1) Criação, na Câmara dos Deputados, em 1918, na Comissão de Legislação Social;

2) Adesão do Brasil à Organização Internacional do Trabalho, então fundada;

3) Atribuição de competência privativa à União para legislar em matéria de trabalho, através da Reforma Constitucional de 1926;

4) Consagração em lei de diversas reivindicações relativas à fixação da jornada de trabalho; férias anuais remuneradas; acidentes de trabalho, etc.; e

5) Existência no Congresso Nacional de grande número de projetos de lei relativos à questão, inclusive um Código do Trabalho.

Em fins da República Velha, contudo, os socialistas democráticos acabaram atraídos para a órbita da Aliança Liberal e, após 1930, colaborando com a estatização do sindicalismo, promovida pelos castilhistas em nome do lema comteano de "incorporação do proletariado à sociedade moderna". O Partido Comunista, que, na década de 1920, nunca passara de uma pequena seita, receberá no fim do período a adesão de uma das facções do tenentismo, o que o habilitaria a desempenhar certo papel na luta política da década de 1930. O socialismo assume, pois, feição autoritária. A herança da República Velha é, assim, de ponta a ponta, autoritária.

E os liberais, que pareciam tão fortes à época da instauração da República, impondo à Constituição e derrotando os positivistas, e que durante a República Velha detinham o que Nelson Saldanha denominou de *pensamento político oficial,* gozando de inconteste autoridade moral, tornaram-se talvez o principal sustentáculo da fachada constitucional do país.

Os liberais tiveram expressivas vitórias contra os positivistas nos anos 1920, mas foram francamente derrotados na década seguinte.

A Aliança Liberal não era uma agremiação política com o propósito de reaglutinar as várias facções liberais espalhadas pelo país e desorientadas pela falta de liderança, ainda que esgrimindo plataformas retóricas como era da tradição. Na verdade, seu núcleo dirigente era constituído por uma facção dissidente do republicanismo, consistindo no nome do candidato a substituir Washington Luís (1869-1957) a única divergência. O rumo dos acontecimentos iria, por certo, atrair para esse agrupamento os remanescentes liberais e o Partido Democrático de São Paulo, do mesmo modo que os intelectuais que simpatizavam com o socialismo democrático. Essa adesão, no entanto, não iria lhe modificar o caráter.

José Maria Bello descreve desta forma o surgimento da Aliança Liberal:

> Afinal, em junho de 1929, o presidente de Minas, de fato, também chefe do partido oficial, o governador e o chefe do Partido Republicano do Rio Grande, deixariam as conversações vagas para firmar, por intermédio dos seus representantes – o secretário do governo, Francisco Campos, e os deputados José Bonifácio e João Neves –, um pacto de aliança, que bem traduzia o estilo da política republicana. Os dois estados comprometiam-se, em acordo irretratável, a apresentar um nome gaúcho (o Sr. Borges de Medeiros ou o Sr. Getúlio Vargas) à sucessão presidencial; no caso de o Sr. Washington Luís, em revide, aceitar um candidato mineiro, a vice-presidência caberia ao Rio Grande. [...] Dependia o acordo da expressa homologação do Sr. Borges de Medeiros. Sobre a base, pois, das máquinas oficiais, uniam-se, à semelhança do que se verificara com a Reação Republicana, na sucessão de Epitácio Pessoa, os pequenos partidos oposicionistas do país e os descontentes de todas as origens, civis e militares, para o combate à candidatura de Júlio Prestes. *Aliança Liberal* foi o nome dado a tal concentração[82].

Vale dizer: não se alterava a natureza do conflito, que continuava sendo a luta de facções pela posse do Estado Patrimonial todo-poderoso. E não uma reação da sociedade civil para democratizá-lo, como o nome poderia sugerir. Dessa forma, esse movimento não expressa de forma alguma o renascimento das forças liberais, mas justamente a sua fraqueza, evidenciada plenamente na década subsequente.

Em matéria de liberalismo, a herança da República Velha estaria praticamente circunscrita ao Partido Democrático de São Paulo, por-

---

[82] BELLO. *História da República. Op. cit.*, p. 274.

quanto a liderança de Rui Barbosa extingue-se com a sua morte, em 1923, e Assis Brasil está integrado à frente única estruturada no Rio Grande do Sul. O Partido Democrático, organizado ao fim do período, revelaria certa capacidade de articulação durante a década de 1930, com a bandeira da Constituinte, que Getúlio Vargas acabaria sendo forçado a convocar, e a candidatura presidencial de Armando de Sales Oliveira (1887-1945), destinada a concorrer ao pleito que afinal não seria convocado, devido ao golpe de 10 de novembro de 1937, que instaurou o Estado Novo. Assim, embora marcando certa presença na arena política, não afetou em nenhuma medida o predomínio das forças autoritárias.

O teor da pregação que o caracteriza, sintetizada na obra de João Arruda antes comentada, somente emergiria como polo aglutinador após a queda do Estado Novo, com o surgimento da agremiação denominada União Democrática Nacional (UDN), que adotaria o seu lema "O preço da liberdade é a eterna vigilância" e o espírito de sua plataforma.

Em que pese o inquestionável sucesso que as correntes autoritárias iriam lograr ao longo do meio século subsequente à Revolução de 1930 – e a evidência de que o trânsito da prática autoritária para o autoritarismo doutrinário ocorre na República Velha –, no livro *Filosofia da Escola Nova: Do Ato Político ao Ato Pedagógico*[83], a professora Fátima Cunha chama a atenção para o notável sucesso alcançado pelos movimentos educacionais na mesma fase histórica.

Com efeito, é na década de 1920 que a elite intelectual brasileira chega a uma proposta de Universidade calcada em bases modernas. E, embora em sua aplicação no ciclo posterior tenha sido inteiramente distorcida, sem levar-se em conta esta década, inexplicável se torna tanto a criação da Universidade do Distrito Federal (UDF) quanto da Universidade de São Paulo (USP), bem como o surgimento da Escola Nova.

---

[83] CUNHA, Fátima. *Filosofia da Escola Nova: Do Ato Político ao Ato Pedagógico*. Rio de Janeiro: Tempo Brasileiro, 1986.

Em síntese, a hipótese de Fátima Cunha poderia ser formulada deste modo: o sentido principal da Escola Nova é dado pela intenção de proceder ao desdobramento da proposta liberal, para torná-la consequente e levá-la ao plano pedagógico, fazendo nascer a educação a serviço da cidadania.

Para comprovar sua hipótese, a autora irá reconstituir a situação do ideário liberal na década de 1920, que veio a ser inteiramente obscurecido pela derrota esmagadora experimentada nos anos 1930, quando os segmentos autoritários dominam a cena política. Segundo esse levantamento, evidencia-se que a elite política acompanhou o processo de democratização da ideia liberal – e até soube enxergar a importância da questão social, consoante tem advertido insistentemente Evaristo de Morais Filho.

Aos que viveram esse tempo, inclusive o grande sucesso alcançado pela Associação Brasileira de Educação (ABE), a ideia liberal parecia algo fecundo e promissor, destinado a um grande futuro. Se foram derrotados é porque subestimaram as forças da tradição. Nem por isto seu idealismo deixa de estar apoiado em forças sociais expressivas – sendo desse conjunto a derrota, e não dos intelectuais tomados isoladamente.

PARTE V

A LONGA PREDOMINÂNCIA DO AUTORITARISMO: 1930-1985

Armando de Sales Oliveira (1887-1945)

Capítulo 20

Tentativa de Periodização

O meio século posterior à Revolução de 1930 caracteriza-se pela chegada ao poder daquelas vertentes do autoritarismo doutrinário que despontaram na República Velha. Tendo havido, entretanto, breve interregno democrático entre a queda do Estado Novo em 1945 e a chegada dos militares ao poder em 1964, impõe-se que o largo período seja seccionado.

Tudo indica que a ideia liberal estivesse descrevendo curva ascendente depois da Primeira Guerra, sem o que se torna inexplicável a Revolução de 1930 tenha sido dirigida por uma organização chamada Aliança Liberal. Nos meios intelectuais, o positivismo fora francamente derrotado, na década de 1920. Nos anos 1930 é que essa expressão da larga tradição cientificista adota roupagem marxista. Segundo se referiu, em 1926 cria-se em São Paulo o Partido Democrático, semente que iria florescer amplamente no início da década seguinte, embora esmagada pelo castilhismo getulista logo adiante. Assim, esse primeiro ciclo mereceria ser destacado, mormente para ter presente as ideias de Armando de Sales Oliveira, que expressam bem a maturidade do liberalismo brasileiro naquela altura. Embora sob o Estado Novo tenham sido exilados os líderes liberais e ocupado pela ditadura *O Estado de S. Paulo*, órgão líder da facção liberal, necessário se torna considerar essa fase, em conjunto com o início da década de 1940, para tentar compreender onde precisamente os liberais se perderam.

Durante esses quinze anos, são elaborados os argumentos fundamentais contra o liberalismo, em relação aos quais a liderança liberal não soube encontrar as respostas adequadas e até capitulou, como indicaremos. O primeiro deles consiste na tese de que o regime liberal não dá conta da questão social. Em parte, a circunstância decorre da Crise de 1929 que afetou nossas exportações de café, obrigando o governo a intervir drasticamente no processo, com a queima de estoques. O segundo argumento diz respeito à desnecessidade dos partidos políticos. Como a doutrina da representação havia sido retirada da ordem do dia pela liderança liberal da República Velha, perdeu-se de vista o papel do sistema eleitoral na suposição de que bastava eliminar a possibilidade de fraudes, com a criação de uma Justiça Eleitoral autônoma.

Com a queda do Estado Novo, em 1945, voltam os homens que haviam sido afastados da vida política pelo golpe de 1937. Revelam ignorar solenemente as transformações corridas com o liberalismo, graças sobretudo ao keynesianismo. Reveste-se de maior importância a proeminência alcançada, nessa vertente, de pessoas que provinham de outra tradição, a católica, caracterizada pela franca contraposição ao liberalismo. Ainda que devamos nos deter nesse aspecto por reputá-lo essencial, com vistas apenas a bem situar os fatos, cabe referir duas circunstâncias.

Milton Campos (1910-1972), que seria representante destacado da elite liberal, teve a coragem de afirmar o seguinte, nos anos 1960:

> O liberalismo ficou sendo o suporte das classes dirigentes, insensíveis ou egoisticamente hostis à ascensão humana, inspirada pela filosofia cristã da justiça social e imposta pela civilização industrial.

Justamente sob o Estado Novo, grande número de intelectuais católicos passa se opor à ditadura, o que os credencia a liderar a principal agremiação combatente contra o getulismo, tornado símbolo do autoritarismo, por isto mesmo identificada como autêntica expressão da verdade liberal. Tenho em vista o documento que passou à história com a denominação de *Manifesto dos Mineiros*, em 1944, que os analistas perderam de vista e, até onde estou informado, nunca mereceu adequada avaliação do ponto de vista liberal.

De sorte que, na verdade, o liberalismo brasileiro pós-1945 está não só alheio à tradição precedente, desinteressando-se mesmo do contato com as fontes externas, que sempre constitui preocupação das figuras proeminentes da facção liberal. O fato trouxe graves consequências para os destinos da corrente, como veremos.

No período do interregno democrático estrutura-se um sistema eleitoral desfigurador da representação, do qual até hoje não nos livramos. Mais grave é a aliança dos liberais com os militares. Correspondia ao inteiro alheamento da experiência republicana, quando parte da liderança militar, sob inspiração positivista, arrogou-se o direito de intervir na vida política para impor os rumos que consideravam mais apropriados.

Esse quadro explica que se hajam criado as condições para a ascendência dos militares ao poder, onde permaneceram por duas décadas, levando ao esmagamento da corrente liberal.

As características distintivas de cada um dos mencionados períodos (1930-1945; 1945-1964 e 1964-1985) são brevemente apresentadas nos capítulos seguintes.

Capítulo 21

As Circunstâncias do Período 1930-1945

1 – Os Desdobramentos da Criação do Partido Democrático na Obra de Armando de Sales Oliveira

Armando de Sales Oliveira teve uma atuação política destacada durante um período relativamente curto, a rigor inserido num único decênio. Coube-lhe, entretanto, um papel decisivo em relação à sorte do liberalismo em nossa terra, juntamente com o pequeno grupo que se congregou em torno de *O Estado de S. Paulo*.

Em sua direção confluíram as correntes liberais do País, numa fase verdadeiramente obscura de nossa história. Em que pese haja sido derrotado o movimento que liderava e encarnava, soube fincar sua bandeira num ponto que seria inevitavelmente tomado como referência quando os ventos de novo soprassem na direção dos ideais liberais. Graças a esse conjunto de circunstâncias, seu pensamento e sua ação tornaram-se uma parte importantíssima do liberalismo brasileiro no curso de sua evolução histórica.

O desfecho representado pelo golpe de 10 de novembro de 1937 e a subsequente ditadura de Vargas obscurecem o fato de que o liberalismo brasileiro, uma vez mais, encontrava-se numa fase ascendente na década de 1920. Derrotados na luta que se seguiu à Proclamação da República, com a mudança no regimento da Câmara, sob o governo de Campos Sales, permitindo que a Mesa fixasse a sua composição sem referência ao pleito eleitoral e tornando as eleições uma farsa, os liberais ficaram muitos anos sem bandeiras adequadas à circunstância, embora a campanha civilista tenha postergado a completa militarização da República. Contudo, após a Primeira Guerra, ocupam-se sucessivamente da questão social. Coube-lhes a iniciativa de organizar, na Câmara, a Comissão de Legislação Social, de promover a adesão do país à Organização Internacional do Trabalho e de encaminhar, no Parlamento, o exame de legislação disciplinadora da matéria.

Balanceando a movimentação então ensejada, Evaristo de Morais Filho teria oportunidade de escrever:

> Quando eclodiu a 3 de outubro, encontrou a revolução em vigor cerca de uma dúzia de leis trabalhistas; numerosos projetos no Congresso Nacional, inclusive um Código de Trabalho; a Reforma Constitucional de 1926, dando competência privativa e expressa à União para legislar sobre o trabalho; o Brasil já filiado à OIT desde sua fundação; a Comissão de Legislação desde 1918. Grande era o número de entidades sindicais variadas e às vezes pitorescas denominações. O movimento social, mormente a partir de 1917, era intenso e atuante, com greves, violências, reivindicações, expulsão de líderes estrangeiros e prisões de toda ordem. Funcionavam ou haviam funcionado os Partidos Comunista e Socialista, com publicações próprias e representantes no Congresso. Da agitação participavam intelectuais, jornalistas, escritores, professores, com decisões domadas de posições revolucionárias ou reacionárias, mas tudo significando vida e presença. Não foi um

país morto e parado que o movimento de 30 surpreendeu, muito pelo contrário[84].

A força do movimento liberal pode ser entrevista ainda pelo cerco a que se viu submetido o jovem líder da representação rio-grandense, Getúlio Vargas, durante a guerra civil gaúcha, que termina com o Tratado de Pedras Altas, em 14 de dezembro de 1923, consoante o registro preservado nos Anais do Congresso.

Os liberais gaúchos obtêm enfim importante vitória sobre os castilhistas ao conseguir que o Rio Grande do Sul fosse enquadrado no sistema legal do país, pondo termo às sucessivas reeleições de Borges de Medeiros, conquista consagrada na Reforma Constitucional de 1926.

Em suma, se o liberalismo não se encontrasse em fase ascendente tornar-se-ia inexplicável a denominação de Aliança Liberal ao movimento que levou à derrubada da República Velha.

Outro feito notável corresponde à criação do Partido Democrático, em São Paulo, no ano de 1926, que marca o fim do sistema de partido único. Até então, as agremiações partidárias eram estaduais e denominavam-se invariavelmente de Partido Republicano (Paulista, Rio-Grandense, etc.). Buscando dar fundamentos teóricos à ação do novo partido, João Arruda, catedrático de Filosofia do Direito na tradicional Faculdade do Largo de São Francisco, publica, em 1927, *Do Regime Democrático*. Na capa desse livro aparece pela primeira vez em nosso país a consigna "O preço da liberdade é a eterna vigilância", adotada pela União Democrática Nacional (UDN), cujo nascimento está necessariamente ligado ao Partido Democrático, mas também à emergência no cenário político de Armando de Sales Oliveira.

---

[84] MORAIS FILHO, Evaristo de. "Sindicato e Sindicalismo no Brasil". In: *As Tendências Atuais do Direito Público*. Rio de Janeiro: Editora Forense, 1976, p. 191-192.

Aqui se inicia um quadro trágico da história do país, além da ação de Armando de Sales Oliveira. A tragédia começa da forma descrita a seguir por Antônio Carlos Pereira:

> O primeiro embate entre a mentalidade "perfeitamente revolucionária" e a mentalidade "política" se daria pela posse de São Paulo. A revolução fora feita para depor um presidente da República que construíra sua vida em São Paulo e para impedir a posse de um candidato que presidira o estado. Ambos encarnavam os costumes políticos e administrativos que se pretendiam regenerar. Mas não refletiam a opinião pública paulista, que se afastava cada vez mais do oficialismo, apoiando as ideias da Aliança Liberal. Nada disso seria levado em consideração. São Paulo era o estado mais importante da Federação e o que aqui se decidisse pesaria decisivamente no futuro da revolução[85].

Com a posse, em 26 de novembro de 1930, do "tenente" João Alberto Lins de Barros (1897-1955) como interventor federal no governo do estado de São Paulo, consoante indicaria mais tarde Júlio de Mesquita Filho (1892-1969):

> Lança-se a primeira etapa na execução do plano mais vasto da implantação definitiva do caudilhismo na República. Para não chocar de frente a suscetibilidade paulista, João Alberto apresentar-se-ia como um simples delegado militar do governo provisório, encarregado de defender o nosso estado de possíveis tropelias das forças de ocupação e do escoamento destas para a capital do país e para as suas respectivas sedes. A segunda e principal – porque dela dependeria o sucesso ou o malogro do pacto de Ponta Grossa – seria o aniquilamento do Partido Democrático[86].

---

[85] PEREIRA, Antônio Carlos. *Folha Dobrada*. São Paulo: O Estado de S. Paulo, 1982, p. 15.

[86] Citado em PEREIRA. *Folha Dobrada. Op. cit.*, p. 22.

O desdobramento dessa crise é conhecido por todos: a Revolução Constitucionalista que impôs a Vargas a convocação da Assembleia Constituinte e o adiamento de seus planos de transplantar para o plano nacional, com algumas adaptações, o sistema implantado no Rio Grande do Sul por Júlio de Castilhos ainda na primeira década republicana.

Ainda que os liberais tivessem sido aliados do governo federal e a disputa pelo poder se travasse entre correntes autoritárias, a bandeira da Revolução de 1930 fora composta pelo ideário liberal, e o clamor em prol da reconstitucionalização do país assumia caráter nacional. Contudo, o fato de que a Revolução Constitucionalista tivesse assumido feição eminentemente paulista levou o Governo Central a procurar focalizar preferentemente o intuito separatista que inegavelmente se apossou de certos contingentes em São Paulo. Armando de Sales Oliveira percebeu com toda a nitidez os riscos de isolamento que ameaçavam a liderança liberal, tornando-se o artífice da estratégia que permitiu a recomposição das correntes liberais. Esse foi o primeiro grande serviço que prestou à causa do liberalismo no país.

Até a época da Revolução de 1930, quando completara 43 anos, Armando de Sales Oliveira era um homem vinculado à área empresarial. Mesmo no período que lhe seguiu de imediato, suas preocupações dirigiam-se sobretudo naquela direção. Assim, ainda em julho de 1931, vamos encontrá-lo cuidando do Instituto de Organização Racional do Trabalho (IDORT), que desempenharia, em relação ao setor privado, o mesmo papel que a Fundação Getúlio Vargas (FGV) exerceu no setor público em matéria de modernização administrativa. A gravidade do quadro político acabaria por afastá-lo de tais afazeres. Já em 1932 participa ativamente das articulações que resultariam na Revolução Constitucionalista. Depois desse movimento, seria um dos responsáveis pela vitória no pleito eleitoral de maio de 1933, convocado para a escolha da representação à Assembleia Constituinte. Após as eleições, reaviva-se o movimento em prol de um interventor civil e paulista. A coligação constituída pelo Partido Republicano Paulista (PRP) e pelo Partido

Democrático indica-o para a interventoria, indicação que é aceita por Vargas. Seria, pois, à frente do governo de São Paulo que Armando de Sales Oliveira enfrentaria com êxito as ilusões separatistas.

Eis como o próprio Armando de Sales Oliveira se refere a esse aspecto de sua atuação política:

> A primeira campanha, encetada em um ambiente saturado de decepções e sofrimentos, visou reconquistar para a ideia nacional uma fração considerável do povo paulista, a qual persistia em não se aproximar dos homens que estavam no poder, responsabilizados pelas provações que lhe tinham sido infligidas. Era uma campanha feita de compreensão e sinceridade. Tendo no próprio peito, ainda não fechadas, as feridas que se abriram em todos os paulistas, eu compreendia a extensão do mal e as dificuldades da conciliação. Ao lado das feridas, porém, permaneciam intactas as fibras mais íntimas, as que formam a essência do meu ser. Essas repeliam a ideia de trocar um horizonte de imensas perspectivas por um horizonte limitado; as pompas do presente poderiam dar a ilusão de grandeza, mas desvaneciam-se quando, comparando-se com os grandes países, pesássemos o que poderíamos valer como Nação[87].

A política de conciliação nacional encetada por Armando de Sales Oliveira mereceu ampla aprovação nas eleições de 14 de outubro de 1934, quando foram eleitos deputados federais e estaduais, os primeiros para a legislatura ordinária após promulgada a Carta Magna e os últimos para elaborar a Constituição estadual. Enfrentaram-se o Partido Constitucionalista, organizado em 1934 para realizar, expressamente, "uma síntese das aspirações defendidas pelas revoluções de 1930 e 1932", e o antigo Partido Republicano Paulista (PRP). A expressiva vitória do Partido Constitucionalista permite que a Assembleia Estadual eleja o próprio

---

[87] OLIVEIRA, Armando de Sales. *Jornada Democrática*. Rio de Janeiro: José Olympio, 1937, p. I-II.

Armando de Sales Oliveira para o governo constitucional do estado. Tal se dá em 11 de abril de 1935.

Recomposta a situação de São Paulo na Federação, passava a primeiro plano a reorganização das correntes liberais no país. O quadro vigente em nada favorecia semelhante propósito. Na Europa, o nacional-socialismo tornara-se uma força polarizadora vital. A alternativa mais visível, o socialismo internacionalista, só na aparência lhe era oposta, porquanto também correspondia a uma facção totalitária. Os Estados Unidos andavam ainda às voltas com as feridas da Crise de 1929. No Brasil, pululavam as facções autoritárias, a começar pelos castilhistas no poder.

Sabemos que o grupo paulista liderado por Armando de Sales Oliveira não conseguiu impor as eleições presidenciais de 3 de janeiro de 1938. O golpe de 1937 levou os liberais à prisão e ao exílio. Contudo, não há dúvida de que conseguiram compor em harmonia um programa liberal que marca um ponto alto na história dessa corrente no Brasil. Esse programa encontra-se nos vários discursos da campanha presidencial de Armando de Sales Oliveira, cumprindo assinalar o que se segue.

A primeira novidade a destacar consiste no papel que Armando de Sales Oliveira atribui ao partido político, o que, na época, ainda não era de reconhecimento universal. Estava atento para a magnitude do seu papel e acreditava mesmo que "a decadência da política paulista, nas duas últimas décadas" [...] vinha do fato de se ter anulado, diante dos chefes do Executivo, o próprio partido que os elegia. A seu ver:

> Viveremos em regime democrático, se soubermos resguardar a estabilidade e a autoridade do Executivo e fortalecer-lhe os meios de defender a nação, e se soubermos dar vida ao Parlamento, enviando-lhe representantes de partidos políticos, que, firmando-se em largos programas de futuro, não percam de vista as realidades e os fatos e se disponham a agir[88].

---

[88] *Ibidem*, p. 32.

O bem maior a que a Nação pode aspirar corresponde à manutenção das liberdades democráticas, cujos inimigos encontram-se não apenas entre os comunistas, como então se alardeava preferentemente, mas igualmente nos arraiais autoritários. Falando em nome de seu partido, escreveria:

> Louvei as formas tradicionais da civilização brasileira. Estamos impregnados do sentimento nacional, que oporemos às investidas marxistas da frente internacional. Mas estamos também impregnados do sentimento democrático, que oporemos, com o mesmo vigor, às tentativas de assalto dirigidas pela direita.

Dizia-se então que o livre exercício da política impedia que o país se ocupasse dos seus problemas fundamentais. Ao que replica:

> Se no campo nacional há necessidade de tréguas para a solução de alguns problemas, promovam-se as tréguas, sem que isto implique a abdicação ou o desaparecimento dos partidos.

O discurso de Juiz de Fora, em 14 de agosto de 1937, permanece até hoje como um roteiro seguro para o posicionamento liberal em face da denominada questão social. Enfatiza ali que a pobreza é

> um tema de estudos, de investigações e meditação, um criador de atividades, um excitador de obras coletivas, uma inspiração permanente de assistência e de previdência sociais e nunca um motivo de exaltações convulsivas ou de louvaminhas langorosas.

Até hoje, entretanto, atende apenas à retórica da burocracia, servindo de pretexto para novos e subsequentes assaltos ao contribuinte. O liberalismo, adverte, reconhece os exageros do individualismo. Mas nem por isto se pode retroagir à situação anterior, quando o indivíduo se encontrava indefeso diante do Estado. Reafirma, portanto, que "o interesse individual não pode ser desconhecido pela proteção coletiva". Noutra oportunidade, falando às classes conservadoras de São Paulo, não vê razão para "considerar a riqueza, honestamente adquirida, como coisa infamante, segundo as ideias da Idade Média".

A pregação de Armando de Sales Oliveira converge nitidamente para um Estado que marque a sua presença nos grandes temas da vida econômica e social, sem embargo da confiança que sempre manifestou na iniciativa privada e na capacidade de discernimento dos vários segmentos da sociedade. Diríamos hoje que se inclinaria pela modernização do Estado, preparando-o para abandonar o *laissez--faire*, mas sem admitir um intervencionismo que eliminasse a empresa privada e consagrasse os monopólios estatais, a exemplo da política que veio a ser consagrada no Brasil.

Focalizamos aqui, de modo especial, as ideias políticas de Armando de Sales Oliveira. Essa escolha resulta do empenho de bem caracterizar a espécie de liberalismo de que se fez porta-voz. Tal preferência não significa menosprezar o valor de suas realizações no plano administrativo nem supor que seriam irrelevantes para a afirmação de sua liderança. Muito pelo contrário: a competência da equipe liberal à frente do governo paulista contribuiu bastante para impedir que se consumasse a supressão de sua lembrança, aspiração maior da ditadura Vargas. Empreendimentos bem-sucedidos como o Instituto de Pesquisas Tecnológicas (IPT), a formação de técnicos agrícolas e o estímulo à modernização e à diversificação da agricultura, a Reforma Administrativa e tantas outras iniciativas acabaram inequivocamente associadas ao nome de seu criador e à corrente política que encarnava.

Para apoiar a sua candidatura à Presidência da República, constituiu-se, em junho de 1937, a União Democrática Brasileira, embrião da futura União Democrática Nacional (UDN), fundada para congregar os liberais após a queda do Estado Novo. Armando de Sales Oliveira chegou a tomar parte na primeira reunião do Diretório Nacional da

UDN, realizada em 21 de abril de 1945, mas faleceria logo depois, em 17 de maio.

O primeiro governo saído do movimento de 1964 dissolveu a UDN em 27 de outubro de 1965, criando partidos artificiais. A circunstância mostra bem como a ingerência militar na vida política do país, após a República, acabou por tornar-se o principal obstáculo à constituição das instituições do sistema representativo.

2 – A Bandeira da Questão Social Passa às Mãos do Autoritarismo

É de toda evidência que no começo dos anos 1930 tenha vigorado no país um clima de ampla liberdade. Essa circunstância, entretanto, não propiciou nenhum debate maior se por isso entendermos o empenho esclarecedor. O radicalismo vigente reduzia tudo a *slogans*.

Duas crenças adquirem no período grande vitalidade, incorporando-se, a bem dizer, ao conjunto de plataformas políticas de todos os ciclos subsequentes. A primeira delas consiste em afirmar que o liberalismo não resolve o problema social. Essa ideia não resultou de uma avaliação amadurecida do sistema liberal. Saiu pronta e acabada de nossa tradição republicana, no momento em que, pareceria, devêssemos encontrar as causas de sua incapacidade para assegurar estabilidade política equivalente à alcançada no Segundo Reinado.

A outra crença não tem uma formulação afirmativa. Resume-se ao menosprezo pelos partidos políticos. Estes, como se sabe, incluem-se entre os principais desdobramentos da doutrina liberal clássica. Na medida em que, com a República, nos distanciamos da evolução do liberalismo europeu, sem dispormos, a exemplo do que ocorreu no Império brasileiro, de experiência real na matéria, a doutrina do Partido Político reduziu-se à consagração do papel em mãos de determinadas facções das elites estaduais, já que se abdicara de qualquer veleidade em matéria de partido nacional.

O primeiro desses mitos deve ser contemplado mais de perto, deixando a questão da representação política para mais adiante.

Ganha corpo a ideia de que o liberalismo clássico teria sido incapaz de defrontar-se com a questão social. Não se trata propriamente de uma resultante da propaganda de cunho autoritário, que se corporifica de modo acabado no mesmo período. A propaganda extremada tende a galvanizar apenas os agrupamentos minoritários. Enquanto o convencimento de que o sistema liberal seria elitista e infenso à elevação social das grandes massas, tornar-se-ia, desde então, lugar-comum no país a ponto de que os próprios liberais acabassem adotando-o como premissa.

Não deixa de causar espanto o silêncio que paira naquele período sobre as ideias de John Maynard Keynes (1883-1946) como o fato de se haver consolidado aquela certeza, em que pese ter sido precisamente os sistemas liberais que erigiram, com exclusividade na história da humanidade, uma sociedade em que o bem-estar material se difundiu entre a quase totalidade de seus membros, e não apenas entre os grupos dominantes, a exemplo das civilizações anteriores. Nem se diga que se tratava de uma apreciação valorativa. Esse aspecto nem foi traduzido a debate, pelo menos numa situação de mais destaque. Não se adotou como premissa maior a hipótese de que o sistema liberal seria alienante, conduziria a privilegiar a dimensão material dos homens, etc., mas que a maioria estava condenada a viver com salários de fome, privada de escolas, de assistência médica, etc.

Na década de 1930, os liberais brasileiros entregaram aos agrupamentos autoritários – e sobretudo aos castilhistas no poder – a bandeira da questão social. A ênfase nesse aspecto parecia-lhes, e com razão, apenas uma faceta da arenga autoritária. Empenharam-se a fundo na adoção dos mecanismos capazes de assegurar a lisura dos pleitos, certos de que de sua consolidação resultaria o adequado equacionamento dos grandes temas que efetivamente estivessem preocupando a Nação. Tudo mais foi considerado simples diversionismo. Aceitaram, portanto, o desafio nos termos em que eram colocados pelo autoritarismo em ascensão. Mais precisamente: agarraram-se ao aspecto formal, à vista de que a invocação do conteúdo se fazia para eliminar a liberdade.

A crítica dos defeitos do liberalismo clássico experimenta uma grande transformação, que se pode resumir como descrito a seguir.

No período subsequente à sua formulação originária, por John Locke, o liberalismo, no aspecto político, incorporaria duas dimensões significativas: a ideia democrática, isto é, a representação assumindo forma democrática de que não dispunha; e a estruturação dos partidos políticos como instrumentos para a configuração de zonas de interesses. Dessa componente política, tratar-se-á logo adiante.

No ciclo de sua formulação original, incorporaram-se ao sistema liberal as doutrinas econômicas clássicas, cuja essência cifrava-se no *laissez-faire*. No período contemporâneo, formula-se um novo tipo de liberalismo econômico, que preconiza a intervenção do Estado na economia, preservados os institutos tradicionais (representação e liberdade política), bem como as regras fundamentais da chamada economia de mercado. De sorte que os liberais brasileiros, se não tivessem sido levados a circunscrever suas reivindicações a uma plataforma exclusivamente libertária, consagrando a perda dos vínculos que se mantinha, no século XIX, com o pensamento europeu, poderiam fazer causa comum com os críticos da economia liberal, evitando que dessa premissa se inferissem conclusões totalitárias.

A nova doutrina do liberalismo econômico encontrou resistência nos anos 1920; na década de 1930 começa a ganhar adesão dos grupos políticos dominantes nos países capitalistas. É nesse período que se formula, sob sua inspiração, o *New Deal* americano. Tal circunstância em nada iria influir na conjuntura brasileira.

3 – O *Manifesto dos Mineiros*

Em outubro de 1943, um expressivo grupo de intelectuais de Minas Gerais divulgou um documento contra o Estado Novo que entrou para a história com a denominação de *Manifesto dos Mineiros*. Embora sempre tenha sido destacado, até o presente não foi considerado de um ponto de vista liberal, parecendo essencial fazê-lo, pois marcou sobremaneira o liberalismo do período que se seguiu ao fim do Estado Novo – isto é, no interregno democrático entre 1945 e o início de 1964 –, dissociando-se da experiência precedente.

A primeira singularidade do *Manifesto dos Mineiros* reside no fato de que praticamente todos os seus signatários são católicos. Essa circunstância não deixa de causar espécie pelo fato de que a Igreja, tanto no continente europeu quanto no Brasil, posicionava-se francamente contra o liberalismo, achando-se de algum modo associada ao fascismo italiano e às suas expressões ibéricas, como ao Estado Novo brasileiro.

Nos desdobramentos de sua condenação ao liberalismo, Roma suscitou a doutrina corporativista, que pretendia se tornar uma alternativa ao sistema representativo, além de uma maneira de evitar a Revolução Industrial. Embora não possa nem deva ser responsabilizada diretamente pelo fascismo, pelo salazarismo ou pelo franquismo, esses regimes situavam-se no mesmo campo, notadamente no aspecto político. Com o fim da guerra, a democracia cristã italiana rompe com aquela tradição e adota um projeto francamente modernizador para a Itália, aderindo inclusive ao sistema representativo. Também o franquismo terminaria por implantar um projeto bem-sucedido de modernização econômica da Espanha.

Contudo, na década de 1930 e mesmo durante a Segunda Guerra Mundial, a Igreja católica estava mais próxima do fascismo do que do campo democrático que o combatia. Em relação ao Brasil, está suficientemente documentado o acordo que se estabeleceu entre a hierarquia católica e o castilhismo no poder. Embora o assunto inquestionavelmente deva ser pesquisado, avançaremos uma hipótese relativa às razões que deram origem ao *Manifesto dos Mineiros*.

Quando do bombardeio de Guernica, na Guerra Civil Espanhola, intelectuais franceses firmaram um documento condenando-o. Esse documento mereceu o apoio de Jacques Maritain (1882-1975), expressivo representante dos católicos. Maritain começava então a interessar a uma parte de nossa intelectualidade católica[89], que, desde então, procura se aproximar da opção democrática. Entretanto, não se trata de uma adesão ao liberalismo, como chegou a ser interpretado.

O *Manifesto dos Mineiros* enfatiza a circunstância de que não se pretende subversivo, cuidando sobretudo de registrar quanto pesa aos mineiros privarem-se de atuação política. Enfatiza:

> Quem conhece a história das tradições de nossa gente pode medir a extensão da violência feita ao seu temperamento por essa compulsória e prolongada abstinência da vida pública.

Ainda assim, a mensagem quer valer-se de "palavras ponderadas", destacando que:

> Não nos movemos contra pessoas nem nos impele qualquer intuito de ação investigante ou julgadora de atos ou gestos que estejam transitoriamente compondo o capítulo de nossos anais.

Reconhece estar o Brasil em fase de progresso material. No entanto, resultados análogos foram conseguidos em outros países sem o sacrifício dos direitos cívicos.

Os signatários do *Manifesto dos Mineiros* declaram condenar os vícios das organizações e práticas políticas anteriores a 1930. Deste modo, escrevem:

> Condenamos com firmeza os erros, as corrupções e os abusos do regime transposto definitivamente em outubro de 1930. Mas se um desses

---

[89] Os desdobramentos dessa adesão, sobretudo na obra de Alceu Amoroso Lima (1893-1983), acham-se contemplados em meu livro *História das Ideias Filosóficas no Brasil*, a ser relançado em breve pela LVM Editora, em uma edição revista e atualizada.

abusos, aqueles que, antes de todos, deveriam sustentar a Revolução, foi precisamente a hipertrofia do Poder Executivo [...] impossível nos seria aceitar como definitiva qualquer ordem política [...] fosse este (o Poder Executivo) transformado em poder constitucional realmente único.

Louvam, portanto, "os homens de 1930, civis e militares", pelo empenho na destruição das velhas máquinas eleitorais, estando seguros de que aquelas situações não mais ocorrerão. Entretanto, afirmam que:

Não é suprimindo a liberdade, sufocando o espírito público, cultivando o aulicismo, eliminando a vida política, anulando o cidadão e impedindo-o de colaborar nos negócios e nas deliberações do seu governo que se formam e engrandecem as Nações.

Sendo este ademais o propósito maior pelo qual se batem as nações integrantes do campo democrático em guerra, impõem-se o estudo e a preparação de

planos para a ponderada reestruturação constitucional da República, ao ser firmada a paz, no uso da liberdade de opinião, pela qual o Brasil também se bate.

No novo quadro político que desejariam ver instaurado, os signatários do *Manifesto* comprometem-se a tudo fazer para que não venha a ser comprometida a "união cívica e moral que tanto importa resguardar, em face dos tremendos problemas da guerra". Esclarecem que "união é harmonia espontânea, e não unanimidade forçada; convergência de propósitos lúcidos e voluntários, e não soma de adesões insinceras".

Segue-se uma crítica ao fascismo da qual inferem a seguinte conclusão:

Mas os traços essenciais do drama produzido pelo desaparecimento da fé na liberdade e nos direitos que dignificam o homem eram os de um fenômeno universal resultante da inútil resistência a transformações econômicas e sociais, reclamadas por indomáveis imperativos de justiça e de solidariedade humana.

Veja-se justamente quem obstou aquelas "transformações imperativas":

[...] a democracia por nós preconizada não é a mesma do tempo do liberalismo burguês. Não se constitui uma aglomeração de indivíduos de orientação isolada, mas por movimentos de ação convergente. Preconizamos uma reforma democrática que, sem esquecer a liberdade espiritual, cogite, principalmente, da democratização da economia.

Para compreender bem o sentido da proposta dos signatários do *Manifesto dos Mineiros* cumpre transcrever o que se segue:

Num e noutro domínio, o tempo do liberalismo passivo já findou. Não é de fraqueza renunciante nem de tolerância céptica que a democracia precisa. Assim escoltada, ela pareceria digna de piedade, em face das doutrinas baseadas na violência e que nenhum escrúpulo detêm. Ao reconhecimento disto ligamos a renovação espiritual do regime democrático.
Quanto à sua renovação econômica, toda a gente sabe o que significa. Sua culpa moral e sua inferioridade – que ao próprio fascismo dá oportunidade de fazer valer um arremedo de idealismo – reside no domínio do dinheiro, que, com a passividade da revolução burguesa, substituiu-se sub-repticiamente às desigualdades do feudalismo, o que é, sem dúvida, mais moderno, embora seja igualmente injusto.
Queremos alguma coisa além das franquias fundamentais, do direito de voto e do *habeas corpus*. Nossas aspirações fundam-se no estabelecimento de garantias constitucionais, que se traduzam em efetiva segurança econômica e bem-estar para todos os brasileiros, não só das capitais, mas de todo o território nacional. Queremos espaço realmente aberto para os moços, oriundos de todos os horizontes sociais, a fim de que a Nação se enriqueça

de homens experientes e eficientes, inclusive de homens públicos, dentre os quais venham a surgir no contínuo concurso das atividades políticas, os fadados a governá-la e a enaltecê-la no concerto das grandes potências, para o qual rapidamente caminha. Queremos liberdade de pensamento, sobretudo do pensamento político.

Ao aludir ao "liberalismo passivo" vê-se que não tomaram conhecimento do keynesianismo nem perceberam o sentido real do *New Deal*. Estão igualmente dissociados do Rui Barbosa da última fase e de fato não acreditam que o Estado Liberal de Direito e o capitalismo sejam capazes de eliminar a desigualdade flagrante na distribuição de renda. Curioso é que, tendo afirmado que "toda gente sabe o que significa a sua renovação econômica", não tenha sabido expressá-lo senão a partir de generalidades do tipo "Queremos espaço realmente aberto para os moços".

Entre os 92 signatários do *Manifesto dos Mineiros* encontram-se aquelas personalidades que tiveram maior peso na União Democrática Nacional (UDN) e mesmo na fase inicial da Revolução de 1964 – quando ainda se propunha a realização dos objetivos institucionais que a motivaram – a exemplo de Afonso Arinos de Melo Franco (1905-1990), Olavo Bilac Pinto (1908-1985), José de Magalhães Pinto (1909-1996), Pedro Aleixo (1901-1975) e do já mencionado Milton Campos. Essa circunstância explica que perdessem de vista a tradição do liberalismo brasileiro no tocante à atribuição da devida importância à representação política e ao seu aprimoramento. E que menosprezassem solenemente a indissociabilidade entre desenvolvimento (progresso material, para usar a expressão da época) e capitalismo, do mesmo modo que o papel da iniciativa privada na consecução daquele objetivo.

Capítulo 22

O Interregno Democrático: 1945-1964

1 – A Nova Feição Assumida pela Corrente Liberal

Segundo se referiu, no início da República os liberais defrontaram-se com circunstâncias inteiramente desfavoráveis e questões novas que não conseguiram elucidar no plano teórico, e, em consequência, privaram-se da possibilidade de formular uma plataforma aglutinadora.

Num primeiro momento, pareceu-lhes que bastaria dispor de uma Constituição para fixar os balizamentos a partir dos quais se desenvolveria a luta política. Acontece que os militares no poder não se preocuparam muito em respeitar a Carta. Mais uma vez na história do país tentar-se-á decidir pelas armas a disputa política. A guerra civil no Rio Grande do Sul deixara a Nação profundamente chocada por sua violência e brutalidade. Parte da Marinha entendeu que deveria, também pelas armas, forçar o Exército a retornar aos quartéis. A questão de restaurar a ordem tornou-se a mais aguda. Para mantê-la, preferiu-se um arranjo extraconstitucional, apoiado no abandono da legitimidade da representação, denominado "política dos governadores", porque agora o Parlamento se compõe ao arrepio da eleição e o Presidente da República é escolhido em comum acordo pelos mandatários dos estados.

A volta do Exército ao poder, pelo voto, na pessoa de Hermes da Fonseca e a sua tentativa de perpetuar-se, serviu para evidenciar que os riscos da intervenção militar estavam longe de haver desaparecido. Numa situação desta, compreende-se que Rui Barbosa tivesse preferido atuar no campo moral, com a campanha civilista, ao invés de dedicar-se ao aprimoramento da representação. O certo é que não se discutiu o significado e as consequências do desencadeamento, a partir das últimas décadas do século, na Inglaterra, do processo de democratização da ideia liberal. De sorte que o simples reconhecimento da chamada "questão social", como fizeram Rui Barbosa e a liderança que lhe sucedeu imediatamente, nos anos 1920, perdia de vista o fato de que se tratava da configuração de uma nova esfera de interesses. O governo de David Lloyd George (1863-1945) tem início nos fins da primeira década do século XX, aquilo que mais tarde foi denominado *Welfare State* [Estado de Bem-estar Social], ao mesmo tempo que os liberais enfrentavam os trabalhistas afirmando que justamente o regime capitalista era a melhor garantia da sucessiva elevação dos padrões de vida da população em vez da eliminação da propriedade privada por aqueles preconizada.

O pacto entre os governadores para manter as instituições do sistema representativo – ainda que abdicando do seu aprimoramento – sobreviveu cerca de três décadas, derrocado pela Revolução de 1930. Esta promovera ao plano nacional o castilhismo, autoritarismo doutrinário mais coerente que a República lograra produzir. A liderança liberal esteve, entretanto, desatenta à necessidade da crítica doutrinária ao positivismo, chama que praticamente se extinguiu com o desaparecimento da Escola do Recife quando da Primeira Guerra. Tudo isto coincidia com a Crise de 1929 e a crença amplamente difundida de que o liberalismo não fora capaz de conceber instrumentos aptos para enfrentar tal situação. O corolário de todo esse quadro seria a perda dos vínculos com a evolução da doutrina liberal nos principais centros. Assim, os liberais brasileiros estavam entregues à própria sorte quando da queda do Estado Novo.

É certo que o Partido Democrático e a liderança de Armando de Sales Oliveira configuravam uma alternativa que a morte deste último impediu que viesse a florescer plenamente. Seu herdeiro natural, Júlio de Mesquita Neto (1922-1996) esteve sobretudo voltado para a reconstrução do jornal *O Estado de S. Paulo,* ocupado pela ditadura durante o Estado Novo. O fato de que fora bem-sucedido nesse empreendimento permitiu que o periódico se transformasse numa espécie de farol da democracia, impedindo que desaparecessem os seus partidários nos difíceis anos que a Nação viveu sob os governos militares após 1968. Contudo, no ciclo do interregno democrático, ora considerado, a liderança liberal emergente provinha basicamente dos arraiais católicos, como indicamos no tópico precedente.

Para comprovar a desorientação de que estava possuída, basta referir aqui o depoimento de Milton Campos, um dos principais líderes da União Democrática Nacional (UDN), tendo chegado a ser governador de Minas Gerais, senador e candidato a vice-presidente (derrotado) na chapa liderada por Jânio Quadros (1917-1992) na eleição de 1960. Coube-lhe a ingrata tarefa de representar a UDN no primeiro governo militar pós-1964, o do marechal Humberto de Alencar Castelo Branco (1900-1967), renunciado ao cargo de ministro da Justiça naquele governo quando este insistia em cassar mandatos de parlamentares. O gesto expressa bem a força de suas convicções liberais. Ao mesmo tempo, ao explicá-lo, reflete o alheamento em que se encontrava do curso real da doutrina. Ainda em 1966 insistia em identificar liberalismo e *laissez-faire.* Pronunciando a aula inaugural da Universidade Federal de Minas Gerais (UFMG) texto que posteriormente se divulgou com o título "Em

Louvor da Tolerância"[90] destaca que à corrente liberal "devemos as mais altas conquistas até o século XIX" e admite que lhe caberia ser "no mundo agitado e tumultuário de hoje, o sal da democracia, para impedir que ela se corrompa e para preservar, nesta quadra caracterizada pela "aceleração da história", o essencial da liberdade e da dignidade do homem".

Proclama que:

> Em muitos meios, o liberal representa uma tendência ou mesmo uma filosofia de cunho humanístico, voltada para o bem-estar social e dotada da energia necessária à reforma das situações e das instituições perturbadoras da ascensão humana.

Contudo, ao balancear a experiência de sua aplicação, destaca alguns traços que correspondem à maneira mais geral pela qual foi entendido, residindo nisto, muito provavelmente, a razão dos desacertos do interregno democrático a que vamos nos referir. A doutrina seria, em seus fundamentos, individualista, no sentido negativo do conceito, por oposição a qualquer tipo de solução humanitarista.

Assim, escreve: "Em certos países, o liberalismo ficou sendo o suporte das classes dirigentes, insensíveis ou egoisticamente hostis à ascensão humana, inspirada pela filosofia cristã da justiça social e imposta pela civilização industrial."

Além disto, o liberalismo estaria intrinsicamente vinculado ao *laissez-faire*: "A ordem natural das coisas não pode ser largada às distorções que fatalmente lhe provocam a cobiça e as competições dos interesses egoísticos."

---

[90] CAMPOS, Milton. "Em Louvor da Tolerância". *Revista Brasileira de Estudos Políticos*, v. 27, n. 7, 17 jan. 1967. Reimpresso como: CAMPOS, Milton. "Em Louvor da Tolerância". In: *Testemunhos e Ensinamentos*. Rio de Janeiro: José Olympio, 1972, p. 214-222.

A esse respeito afirma de modo taxativo: "Precisamente pela fatal inadvertência de não ver que a ordem natural, num mundo em mudança, exigia novas providências de ordem regulamentar, foi que o liberalismo perdeu o seu lugar."

A conclusão decorre dessa tônica: "Todavia, se os partidos liberais e a organização liberal dos Estados decaíram da missão que originariamente lhes competiu, o princípio liberal, pelo menos como estado de espírito, pode durar e sobreviver."

Tratar-se-ia, em suma, de preservar a tolerância, em cujo louvor é concebido o discurso. Supondo-se que o pensamento de Milton Campos, contido nos referidos *Testemunhos e Ensinamentos,* seria expressivo do elemento que ora se deseja caracterizar – as correntes políticas liberais do período contemporâneo –, ter-se-ia que se desinteressar do sentido profundo do keynesianismo; despreocupa-se do aprimoramento da representação – que é confundida com nível cultural e outros componentes que não estão em jogo – a ponto de permitir, na legislação ordinária, posterior a 1946, a constituição das famosas "alianças de legendas", das quais resultavam maiorias partidárias no Parlamento originadas de simples manipulação; e, finalmente, registra uma espécie de obsessão da liberdade, a cujo parâmetro parece reduzir-se a doutrina em sua inteireza. É certo que semelhante configuração há de ter resultado não apenas do insulamento em relação à evolução do liberalismo no Ocidente, mas do curso concreto de nossa história política, notadamente a ininterrupta ascensão do autoritarismo que, sem dúvida, obrigava o elemento liberal a dar preferência à questão da ordem legal.

2 – O Desfiguramento da Representação

Tendo em vista o clima vigente, em decorrência da ditadura estadonovista e da transformação do getulismo – clara expressão do autoritarismo – numa corrente política destacada, os liberais concentrariam suas energias no sentido de assegurar que os pleitos eleitorais fossem cercados de garantias quanto ao seu desfecho legítimo, eliminando-se a praxe da chamada *eleição a bico de pena* nos bastidores da Mesa da Câmara dos Deputados. De sua luta resultaria uma conquista notável, apontada nestes termos por Edgar Costa (1887-1970):

> A revolução política de 1930, invocando como sua principal justificativa a fraude e a corrupção eleitorais, que minavam a própria substância do regime democrático, deixou, inegavelmente, como a sua melhor conquista, a reforma do sistema eleitoral iniciada com o Código de 1932.
> O ponto culminante dessa reforma foi a instituição da Justiça Eleitoral, que, acima dos interesses partidários, se erigiu como a mais lídima garantia da verdade e da legitimidade do voto, isto é, da realidade do sufrágio popular e, consequentemente, da consolidação daquele regime. A essa Justiça especial, com a atribuição de proceder à apuração dos pleitos, foi conferida a de proclamar os eleitos, abolindo-se assim a fase de reconhecimento de poderes até então exercida pelos próprios órgãos legislativos, prática que vinha deturpando a seriedade e a verdade das eleições[91].

Inexistia, entretanto, a nítida compreensão de que a Justiça Eleitoral, embora peça essencial, não pode substituir toda a cadeia de que faz parte. Do ponto de vista da doutrina clássica faltava a organização do corpo eleitoral em áreas geográficas limitadas. Do ponto de vista da experiência ulterior, não se sabia exatamente o que eram os partidos políticos. Nos primórdios da doutrina liberal, tinha-se presente que a representação era de interesses. Silvestre Pinheiro Ferreira, como vimos, supunha mesmo que os vários interesses poderiam ser agrupados em três segmentos, a que chamou de *estados,* inspirando-

---

[91] COSTA, Edgar. *A Legislação Eleitoral Brasileira*. Rio de Janeiro: Imprensa Nacional, 1964, p. 133.

-se certamente na tradição de dividir a sociedade em nobreza, clero e terceiro estado. A prática do sistema representativo – desde os seus primórdios – indicou que a identificação e plena configuração dos interesses não se resume a esquema tão simples. Seu extremo fracionamento, na Inglaterra do século XVIII, facilitou, por exemplo, o predomínio de um líder graças ao recurso da corrupção. O primeiro dos grandes *premiers* ingleses, Robert Walpole (1676-1745), manteve-se no poder por mais de vinte anos, entre 1721 e 1742, graças a esse expediente. Na prática do sistema representativo – que não se dissocia da base territorial limitada, posteriormente denominada "distrito eleitoral" –, eleitores e representantes foram sendo constrangidos a circunscrever zonas ou constelações de interesses. Hierarquizaram-se aspirações. Neste sentido atuaram dois mecanismos: a eleição majoritária e o partido político.

O Código Eleitoral de 24 de fevereiro de 1932 constituiu legítima expressão do pensamento liberal da época e correspondeu sem dúvida a uma conquista dessa corrente, embora contivesse disposição relativa à representação classista, ali inserida contra o voto dos liberais. Corroborando o abandono da experiência europeia, o novo instrumento legal consagra estrutura partidária extremamente frágil. Não são muitas as exigências requeridas para obtenção de registro, nem essa é uma condição inelutável porquanto se admitia a estruturação, em bases provisórias, mas podendo concorrer aos pleitos, mediante a congregação de quinhentos eleitores. As associações de classe legitimamente constituídas podiam igualmente desfrutar das prerrogativas atribuídas aos partidos.

Assegura-se a representação proporcional. Cada estado – ou circunscrição eleitoral mais restrita para as eleições dos níveis correspondentes – apuraria o respectivo quociente eleitoral, resultado da divisão entre o número de votantes e o número de lugares a preencher. Estariam eleitos, desde logo, todos os candidatos que tivessem alcançado o quociente eleitoral. As sobras seriam rateadas proporcionalmente entre as legendas inscritas. As legendas podiam se constituir de um único partido, de uma aliança de partidos ou ainda por um grupo de cem eleitores. Não se podia exigir mais em matéria de preocupação fracionista.

O resultado do novo código seria o abandono do modelo uniforme dos Partidos Republicanos Estaduais, vigente na República Velha. Em quatro estados – Maranhão, Ceará, Rio de Janeiro e Minas Gerais –, dois partidos elegem representantes à Constituinte, originando-se de partido único a representação dos demais. Em São Paulo e no Rio Grande do Sul havia igualmente dois partidos que, entretanto, formaram uma legenda única.

Embora fadada ao fracasso, essa experiência não chegou a mostrar sua inteira fragilidade. O processo político em curso escapava inteiramente aos limites que a corrente liberal pretendera estabelecer. Tinha lugar na radicalização crescente dos grupos totalitários em choque e no empenho oficial em dar tratamento técnico às reivindicações e aspirações dos diversos setores. E acabaria resultando no fechamento do Congresso, em 10 de novembro de 1937.

A queda do Estado Novo coincidiu com a derrota do fascismo na Europa. Parecia que a humanidade havia ingressado numa fase áurea da democracia. Tendo se aliado ao Ocidente, a Rússia adquiriu imerecidamente uma auréola democrática. Acreditou-se, inclusive, que havia alcançado um acréscimo real ao que se dizia ser meramente formal no Ocidente. E não a simples supressão da democracia em nome do pretenso conteúdo social.

A circunstância iria atrair para a esfera do Partido Comunista parcelas significativas da intelectualidade brasileira impedindo que florescesse o socialismo de inspiração democrática e ocidental. Os liberais, por seu turno, queriam a todo custo o poder da Lei e do Parlamento. No entanto, foram inspirar-se na Constituição de 1934, isto é, na admissão do fracionamento partidário, na eleição proporcional e na ausência de limites geográficos factíveis para as circunscrições eleitorais. E, como esse sistema logo fracassaria no que consideravam o seu objetivo maior – impedir a volta do ditador ao poder –, evoluíram para o franco abandono dos ideais liberais ou a simples resistência passiva, buscando paralisar o Executivo mediante a lentidão do processo legislativo. Inventou-se mesmo um expediente sem a mínima base ética: as alianças de legenda.

Quase vinte anos de experiência representativa iriam desaguar no mais retumbante fracasso. Reconheça-se desde logo que o pensamento liberal logrou consolidar a grande conquista do Código de 1932 que era a Justiça Eleitoral.

A Constituição de 1946 a consagraria parte do Poder Judiciário. Desde essa época a instituição deu passos significativos para a lisura dos pleitos, graças, sobretudo, à introdução da cédula oficial. Balanceando essa experiência, no livro *A Legislação Eleitoral Brasileira,* com a autoridade de quem viveu-a diretamente, Edgar Costa conclui que se chegou à integral decência no alistamento, na realização das eleições e na apuração de seus resultados.

A manutenção do princípio da eleição proporcional, sem adotar o voto em lista, que o singulariza, iria, entretanto, levar ao extremo fracionamento partidário.

A par disto, privado do direito à existência legal, o Partido Comunista popularizaria a consigna de que as eleições se dão para *conscientizar.* Assim, uma parte da Nação seria acostumada à ideia de que o processo democrático deve ser usado para outros fins que não aqueles a que está destinado. Como nessa parcela se incluíam grupos representativos da elite universitária, a intelectualidade ia sendo sucessivamente abastecida de segmentos desinteressados na efetivação de uma crítica construtiva à experiência brasileira do sistema representativo.

Enquanto isso florescia o fenômeno das alianças de legenda, que parece ter sido inteiramente perdido de vista nas análises posteriores, a ponto de que mesmo a legislação atual ainda permita a formação de coligações para a eleição proporcional, um autêntico despropósito.

O aludido mecanismo somente contribuiu para agravar os defeitos e as incoerências do sistema. Mesmo admitindo que, a longo prazo, o sistema proporcional – desde que adequado ao modelo consolidado pela experiência europeia – seria capaz de conduzir a maiorias estáveis, e não ao sucessivo fracionamento, como de fato ocorria, a praxe das alianças de legenda levou à acentuação extrema do desfiguramento da representação, como bem observou Pompeu de Sousa (1914-1991) a propósito das eleições de 1962, em estudo publicado na *Revista Brasileira*:

> Parece-nos, pois, tão faccioso afirmar um incremento de tendência esquerdista no eleitorado, por força da maciça ascensão da bancada do PTB, quanto a pretender conclusão oposta, à base do considerável aumento de representação da UDN. Não se pode esquecer que mais de três quartos da bancada do PTB e quase três quartos da UDN resultam, não das legendas partidárias de cada um, mas das legendas de alianças, nas quais, muitas vezes, votos petebistas elegeram udenistas e vice-versa. No particular, a única tendência que parece suscetível de afirmação é a da polarização ideológica que vem substituindo a fisionomia tradicional das bancadas pela das frentes parlamentares.

Nas eleições de 1962, as alianças de legenda tiveram quase cinco milhões de votos, contra cinco milhões e setecentos mil dados diretamente aos quatro maiores partidos.

A ascendência constante de tais alianças pode ser comprovada pelos dados adiante transcritos, coligidos por Pompeu de Souza:

Partidos

Ano	Alianças	PSD	UDN	PTB	PSP
1950	1.552.636	2.068.405	1.301.489	1.262.000	588.792
1954	2.496.501	2.136.220	1.318.101	1.447.784	863.401
1958	4.140.655	2.296.640	1.644.314	1.830.621	291.761
1962	4.769.213	4.769.213	1.604.743	1.722.546	124.337

No pleito de 1962, quase metade da Câmara dos Deputados se constitui por meio de alianças.

A gravidade do evento é que estas não se instituíram para congregar organizações afins, mas para dar curso a simples acordos eleitorais sem maiores consequências. É ainda Pompeu de Sousa quem observa:

> Essa é a gravidade maior do fenômeno: antes que se houvesse dado oportunidade aos partidos nacionais improvisados de conquistarem consistências e tradição, introduziu-se, na sistemática eleitoral do regime, o instrumento da desintegração do que já nascera tão pouco integrado. Introduziu-se uma entidade mortal à unidade e ao próprio organismo dos partidos nacionais, cada vez menos nacionais e até cada vez menos partidos, por força mesmo dessa intromissão: a aliança eleitoral de legendas. Porque o grave de tais alianças é que elas são estritamente eleitorais, ou melhor, eleitoreiras: possuem apenas causa, sem produzirem, nunca, efeito ou consequência. Existem apenas para efeito de registro e apuração eleitorais. Nascem à boca das urnas e morrem à porta das Casas Legislativas. Escamoteiam, do mandante, o mandato perante o eleitorado, o que existe, para a escolha do mandatário, é a aliança; para as Câmaras, onde o mandato será exercido, só existe o partido. Daí anomalias como estas: na última eleição, o PSD elegeu apenas 79 deputados federais, mas conseguiu uma bancada de 122; o PTB, elegendo 63, alcançou 109; a UDN, com 55, chegou aos 94; e assim por diante.

O fenômeno em causa aparece com clareza no processo final de composição das bancadas na Câmara em 1962:

Partidos	Eleitos[1]	Acrescidos[2]	Número de deputados Bancada Final
PSD	79	43	122
PTB	63	46	109
UDN	55	39	94
PSP	6	16	22
PDC	1	19	20
PTN	0	11	11
PST	2	6	8
PR	6	-1 [3]	5
PRP	1	3	4
PL	2	1	3
PSB	0	4	4
MTR	1	3	4
PRT	0	3	3
Totais	216	193	409

[1] Diretamente pela legenda partidária
[2] Graças às alianças de legendas
[3] Subtraído

Caminhou-se, pois, no sentido inverso ao das intenções declaradas. O aprimoramento sucessivo da Justiça Eleitoral, o número crescente de novos eleitores alistados, mas de seu desvirtuamento. A polarização autoritária, subjacente em todos os períodos de nossa história, atuava em campo livre, pois não se lhe contrapunha um sistema autenticamente representativo. Mesmo as resultantes do processo eleitoral, isto é, as bancadas parlamentares, acabariam sendo atraídas àquela polaridade.

Observa a propósito Afonso Arinos de Melo Franco:

> No Brasil, com a liquidação virtual dos partidos, deputados radicais se uniam, em 1963, a toda sorte de organismos espúrios, espontaneamente surgidos à esquerda e à direita: Frentes, Pactos de Unidade, Confederações, Ligas, Associações (de inferiores militares) e outras siglas de incoerente agitação e inócuas exigências à esquerda: Ações Democráticas, Ibades, também outras Ligas, Campanhas (da mulher) e outra siglas à direita[92].

Falta dizer que os liberais não souberam avaliar criticamente a própria experiência. Desconhece-se que tenha saído de seu seio condenação mais veemente do sistema proporcional dissociado da lista pré-ordenada, isto é, como o praticamos.

As iniciativas em prol do voto distrital foram ensaiadas com o máximo de timidez e o mínimo de audácia.

No fundo parece ter havido uma adesão ampla e geral à tese de que as eleições se justificam por razões diversas, e não pelo propósito exclusivo de alcançar maiorias estáveis, aptas a governar.

3 – A Aliança Equivocada com os Militares

No livro *A Ingerência Militar na República e o Positivismo*[93], Arsênio Eduardo Corrêa mostrou como parte da liderança militar assumiu o projeto de implantar no país o *estado positivo* imaginado por Auguste Comte e se lança à tarefa, durante a República, primeiro tentando governar sozinho e, mais tarde, em aliança com os castilhistas. Com a queda do Estado Novo, começa o processo de sua aproximação com os

---

[92] FRANCO, Afonso Arinos de Melo. *A Câmara dos Deputados: Síntese Histórica*. Brasília: Câmara dos Deputados, 1976, p. 113.

[93] CORRÊA, Arsênio Eduardo. *A Ingerência Militar na República e o Positivismo*. Rio de Janeiro: Expressão e Cultura, 1997.

liberais, a pretexto de combater o getulismo. Essa aproximação tornou-se possível graças à União Democrática Nacional (UDN).

No breve interregno democrático, chegaram a alcançar certos níveis de estruturação três partidos políticos, o Partido Social Democrático (PSD), o Partido Trabalhista Brasileiro (PTB) e a União Democrática Nacional (UDN), os dois primeiros ligados a Vargas e o último da oposição.

No brilhante estudo intitulado "Formação do Pessedismo e do Udenismo"[94], Reynaldo Barros afirma o seguinte:

> O grupo contrário a Vargas que começou a se organizar em 1945, em torno da candidatura do brigadeiro Eduardo Gomes, quando da reorganização partidária, integrou-se a uma frente de amplos setores e diferentes matizes políticos. Sem dúvida, os signatários do *Manifesto dos Mineiros* seriam inquestionavelmente um dos principais pontos de apoio do grupo, ao qual se integravam não só aqueles que não concordaram com a Revolução de 30 e suas transformações, mas também os que dela discordaram, no processo que ela havia assumido e, por motivos muitas vezes de ordem pessoal, romperam com o então presidente, e, ainda, grupos de esquerda, que, na luta contra a ditadura, encontraram na UDN o instrumento de participação no processo político.

Aparentemente, o brigadeiro Eduardo Gomes (1896-1981) encarnava o antigetulismo. Mas não deixa de ser estranho que o grupo político empenhado na restauração democrática começasse pela participação no processo eleitoral com uma candidatura militar à Presidência da República. Derrotada em 1945 por Eurico Gaspar Dutra (1883-1974), candidato pelo PSD em coligação com o PTB, na eleição subsequente, em 1950, a UDN reincidiu na mesma candidatura, sendo

---

[94] BARROS, Reynaldo. "Formação do Pessedismo e do Udenismo". In: BARRETTO; PAIM. *Evolução do Pensamento Político Brasileiro. Op. cit.*

vencida pelo próprio ditador Getúlio Vargas, o que leva a sua liderança a um verdadeiro paroxismo.

Em depoimento a Lourenço Dantas Mota, no Suplemento Cultural de *O Estado de S. Paulo* em 12 de abril de 1981, um dos seus principais líderes, Afonso Arinos de Melo Franco reconhece que o partido tinha uma ala civil, ciosa da tradição liberal brasileira, enquanto havia uma ala militar, "revolucionária, que agia por seus próprios meios". Ele explica: "A UDN militar sempre existiu debaixo da outra. A UDN que representávamos na tribuna era muito subsidiária da UDN que eles representavam nos quartéis."

Entendo que Afonso Arinos não tem em vista a tradição liberal brasileira em sua inteireza, mas apenas um de seus aspectos, o apreço pela liberdade, em nome da qual não se sentiram constrangidos a aceitar como normal a ingerência militar na política.

Quando Getúlio Vargas se suicidou, em 24 de agosto de 1954, a UDN conseguiu cooptar o vice-presidente João Fernandes Campos Café Filho (1899-1970), levando-o a tentar impedir a posse do presidente eleito para o período de 1956 até 1960, Juscelino Kubitschek (1902-1976). Nesse pleito eleitoral a UDN compareceu com outra candidatura militar, a do general Juarez Távora (1898-1975). Houve no governo Kubitschek insurreições militares que se supõe tenham sido fomentadas por udenistas.

Facultando a legislação eleitoral vigente que pudesse eleger presidente e vice-presidente de partidos diferentes, no pleito presidencial para o período de 1961 até 1964 saiu vitorioso Jânio Quadros como candidato da UDN para presidente e João Goulart (1918-1976), que justamente se considerava o herdeiro de Vargas, como candidato para vice-presidente do PTB.

Jânio Quadros renunciou poucos meses depois, e a UDN tudo fez para impedir, militarmente, a posse do vice. O país esteve à beira da guerra civil. Afinal Goulart não só se empossou, como tudo fez para convencer a opinião pública de que tramavam o fechamento do

Congresso e a restauração da ditadura de estilo getulista, já agora com tinturas esquerdistas.

Embora o que se pretendesse era que fosse impedido naquele intuito, mas terminasse o mandato, os acontecimentos precipitaram-se, sendo derrubado a 31 de março de 1964. Desta vez os militares quiseram assumir diretamente o poder, a exemplo do que ocorreu imediatamente após a Proclamação da República, e o fizeram. Tem início o que chegou a ser chamado de Estado Novo da UDN.

A liderança civil da UDN logo encontrou-se entre as principais vítimas. Os governos militares outorgaram a prerrogativa de cassar mandatos e direitos políticos. Mais uma vez, o liberalismo seria dado como morto e desta vez tudo se fez no sentido de confirmar a profecia.

Capítulo 23

Refluxo e Virtual Esmagamento do Liberalismo sob os Governos Militares: 1964-1985

A Revolução de 1964 se fez, segundo a parcela mais representativa de sua liderança, para impedir que o Presidente da República em exercício, João Goulart, fechasse o Congresso, postergasse as eleições e proclamasse o que então se denominava *república sindicalista,* espécie de socialismo caboclo que misturava fraseologia esquerdista e corrupção. A derrubada de Goulart facultaria a retomada do processo de exorcizar o fantasma de Getúlio Vargas da política brasileira, mediante a consolidação da democracia. As eleições de 1965 consagrariam a liderança e a vitória do então governador da Guanabara, Carlos Lacerda (1914-1977), que acrescera à pregação udenista tradicional (fidelidade aos princípios liberais, mas resumindo-os a fórmulas jurídicas, desatenta à problemática da representação) uma atuação governamental dinâmica. A vitória eleitoral de Lacerda permitiria afinal que a UDN chegasse ao poder com possibilidades efetivas de dar cumprimento ao seu programa. No ciclo anterior, a presença daquela agremiação no poder, além de efêmera, se fizera através de lideranças não plenamente identificadas com seu ideário – o Governo Café Filho, da morte de Vargas, em 24 de agosto de 1954 até 8 de novembro de 1955; eleição de Jânio Quadros, que governou alguns meses, de 31 de janeiro até 25 de agosto de 1961, renunciando e provocando a crise que acabaria levando à derrubada de Goulart em 31 de março de 1964.

Consumado o afastamento de João Goulart, entretanto, a Revolução de 1964 encontra dinâmica própria. Aos poucos assume como tarefa primordial a modernização econômica do país, adiando para período cada vez mais dilatado a prática democrática. O primeiro período presidencial exercido em seu nome, com Castelo Branco, acabou durando três anos, isto é, não se resumindo ao término do mandato de Jânio Quadros, transitoriamente transferido ao vice Goulart.

As eleições de 1965 foram mantidas, mas apenas para governos estaduais. À derrota governamental em importantes unidades da Federação seguiu-se a dissolução dos partidos políticos. Promulgou-se uma nova Constituição em 1967, revogada pelo AI-5 (Ato Institucional Número Cinco), decretado em 15 dezembro de 1968 pelo então presidente, o marechal Artur da Costa e Silva (1899-1969). A imprensa e os meios de comunicação foram submetidos ao controle oficial. Consagra-se o princípio da eleição indireta dos mandatários dos Executivos federal e estaduais. E assim emergiu plenamente nova forma de autoritarismo, insuspeitado quando da eclosão do movimento. O novo surto autoritário não era certamente da mesma índole do castilhismo. Este, segundo se indicou, formulou-se na fase inicial da República, implantou-se firmemente no Rio Grande do Sul e acabaria transplantado ao plano nacional por Getúlio Vargas.

Vargas acresceria ao castilhismo a dimensão modernizadora. De certa forma, a Revolução de 1964 incorpora essa dimensão modernizadora, mas está longe de pretender, como o castilhismo getulista, constituir-se em alternativa para o sistema representativo. A Revolução de 1964 manteria o Parlamento, tolerando o crescimento da oposição.

Ainda mais: assumindo o poder em 15 de março de 1974, o seu quadro mandatário, o general Ernesto Geisel (1907-1996), que ocupara postos importantes no primeiro governo, o do marechal Castelo Branco, proclama que o projeto revolucionário não consiste apenas na modernização econômica em curso, devendo completar-se pela consolidação da democracia. Ao fim de seu governo, em 13 de outubro de 1978, revoga-se o AI-5. O novo presidente, o general João Baptista Figueiredo (1818-1999), realiza a anistia e dá início à reforma partidária de 1980, a ser estudada logo adiante. A liberdade de imprensa é restaurada em sua plenitude.

Concluído o ciclo de reencontro do movimento de 1964 com a bandeira da plena restauração democrática – e que, naquela época, ainda se entendia como a eliminação do getulismo do último período não se identifica com as formas tradicionais do autoritarismo brasileiro, as mais importantes das quais são o conservadorismo (ou tradicionalismo) católico e o castilhismo. Ambos correspondem a uma recusa do sistema representativo, além de não acalentar nenhum projeto de modernização econômica. Na matéria, a proposta mais expressiva correspondia ao corporativismo, que não deixava de ser uma recusa da sociedade industrial.

O projeto de modernização econômica gestou-se no seio do Estado Novo, foi retomado no segundo Governo Vargas – sobretudo da Comissão Mista Brasil-Estados Unidos, de que resultaria a criação do Banco Nacional de Desenvolvimento Econômico (BNDE) – e apropriado pelo Governo Kubitschek, entre 1956 e 1960, contando com a mais ferrenha oposição da UDN. Durante o período de Jânio Quadros e de João Goulart, entre 31 de janeiro de 1961 e 31 de março de 1964, seria inteiramente abandonado, o que retira a possibilidade de considerar-se que a Revolução de 1964 a ele teria aderido por uma questão de inércia, já que não o encontrara em pleno curso. Tampouco se pode sugerir que a nova liderança militar chegando ao poder tivesse *descoberto* as verdades do getulismo – e que, à época, eram muito mais do chamado *pessedismo* que do braço trabalhista do mesmo getulismo, agora sob a liderança de Goulart – e as limitações do udenismo, que era afinal a sua verdadeira base de sustentação política.

Os rumos seguidos pelo regime de 1964 são reveladores da presença de forças sociais poderosas, visceralmente empenhadas na criação da sociedade industrial. O sucesso alcançado por esse projeto serve também para evidenciá-lo. Nessa oportunidade não desejaríamos encaminhar nossa investigação no sentido da identificação de tais forças sociais – o que de certa forma vem sendo efetivado pelos estudiosos do Estado Patrimonial –, mas de saber se essa nova versão do autoritarismo tem antecedentes doutrinários no pensamento político brasileiro.

A título de hipótese para discussão é possível responder afirmativamente e indicar que a expressão doutrinária da feição que veio a assumir o movimento de 1964 é o *autoritarismo instrumental*, denominação empregada pela primeira vez por Wanderley Guilherme dos Santos. Eis como o caracteriza no brilhante ensaio "A Práxis Liberal no Brasil: Propostas para Reflexão e Pesquisa", de 1974[95].

> Em 1920, Oliveira Vianna expressou pela primeira vez, tão clara e completamente quanto possível, o dilema do liberalismo no Brasil. Não existe um sistema político liberal, dirá ele, sem uma sociedade liberal. O Brasil, continua, não possui uma sociedade liberal, mas, ao contrário, parental, clânica e autoritária. Em consequência, um simples político liberal não apresentará desempenho apropriado, produzindo resultados sempre opostos aos pretendidos pela doutrina. Além do mais, não há um caminho natural pelo qual a sociedade brasileira possa progredir do estágio em que se encontra até tornar-se liberal. Assim, concluiria Oliveira Vianna, o Brasil precisa de um sistema político autoritário cujo programa econômico e político seja capaz de demolir as condições que impedem

---

[95] SANTOS, Wanderley Guilherme dos. "A Práxis Liberal no Brasil: Propostas para Reflexão e Pesquisa". In: *Ordem Burguesa e Liberalismo Político*. São Paulo: Duas Cidades, 1978.

o sistema social de se transformar em liberal. Em outras palavras, seria necessário um sistema político autoritário para que se pudesse construir uma sociedade liberal. Este diagnóstico das dificuldades do liberalismo no Brasil, apresentado por Oliveira Vianna, fornece um ponto de referência para a reconsideração de duas das mais importantes tradições do pensamento político brasileiro e do autoritarismo instrumental.

Wanderley Guilherme dos Santos aponta estas particularidades distintivas dessa espécie de autoritarismo do seguinte modo:

> Em primeiro lugar, os autoritários instrumentais, na designação aqui adotada, creem que as sociedades não apresentam uma forma natural de desenvolvimento, seguindo antes os caminhos definidos e orientados pelos tomadores de decisão. E desta presunção deriva-se facilmente a inevitável intromissão do Estado nos assuntos da sociedade a fim de assegurar que as metas decididas pelos representantes desta sociedade sejam alcançadas. Nesta medida, é legítimo e adequado que o Estado regule e administre amplamente a vida social – ponto que, desde logo, os distingue dos liberais. Em segundo lugar, afirmam que o exercício autoritário do poder é a maneira mais rápida de se conseguir edificar uma sociedade liberal, após o que o caráter autoritário do Estado pode ser questionado e abolido. A percepção do autoritarismo, como um formato político transitório, estabelece a linha divisória entre o autoritarismo instrumental e as outras propostas políticas não democráticas.

O autor indica que é possível localizar sinais de autoritarismo instrumental desde a Independência. Neste sentido, Wanderley Guilherme dos Santos sugere que

> a ideia de que cabia ao Estado fixar as metas pelas quais a sociedade deveria lutar, porque a própria sociedade não seria capaz de fixá-las tendo em vista a maximização do progresso nacional, é a base tanto do credo quanto da

ação política da elite do Brasil do século XIX, até mesmo para os próprios liberais. Ademais, temia-se que interesses paroquiais prevalecessem sobre os objetivos de longo prazo, os quais deveriam ser os únicos a orientar as decisões políticas, se é que se pretendia transformar o país em uma grande nação algum dia. Análise cuidadosa das sessões do Conselho de Estado, a principal forma de decisão no sistema imperial, revelaria tanto as metas perseguidas pelas elites dominantes quanto as diretrizes operacionais que fixaram para alcançá-las. O *out ut* real, por outro lado, poderia fornecer segura avaliação quanto ao grau em que a ação seguiu as ideias, quanto tinham sido capazes de seguir na direção pretendida, quais foram os desvios e por que tiveram que adotar estes desvios.

A seu ver, contudo, Francisco José de Oliveira Vianna (1883-1951) é que daria formulação acabada a essa espécie de doutrina. Wanderley Guilherme dos Santos aponta estas lacunas em seu pensamento:

> Oliveira Vianna deixou, entretanto, muitas perguntas sem resposta. Por exemplo: que agenda de reformas políticas, sociais e econômicas um Estado forte deveria cumprir para fazer da sociedade brasileira uma sociedade liberal? Aparentemente, Oliveira Vianna só mencionou uma vez a reforma agrária e, por volta de 1952, quando foi publicada a segunda edição de seu livro, *Instituições Políticas Brasileiras,* ainda se referia ao Brasil como basicamente rural, sem apreender integralmente o significado das transformações industriais e urbanas ocorridas desde a época em que visualizou as origens dos males sociais brasileiros. E, apesar de haver colaborado na elaboração do Código Trabalhista e na montagem da estrutura judicial, destinada a administrar os conflitos industriais, parece-me que nunca compreendeu totalmente onde deveria procurar os atores políticos capazes de transformar a sociedade brasileira em uma comunidade liberal. Seu pensamento estava sempre voltado para uma elite especial, vinda não se sabe de onde, e que transformaria a cultura brasileira de tal forma que a sociedade se tornaria liberal mediante maciça conversão cultural.

É possível verificar que as preocupações de Oliveira Vianna seriam retomadas ainda na década de 1950, formulando-se como principal tema da agenda a implantação da sociedade industrial. A elite seria de caráter eminentemente técnico, cabendo-lhe ocupar segmentos importantes do aparelho estatal, tal seria a opção que se formula e sedimenta a partir da Comissão Mista Brasil-Estados Unidos. Ainda assim, restariam muitas perguntas, entre estas as seguintes: em que ponto precisamente a Revolução de 1964 retomaria esse fio condutor? Além do empenho de atuação prática, ocorreria paralelamente elaboração teórica?

Em ensaio publicado em 1979 na *Convivium – Revista de Filosofia*, Ubiratan Borges de Macedo responde afirmativamente à segunda pergunta e indica de modo expresso: "À atual doutrina da Escola Superior de Guerra representa a evolução do nacionalismo de Alberto Torres e do pensamento de Oliveira Vianna[96]."

De sorte que a hipótese aqui suscitada parece consistente, embora careça de aprofundamento.

---

[96] MACEDO, Ubiratan Borges de. "Origens Nacionais da Doutrina da ESG". *Convivium*, v. XVIII, n. 5, set.-out. 1979, p. 514-518. *Op. Cit.*, p. 516.

Parte VI

OS DECÊNIOS TRANSCORRIDOS DESDE A ABERTURA (PÓS-1985)

José Guilherme Merquior (1941-1991)

Capítulo 24

Indicações de Ordem Geral sobre o Período

A 15 de março de 2017, a abertura política completou 32 anos. Nas condições brasileiras, trata-se de um ciclo histórico suficientemente dilatado, que comporta subdivisão. Em termos temporais, só teria sido suplantado pelos quarenta anos da República Velha. O governo Vargas durou menos da metade; o chamado interregno democrático, entre 1945-
-1964, dezoito anos; e os governos militares, de 1964 a 1985, 21.

Subdividindo-o em quatro ciclos, tornar-se-á evidente a diferença da problemática que os caracteriza.

Na segunda metade da década de 1980, com a morte de Tancredo Neves (1910-1985) ascende ao poder José Sarney. Em face desse desfecho, o recém-criado Partido dos Trabalhadores (PT) procurou instaurar no país autêntico clima insurrecional, com sucessivas greves e campanha sistemática no sentido de sugerir que, ao invés de abertura, tínhamos *continuísmo*.

Essa situação exigiu das diversas agremiações criadas após a Reforma de 1980 que cerrassem fileiras em defesa da sustentação do Governo

Sarney e do cumprimento da tarefa que determinara a organização da Aliança Democrática, isto é, convocação da Assembleia Constituinte para dotar o país de uma nova Carta e permitir a restauração das eleições diretas para a Presidência da República.

Embora falho no campo econômico, o governo Sarney cumpriu essa tarefa.

A Constituição de 1988 e a subsequente realização de eleições presidenciais no ano seguinte marcam o início de um novo ciclo, que ocuparia a década de 1990 e início da seguinte. Neste, tivemos a demonstração de que a liderança política aprendera a lição dos resultados do coroamento, em 1964, das sucessivas (e indevidas) intervenções das Forças Armadas no processo político.

A crise que resultou no *impeachment* de Fernando Collor de Melo, presidente eleito no pleito de 1989, e a posse, em 29 de dezembro de 1992, do vice-presidente Itamar Franco (1930-2011), correspondeu a uma demonstração clara da preferência pela solução de eventuais crises respeitada a ordem constitucional.

Contudo, a característica principal do período consistirá na visibilidade do reencontro com a doutrina liberal, graças ao fato de que o Partido da Frente Liberal (PFL) se haja tornado a maior agremiação dentre as que se fizeram representar na Câmara dos Deputados. Esse resultado, numa certa medida, refletia o movimento, iniciado ainda nos anos 1970, sob os militares, surgido entre os intelectuais, destinado a avaliar a consistência da hipótese de que o liberalismo se achava superado. Seguido do fato de que, notadamente na década seguinte, dá-se o abandono, tanto na Europa Ocidental quanto nos Estados Unidos, da experiência de adoção de medidas de caráter socialista, notadamente no plano econômico, pela evidência do seu fracasso.

A par disto, durante o último ano da presidência de Itamar Franco e do Governo de Fernando Henrique Cardoso, entre 1995 e 2002, graças ao Plano Real, o país venceu o longo ciclo de convivência com inflação sempre crescente e aprendeu a valorizar a importância de estabilidade monetária.

O ciclo seguinte, na primeira década do novo século e em parte da seguinte, foi de franco retrocesso nas conquistas alcançadas na gestão econômica, devido à ascensão política do PT, com os governos de Luiz Inácio Lula da Silva, entre 2003 e 2010, e de Dilma Rousseff, de 2011 até 2016. Esta foi uma fase de plena frustração da pretendida aproximação às correntes de opinião de algumas agremiações políticas, inclusive a liberal, processo típico das democracias consolidadas.

Contudo, o ano de 2016 mostraria, em primeiro lugar, a força da tradição liberal na opção dentro da ordem constitucional para sair da crise provocada pela desastrosa gestão do governo petista de Dilma Rousseff. Basta lembrar aqui o fato inusitado de termos chegado a registrar a presença inusitada de doze milhões de desempregados. Votou-se o seu impeachment em 31 de agosto de 2016.

Não menos relevante é o reconhecimento, por parte da grande imprensa, que se trata de manifestação de patrimonialismo, que deve ser enfrentado mediante a privatização, palavra que havia sido banida de nossa convivência política. Prova de que a nossa pregação não fora de todo inútil.

A circunstância requer que se considere este quarto ciclo ora apenas iniciado, mas de relevância inconteste.

Capítulo 25

Ciclo em que a Abertura se Tornou Periclitante

A criação da denominada Frente Liberal, no início de 1985, para viabilizar a eleição indireta de Tancredo Neves no Colégio Eleitoral representou uma solução significativa para o impasse então criado. Tratava-se de que os militares no poder se dispunham a entregá-lo a um civil, desde que este saísse das fileiras do partido governamental. Entretanto, Tancredo Neves era uma das principais lideranças da oposição. Ao mesmo tempo, essa liderança, cuja moderação era amplamente reconhecida, excluía toda possibilidade de revanchismo, justamente o que se tentava evitar. Semelhante desfecho não era desejado apenas pelos militares. Convinha integralmente ao país. A possibilidade de reconstrução democrática bem-sucedida requeria que o país fosse efetivamente pacificado. A experiência espanhola era a grande conselheira.

O mencionado incidente serviu ainda para vincular o evento a líderes políticos que o faziam em nome da doutrina liberal, cuja morte fora solenemente proclamada pelos governos militares, a exemplo do que ocorrera em outros períodos de nossa história republicana.

O evento em causa acha-se devidamente documentado por Arsênio Eduardo Corrêa no livro *A Frente Liberal e a Democracia no Brasil*[97], razão pela qual nos dispensamos de descrevê-lo nesta oportunidade, embora devamos referi-lo brevemente ao caracterizar a opção liberal assumida pelo Partido da Frente Liberal (PFL).

A morte de Tancredo Neves, antes mesmo de assumir a Presidência, determinou que seu lugar fosse assumido por José Sarney. Ora, sua inclusão na chapa concorrente ao mencionado Colégio Eleitoral, na condição de vice, resultara justamente da cisão do partido governamental, o Partido Democrático Social (PSD), visto que Sarney fora seu presidente. A mencionada circunstância histórica deu lugar a que o Partido dos Trabalhadores (PT), recém-criado, promovesse sistemática mobilização para negar a validade da abertura, taxando-a de continuísmo.

O empenho do PT consistia abertamente em criar no país uma situação insurrecional. Greves e manifestações sucessivas cuidavam de inviabilizar o Governo Sarney. Embora abrigasse personalidades comprometidas com a reconstrução democrática, o PT era dominado por facções que desdenhavam de tais objetivos. Partidários que eram da tomada do poder pela força, tudo indicava que o objetivo dessas facções – que então davam o tom da atuação da agremiação – seria provocar nova intervenção dos militares. Enfim, a abertura tornara-se periclitante.

Em face da situação configurada, as diversas agremiações que então se formaram, em decorrência da Reforma Eleitoral adiante descrita, cerraram fileiras em torno do governo constituído, apostando na Assembleia Constituinte, a ser convocada.

---

[97] CORRÊA, Arsênio Eduardo. *A Frente Liberal e a Democracia no Brasil*. São Paulo: Editora Nobel, 2. ed., 2006.

1 – A Reforma Partidária de 1980

Através da Mensagem nº 103, de 18 de outubro de 1979, o presidente general Ernesto Geisel encaminhou ao Congresso Nacional projeto de lei estabelecendo normas para a organização de partidos políticos tendo em vista a emenda constitucional do ano anterior que determinou o fim do bipartidarismo. O projeto tramitou com caráter de urgência (prazo de quarenta dias para apreciação) tendo o Congresso elaborado substitutivo, votado e aprovado em sessão plenária de 21 de novembro. Sancionada a matéria pelo Presidente da República, transformou-se na Lei nº 6.767, de 20 de dezembro de 1979.

Reconhecendo o caráter artificial do bipartidarismo que vigorou de 1965 a 1979, a nova legislação pretendeu, entretanto, impedir tanto a sua extrema fragmentação quanto os procedimentos desfiguradores da representação, consoante a experiência do período entre 1945 e 1964.

Assim, para obtenção de registro definitivo, as agremiações deveriam alcançar nas eleições parlamentares – a primeira das quais estava prevista para 1982 – no mínimo 5% do eleitorado que houvesse votado para a Câmara dos Deputados, em nove estados, com o mínimo de 3% em cada um deles. Além disto, eram proibidas as coligações para as eleições à Câmara dos Deputados, às Assembleias Legislativas e às Câmaras Municipais.

A lei suspendeu o princípio da fidelidade partidária – segundo o qual não pode o parlamentar transferir-se da legenda pela qual se elegeu – a fim de permitir que se formassem blocos parlamentares, como núcleos dos partidos que concorreriam às eleições. Para esse mister, entretanto, era ainda necessário que se formassem diretórios pelo menos em nove estados e em um quinto dos respectivos municípios.

O partido da situação (a antiga ARENA) manteve-se relativamente unido numa única agremiação: o Partido Democrático Social (PDS), que preservou a maioria do Congresso.

A oposição fragmentou-se em dois partidos maiores – Partido do Movimento Democrático Brasileiro (PMDB), que assim conservou a antiga denominação, e o Partido Popular (PP) – e em pequenas agremiações como o Partido Trabalhista Brasileiro (PTB), o Partido Democrático Trabalhista (PDT) e alguns outros. Os programas desses partidos são muito parecidos.

O PDS apresentou um programa relativamente arrojado, preconizando, inclusive, a cogestão de empresas. Contudo o seu comportamento não se alterou sobremaneira, mantendo-se como uma espécie de apêndice do Executivo.

Do lado da oposição, o PMDB também preservou as características anteriores, manietado por minoria radical, recusando sistematicamente tudo o que provinha do campo oficial.

Os demais partidos oposicionistas passaram a girar em torno de personalidades. Assim, a Sra. Ivete Vargas (1927-1984) e o ex-deputado Leonel Brizola (1922-2004) não abdicaram de ter cada um o seu Partido Trabalhista. O Partido Popular (PP) assume a conotação que lhe atribuem as lideranças estaduais.

Não se verificou nenhuma tentativa de restaurar o antigo Partido Socialista. O Partido Comunista, embora tenha manifestado propósito de abandonar o passado totalitário – de que resultou o afastamento de seu velho secretário-geral, Luís Carlos Prestes (1898-1990) –, não obteve autorização oficial para se registrar. Seus dirigentes mais conhecidos ingressaram no PMDB.

Alguns dos agrupamentos totalitários, que estiveram envolvidos em ações terroristas no passado recente, resolveram ingressar nos partidos políticos em processo de organização, embora mantendo publicações próprias e comportamento autônomo.

Alguns foram para o PMDB e outros para o PT. Assim, o processo de organização partidária deu-se sem qualquer sintonia com as correntes de opinião estruturadas no país, aceitando como única realidade a condição de pertencer à situação ou à oposição.

2 – A Constituição de 1988

A Constituição de 1988, imaginada, sobretudo, para retirar da vida política brasileira o chamado *entulho autoritário* gerado pelos governos militares, retomou a tradição interrompida com os sucessivos Atos Institucionais e fixou o conjunto de garantias individuais e coletivas que caracterizam o Estado Liberal de Direito. Sob o título geral de *Dos Direitos e Garantias Fundamentais* organizou quatro grupos de direitos: *Dos Direitos e Deveres Individuais e Coletivos* (Artigo 59); *Dos Direitos Sociais* (Artigos 6 a 11); *Da Nacionalidade* (Artigos 12 e 13) e *Dos Direitos Políticos* (Artigos 14 a 16). No Artigo 5º são enumerados 67 incisos, considerados como direitos explicitamente reconhecidos. Os especialistas entendem que essa parcela da Constituição reflete as situações fundamentais da sociedade moderna no que respeita ao aspecto considerado.

Mantendo também a tradição pendular no que se refere ao fortalecimento do Executivo ou do Legislativo – aquele favorecido na legislação dos períodos autoritários e este nos interregnos democráticos, como é o caso da Constituição de 1946 –, a Carta de 1988 acresceu significativamente as competências exclusivas do Congresso Nacional.

Afora o mecanismo representado pelo Tribunal de Contas, na prática o único dispositivo para garantir a fiscalização do Poder Executivo pela Câmara dos Deputados e pelo Senado na Carta de 1946 eram as Comissões Parlamentares de Inquérito, que só recentemente passaram a ter maior audiência. Dizia a Carta de 1967 seu Artigo 48: "A lei regulará o processo de fiscalização pela Câmara dos Deputados e pelo Senado Federal, dos atos do Poder Executivo e da administração descentralizada." A Carta de 1988 incluiu tal função entre as competências exclusivas do Congresso com a seguinte redação: "Fiscalizar e controlar diretamente ou por qualquer de suas casas, os atos do Poder Executivo, incluídos os da administração indireta" (alínea X do Artigo 49). Trata--se obviamente de uma enormidade. Se ao menos a Carta tivesse estabelecido o enxugamento do Estado, com a privatização de empresas e a extinção da parafernália de órgãos e ministérios completamente desnecessários, compreende-se que quisesse avaliar o andamento da máquina nesse ou naquele setor. No entanto, estabelecer o princípio com tal amplitude e generalidade equivale a uma simples *boutade*.

Na Carta de 1967, a enumeração das competências exclusivas tinha oito itens (contra dez na Carta de 1946, discrepância que diz respeito à fusão de itens, e não à supressão). Confrontando-se com a Carta de 1988, chega-se às inovações adiante mencionadas.

No tocante às contas do Presidente da República, ao seu enunciado segundo a fórmula clássica (simplesmente julgar suas contas), acrescenta-se e aprecia-se os relatórios sobre a execução dos planos de governo. Que planos? Todos?

São novidades absolutas:

V) Sustar os atos normativos do Poder Executivo que exorbitem do poder regulamentar ou os limites da delegação legislativa;

XI) Zelar pela preservação de sua competência legislativa em face da atribuição normativa de outros poderes;

XII) Apreciar os atos de concessão e renovação de emissoras de rádio e televisão;

XIII) Escolher dois terços dos membros do Tribunal de Contas;

XIV) Aprovar iniciativas do Poder Executivo referentes a atividades nucleares;

XV) Autorizar referendo e convocar plebiscito;

XVI) Autorizar em terras indígenas exploração e aproveitamento de recursos hídricos e pesquisa e lavra de recursos minerais;

XVII) Aprovar previamente alienação ou concessão de terras públicas com área superior a dois mil e quinhentos hectares.

Como se vê, desde política fundiária, energia, mineração, rádio e televisão, nada se pode fazer sem o beneplácito do Congresso. Sabe-se, contudo, que o Parlamento não dispunha de assessorias que lhe permitissem exercer tais atribuições, apropriadas ao regime parlamentarista.

No que diz respeito à economia, a Carta de 1988 a coloca entre os fundamentos do Estado Democrático de Direito, explicitando que esta é a forma pela qual se regerá a República Federativa do Brasil: os valores sociais do trabalho e da livre iniciativa. Essa valorização da empresa privada é reiterada no Artigo 170, pelo qual se inicia a parte da Constituição dedicada à Ordem Econômica e Financeira, em que se diz que está fundada na propriedade privada e na livre concorrência. Ao mesmo tempo, contudo, estendeu o âmbito do monopólio do petróleo, criou novos monopólios e estabeleceu discriminação contra o capital estrangeiro (Artigos 171, 176 e 177).

A Carta também consolidou privilégios de várias categorias, entre estes a concessão de estabilidade aos funcionários públicos.

Tendo-se criado vários impasses na Assembleia Constituinte, sem que as forças em choque tivessem condições de produzir um texto harmonioso, em consonância com a natureza de suas preferências, convencionou-se que, em outubro de 1993, isto é, decorridos cinco anos, proceder-se-ia à Revisão Constitucional, dispensada a maioria de dois terços, fórmula pela qual, de um modo geral, as Constituições tratam de impedir alterações expressivas em seu conteúdo.

3 – O Equívoco da Manutenção do Sistema Eleitoral em Vigor

A Constituição de 1988 manteve o sistema eleitoral adotado após a Revolução de 1930. Até então vigorava o sistema distrital. Acontece, antes de mais nada, que esse sistema acha-se equivocadamente denominado. No sistema proporcional consagrado nas democracias consolidadas, vota-se numa lista pré-ordenada que os partidos registram no órgão competente. A distribuição das cadeiras, conquistada no pleito correspondente, dar-se-á segundo o ordenamento indicado na mencionada lista.

No Brasil criou-se ambiente contrário a esse tipo de lista sob a alegação de que estaria a serviço da perpetuação das personalidades que estejam à frente dos respectivos partidos, como se tal não fosse precisamente a situação em que nos encontramos. O Tribunal Superior Eleitoral (TSE) é conivente com a perpetuação dessa distorção, pois poderia perfeitamente obrigar os representantes dos partidos a verificar como se fazem essas listas nos países europeus de democracia consolidada.

Das quinze nações que compõem a Europa Ocidental, treze adotam esse sistema. Além da lista pré-ordenada, vigora a cláusula de barreira, entre nós denominada "de desempenho", que limita a admissão na Câmara dos Deputados às agremiações que tenham obtido determinado percentual dos votos. Adicionalmente, muitos dos nossos vizinhos adotam o sistema proporcional de forma adequada.

Na verdade, o veto à lista pré-ordenada tem outra motivação. Configurou-se na Câmara dos Deputados a presença, cada vez mais numerosa, de deputados cuja eleição depende do apoio dos prefeitos. Hoje, estima-se que sejam a maioria, cerca de trezentos parlamentares. Não estaria garantida a eleição do escolhido se seu nome tivesse que figurar no citado tipo de lista.

Esses representantes acham-se comprometidos com as denominadas "emendas parlamentares". Criou-se no país uma tradição verdadeiramente esdrúxula: no Orçamento federal figuram verbas destinadas a municípios, quando, pelas regras da federação brasileira, as municipalidades se acham subordinadas aos respectivos governos estaduais. Se tivessem que ser considerados determinados projetos beneficiando essa ou aquela unidade, deveriam figurar nos orçamentos estaduais.

Tudo indica que essa situação seja inamovível. Resta-nos esperar que, da adoção do chamado "orçamento impositivo", destinado, supõe-se, a tornar automática a liberação dos recursos indicados nas mencionadas emendas, os prefeitos venham a prescindir da atuação desses parlamentares.

O ex-prefeito de Vitória, Luiz Vellozo Lucas, considerando o que chamou de "déficit urbano" – resultante da intensidade e da velocidade do processo de urbanização experimentado pelo país –, os municípios mereceriam de fato orçamento específico. Tratando-se, sem dúvida, de uma das prioridades nacionais, e para evitar que se criasse, por esse meio, novas oportunidades de corrupção, a liberação desses recursos deveria subordinar-se à apresentação de projeto técnico, vinculado ao Plano Diretor da cidade. E, para não dar surgimento a novas burocracias, delegar a liberação desses recursos, por exemplo, ao BNDES. Essa iniciativa, parece-me, reflete plenamente o espírito daquilo que o conhecido líder político Jorge Bornhausen chamou de Novo Pacto Federativo. Para não deixar de dizer uma palavra sobre essa momentosa questão, o cerne da atuação governamental, nessa matéria, deveria consistir na atribuição da necessária prioridade à cimentação de nossa unidade nacional, a grande conquista dos que promoveram a Independência.

Com a longa experiência parlamentar de que é possuidor, Jorge Bornhausen considerou que seria mais factível introduzir a lista pré-ordenada do que voltarmos ao sistema distrital, que vigorou no século XIX e sob a República Velha. Adotando o coeficiente eleitoral único para todo o país, São Paulo seria o único estado a ter a representação acrescida, numa proporção expressiva, superior a 50%. Embora reconhecendo que a sub-representação a que tem sido submetida essa unidade da Federação corresponde a uma enormidade, na atual composição da Câmara dos Deputados uma proposição dessa não tem a mínima possibilidade de aprovação.

Já a "cláusula de barreira" chegou a ser adotada para vigorar no pleito eleitoral de 2006. Acontece que, na adoção desse princípio, copiou-se pela metade a disposição inventada pelos alemães. Na formulação original, além de fixar-se determinado percentual de votos (no caso do

Brasil, de 5%, distribuídos em pelo menos um terço dos estados), determina que, para efeito do coeficiente eleitoral, não serão computados os votos atribuídos aos partidos, que ficaram abaixo do mencionado percentual. Inexistindo essa ressalva, da apuração resultaram dois tipos de parlamentares, representando partidos e aqueles impedidos de fazê-lo. À vista desse equívoco, o STF declarou inconstitucional a providência. Assinale-se que, na emenda que se encontra em tramitação no Parlamento, teimosamente se deixou de introduzir a mencionada ressalva.

Como decorrência do que dispôs a Carta de 1988, nessa matéria, acham-se registrados em 2017 no TSE nada menos que 35 partidos políticos. O número de legendas com assento na Câmara dos Deputados entre 1998 e 2010 evoluiu como na tabela abaixo:

Ano	Número de Partidos
1998	13
2002	19
2006	21
2010	22

Nas eleições de 2014, a tendência não arrefeceu, continuando a enormidade de terem assento na Câmara 28 agremiações.

Capítulo 26

Ciclo em que Agremiações Políticas se Aproximam das Correntes de Opinião

1 – O Novo Cenário Político

Devido ao fato de que, durante a República, não se tenham formado agremiações partidárias duradouras, pois estão sempre se recomeçando nessa matéria, o país não dispõe de correntes de opinião nítidas. O típico é a dicotomia governo *versus* oposição. Com o fim do Estado Novo, esboçaram-se algumas agremiações afeiçoadas às correntes de opinião. Simplificadamente, o Partido Social Democrático (PSD) correspondeu ao segmento conservador, a União Democrática Nacional (UDN) ao liberal e o Partido Trabalhista Brasileiro (PTB) ao trabalhista (social-democrático). Mas a vigência do sistema eleitoral não ajudou a que o processo se concluísse.

Com a dissolução dos partidos políticos em 1965 pelo governo então chefiado pelo marechal Castelo Branco, a situação tornou-se ainda mais complexa. Os próprios militares, ao impor o bipartidarismo, induziram à formação de uma frente de oposições, da qual participavam liberais, socialistas, comunistas, etc. Tendo-se mantido a forma de organização do sistema eleitoral, a reforma partidária de 1980 não permitiu que os partidos em formação tivessem em vista aglutinar correntes de opinião.

Dois componentes perturbam o quadro. O primeiro consiste na suposição de que existiriam esquerda e direita fixas. Na Europa e nos Estados Unidos, as maiores agremiações têm em seu próprio interior alas moderadas ou mais radicais, configurando-se esquerda ou direita. No Brasil, integrariam a esquerda os nacionalistas, os ex-comunistas e os socialistas de variada espécie. Os acontecimentos na Rússia mostraram que os comunistas são hoje considerados conservadores, e os nacionalistas, autênticos fascistas. Os partidários das reformas, tendentes a introduzir a economia de mercado, denominam a si mesmos de *democratas*. Também no caso brasileiro, a chamada *esquerda* tem se revelado extremamente conservadora, na medida em que se aferra à manutenção das empresas estatais, que só trazem benefícios a uma minoria.

O segundo componente perturbador é a clássica divisão entre governo e oposição. Entre nós há governistas e oposicionistas a bem dizer profissionais.

De todo o modo, com o fim do regime militar e a reformulação partidária subsequente à Constituição de 1988, registram-se progressos na formação das correntes de opinião, único caminho pelo qual podem se organizar partidos políticos com bases sociais firmes e estáveis.

Não se trata de obscurecer ou minimizar o papel das lideranças. Mas estas precisam identificar-se com programas e princípios, sem o que somente tumultuam o processo. As agremiações partidárias, nas quais as lideranças funcionam de modo estável, dispõem de núcleos programáticos, a partir dos quais são feitas alianças externas e mesmo formam-se alas e correntes em seu interior. Os partidos políticos democráticos são corpos vivos. Em que pese o calor das discussões internas, têm uma feição nítida, ainda que se distingam uns dos outros.

No período transcorrido, duas correntes de opinião assumem, sucessivamente, feição mais elaborada no país: a corrente social-democrata e a liberal.

A social-democrata é uma corrente formada no seio do socialismo europeu, que rompeu com a utopia da sociedade sem classes e decidiu-se pelo aprimoramento da moderna sociedade capitalista. Não conseguiu eliminar o socialismo (democrático) da cena política, que continuou atuante, sobretudo na França, mas firmou-se na Alemanha, na Áustria, na Escandinávia e, mais recentemente, na Inglaterra.

Estruturado em 25 de junho de 1988, o Partido da Social Democracia Brasileira (PSDB) conseguiu promover liderança política nova com o cearense Tasso Jereissati, João Pimenta da Veiga em Minas Gerais, José Serra em São Paulo, entre outros, além de congregar políticos tradicionais expressivos como André Franco Montoro (1916-1999), Mário Covas (1930-2001) e José Richa (1934-2003). Mas o fato verdadeiramente singular representado pelo PSDB é ter conseguido atrair notável grupo de intelectuais. O sucesso do PSDB no mencionado grupo social também não tem precedentes. Ainda assim, dispondo de homens de pensamento da categoria de Fernando Henrique Cardoso ou Hélio Jaguaribe, o PSDB não se revelou capaz de formular uma doutrina social-democrata original, que atendesse à circunstância de que o Brasil não é um país capitalista, tratando-se de contribuir para que tal ocorra, já que este regime promoveu uma distribuição de renda bastante justa e difundiu padrões educacionais aceitáveis para a totalidade da população.

A única iniciativa de destaque no plano teórico coube ao Instituto Teotônio Vilela (ITV) ao lançar a Coleção Pensamento Social-Democrático, composta de livros muito representativos dessa corrente na Europa.

Ocorreu também a identificação do Partido da Frente Liberal (PFL), fundado em 24 de janeiro de 1985, com o liberalismo, que se expressou tanto em sua atuação política – no geral, identificada com as modernas bandeiras liberais – quanto no trabalho doutrinário que desenvolveu, sobretudo na promoção de cursos. Lançou também uma coleção denominada Biblioteca Liberal. Registre-se que, tendo-se concluído um ciclo histórico no país com a ascensão ao poder de uma agremiação de esquerda, representada pelo Partido dos Trabalhadores (PT) e seus aliados, estabelecendo-se assim a normal alternância de poder, a agremiação deu início ao que batizou de "refundação". Esse processo culminou com a mudança de nome, em 28 de março de 2007, passando a agremiação a denominar-se Democratas (DEM). Lamentavelmente, submetido a sucessivas crises internas, reduziu-se a um agrupamento sem muita expressão.

Finalmente, o país assistiu à formação daquilo que seria uma nova esquerda a partir da agremiação resultante da extinção do Partido Comunista. Como nunca se conseguiu constituir tradição de socialismo democrático, o fenômeno merece destaque na medida em que contribui para proporcionar bases sociais consistentes à democracia brasileira.

A agremiação que conseguiu maiores índices de apoio popular, o PT, no seu processo de formação não revelou maiores compromissos com o sistema representativo, propondo-se abertamente substituí-lo pelo sistema cooptativo, cuja experiência histórica corresponde às ditaduras do antigo mundo comunista e seu remanescente latino-americano, Cuba. Contudo, na terceira tentativa de eleger Luiz Inácio Lula da Silva como Presidente da República em 2002, moderou significativamente sua linguagem. No poder entre 2003 e 2016, contudo, o PT tornou-se organização fisiológica, cuidando sobretudo de promover o agigantamento do Estado, fiel à tradição patrimonialista.

2 – A Retomada dos Vínculos com o Exterior e a Atividade Editorial

Com a avalanche autoritária subsequente à década de 1930, os liberais foram acuados para circunscrever sua ação à defesa da liberdade. Dizia-

-se no interregno democrático posterior a 1945 – em tom de blague mas refletindo uma realidade profunda – que a Constituição de 1946, para sobreviver, teria que ser impressa em amianto. No ciclo autoritário pós-1964, proclamou-se enfaticamente que o liberalismo havia acabado. No livro *Legislativo e Tecnocracia* (1975), o professor Candido Mendes de Almeida avançou o entendimento de que na sociedade complexa de nosso tempo o Parlamento perderia as suas funções tradicionais, devendo transformar-se num foro de debates.

A década de 1980 marca uma reviravolta na evolução política do Ocidente desde o pós-guerra. Até então, o socialismo parecia acumular vitórias sucessivas. Estas, entretanto, levaram alguns países a uma redução sem precedente dos padrões de vida e à perda de horizontes, sendo a Inglaterra o exemplo mais flagrante. A reação de Margaret Thatcher (1925-2013) conseguiu não só reverter o quadro em seu país, como revelar aos habitantes do Leste a grande mentira que representava o socialismo, caracterizado, em contraposição ao que alardeava, pelo sucessivo empobrecimento e pela destruição do meio ambiente.

A subsequente queda do muro de Berlim, em 9 de novembro de 1989, o abandono do socialismo pelos satélites soviéticos e o aparente fim do Império Russo, com a dissolução da União Soviética em 25 de dezembro de 1991, foram importantes fatores no processo que originou amplo renascimento das correntes liberais, tanto na Europa Ocidental quanto nos Estados Unidos.

O esforço de reaproximar-nos do pensamento liberal no exterior vinha de muito antes. Em sua passagem pela direção da Editora da UnB, o embaixador Carlos Henrique Cardim conseguiu editar obras de muitos autores contemporâneos, como Eric Voegelin (1901-1985), Raymond Aron (1905-1983), Robert A. Nisbet (1913-1996), Robert Dahl (1915-1940), Ralf Dahrendorf (1929-2009), entre tantos outros. Essa iniciativa não teve continuidade naquela instituição, mas surgiram diversos outros empreendimentos editoriais.

Merece grande destaque o trabalho do Instituto Liberal (IL), que editou, desde sua fundação em 1983 até 1999, mais de sessenta livros, um terço dos quais de autores ligados à Escola Austríaca de Economia. Os brasileiros comparecem com catorze títulos, pouco mais de 20%. Os quase 50% restantes compreenderam a tradução de pensadores liberais estrangeiros ligados a outras vertentes que não a Escola Austríaca.

Entre os economistas austríacos, a preferência é por Ludwig von Mises (1881-1973) e por Friedrich August von Hayek (1899-1992), tendo aparecido cinco livros do primeiro e três do segundo. A instituição patrocinou a tradução dos principais livros de Von Mises, lançando *Ação Humana: Um Tratado de Economia* (1990), *A Mentalidade Anticapitalista* (1988), *As Seis Lições* (1985), *Liberalismo* (1987), *Intervencionismo: Uma Análise Econômica* (1999) e *Uma Crítica ao Intervencionismo* (1987), além de uma síntese de suas ideias: *O Essencial Von Mises* (1984), de Murray N. Rothbard (1925-1995), do qual, também, foi publicado *Esquerda e Direita* (1986). Dentre as obras de F. A. Hayek foram editadas *Desemprego e Política Monetária* (1985), *Desestatização do Dinheiro* (1986) e *O Caminho da Servidão* (1984), bem como uma exposição sobre seu pensamento: *A Contribuição de Hayek às Ideias Políticas de Nosso Tempo* (1987), de Eamonn Butler. Hayek já se havia tornado autor conhecido no Brasil graças à publicação, pelas Editoras UnB e Visão, dos seus livros *Os Fundamentos da Liberdade* (1983) e da trilogia *Direito, Legislação e Liberdade* (1985), considerados mais importantes.

Outro membro importante da Escola Austríaca, pouco conhecido entre nós e divulgado pelo IL, foi Eugen von Böhm-Bawerk (1851-1914), de quem se publicou *A Teoria da Exploração do Socialismo-Comunismo* (1987). Da mesma vertente econômica se destacam os lançamentos das obras *Economia em uma Única Lição*, de Henry Hazlitt (1894-1993), e *Competição e Atividade Empresarial* (1986), de Israel M. Kirzner. Também dedicado à divulgação das ideias dessa vertente é o livro *O que é o Liberalismo* (1986), de Donald Stewart Jr. (1931-1999), fundador do IL.

Das outras vertentes do liberalismo contemporâneo no exterior, sobressaem os livros *A Nova Riqueza das Nações* (1987), *A Solução Liberal* (1986), *O Estado Mínimo* (1988), *Os Verdadeiros Pensadores de Nosso Tempo* (1989) e *Sair do Socialismo* (1991) de Guy Sorman. Tais obras se tornaram best-sellers em diversos países por se dedicarem à popularização, em linguagem jornalística, do fenômeno da ascensão do neoconservadorismo desde a década de 1970, que culminou com o desmoronamento do socialismo no Leste, embora a nossa aproximação com essa vertente deva ser considerada insuficiente, como procuramos enfatizar logo adiante.

Outro autor muito importante cuja obra o IL divulgou no Brasil, em caráter pioneiro, foi Paul Johnson, de quem publicou o livro *Tempos Modernos: O Mundo dos anos 20 aos 80* (1990). Posteriormente, desse mesmo estudioso, a Imago lançou *Os Intelectuais* (1990), trabalho muito importante. A Imago também editou a *História Intelectual do Liberalismo: Dez Lições*, de Pierre Manent, e a obra coletiva *A Europa e a Ascensão do Capitalismo* (1989), editada por Jean Baechler, John A. Hall e Michael Mann.

No começo da década de 1990, a Editora Jorge Zahar também incluiu em sua linha editorial autores de obras liberais. Acham-se neste caso o livro *O Mito da Decadência dos Estados Unidos* (1992), de Henry Nau, além de *O Conflito Social Moderno: Um Ensaio sobre a Política da Liberdade* (1992) e *Reflexões sobre a Revolução na Europa* (1991), do já mencionado Ralf Dahrendorf, que foi relativamente divulgado no Brasil por ter figurado na Coleção Pensamento Político, organizada por Carlos Henrique Cardim em sua passagem pela direção da Editora da UnB. Cabe mencionar, ainda, a divulgação pela Editora Nórdica das obras *O Espírito do Capitalismo Democrático* (1985) e *Será a Liberdade?: Questionamento da Teologia da Libertação* (1988), de Michael Novak (1933-2017).

Nessa mesma linha de reconstituição dos vínculos com o pensamento liberal no exterior, sobressaem os livros *Evolução Histórica do*

Liberalismo, lançado pela Itatiaia em 1987, e a última obra de José Guilherme Merquior, *O Liberalismo Antigo e Moderno*, publicado originalmente em 1991 pela Nova Fronteira e atualmente com uma reedição de 2014 pela É Realizações.

A coletânea *Evolução Histórica do Liberalismo* é uma exposição sistemática das principais obras do pensamento liberal, associada à diferenciação temática que apresenta subsequentemente. Assim, está caracterizada a fundação do liberalismo por John Locke e Immanuel Kant, nos fins do século XVII até o século XVIII, bem como a consolidação do sistema representativo na Inglaterra, no mesmo período, fenômeno isolado nessa época. O ciclo seguinte é denominado de "processo de democratização da ideia liberal", com destaque para a obra de Alexis de Tocqueville e as reformas inglesas, em que sobressai a figura de William Gladstone. Segue-se a emergência da problemática social, evidenciando-se o grande papel que tiveram os liberais no seu adequado equacionamento.

O livro compõe-se de oito ensaios, de diferentes autores, inserindo em seu anexo um roteiro para estudo das principais obras liberais, do mesmo modo que para a organização de cursos. Os ensaios que o integram são os seguintes: "A Formação Inicial do Liberalismo na Obra de Locke", escrito por Antonio Paim; "A Fundamentação do Estado Liberal segundo Kant", de Francisco Martins de Souza; "O Liberalismo Doutrinário", de Ubiratan Borges de Macedo; "O Pensamento de Tocqueville", de José Osvaldo de Meira Penna; "As Reformas Eleitorais Inglesas", de Antonio Paim; "Emergência da Questão Social e Posição Anterior a Keynes e o Keynesianismo", de Antonio Paim; "A Crítica do Keynesianismo", de Ricardo Vélez Rodríguez; e "A Prova da História e as Perspectivas: O Liberalismo no Século XX", de Antonio Paim, José Osvaldo de Meira Penna e Ubiratan Borges de Macedo.

A visão de José Guilherme Merquior em *O Liberalismo Antigo e Moderno* é multifacetada e bastante ampla, achando-se estudados todos os principais autores. O liberalismo antigo (ou clássico) é situado entre 1780 e 1860, compreendendo a experiência europeia própriamente dita e não apenas inglesa. É a fase de consolidação do sistema nos principais países, seguindo-se os percalços decorrentes do processo de democratização. Neste, formam-se nitidamente duas vertentes: o liberalismo conservador e o liberalismo social. Parece-lhe que

> os liberais conservadores, desde cerca de 1830 a 1930, procuravam geralmente retardar a democratização da política liberal, sob esse aspecto, assinalaram um regresso à posição *whig*. O liberalismo *whig* era essencialmente um liberalismo de representação limitada, restritiva[98].

O liberalismo social singulariza-se pela preocupação com a situação social dos desfavorecidos e o desejo de substituir a economia do *laissez-faire*. No ciclo mais recente, o antigo conservadorismo liberal assume novas formas e registra uma grande presença. A exposição de Merquior é eminentemente didática e corresponde a uma notável contribuição ao adequado conhecimento do liberalismo entre nós. Encerra-se por uma cronologia bastante circunstanciada, notadamente no que se refere às obras e aos autores marcantes em seus respectivos momentos.

Em que pese o progresso registrado na aproximação ao liberalismo contemporâneo nos Estados Unidos e na Europa, estamos longe de haver adquirido uma compreensão apropriada do neoconservadorismo, que consideramos o fenômeno decisivo para o renascimento liberal em nosso tempo. Três obras permitem situá-lo do ponto de vista histórico: *Conservatism: Dreams and Reality* (1986), de Robert Nisbet; *The Conservative Intellectual Movement in América since 1945*[99] (1979), de

---

[98] MERQUIOR, José Guilherme. *O Liberalismo Antigo e Moderno*. Pref. Roberto Campos; trad. Henrique de Araújo Mesquita. Rio de Janeiro: Nova Fronteira, 1991, p. 149.

[99] A tradução em língua portuguesa da nova edição revista e ampliada do livro *The Conservative Intellectual Movement in América since 1945*, de George H. Nash, publicada em 2006 pelo Intercollegiate Studies Institute, será lançada pela LVM Editora no segundo semestre de 2018. (N. E.)

George H. Nash; e *La Révolution Conservative Américaine* (1983), de Guy Sorman. Seria imprescindível divulgá-las de alguma forma, ainda que não obrigatoriamente através da tradução. Contudo, deveríamos diligenciar no sentido de ser traduzido o livro *America's Welfare State: From Roosevelt to Reagan* (1991), de Edward D. Berkowitz, que muito contribuiria para a compreensão do posicionamento do conservadorismo liberal em face do Estado de Bem-Estar Social, já que só se tem difundido no país a visão e uma de suas vertentes, a da Escola Austríaca, que nesta questão particular não parece ser a mais feliz. Berkowitz mostra como os conservadores liberais têm se empenhado no sentido de alcançar maior eficácia das políticas sociais efetivadas com fundos públicos, graças à sua atitude vigilante e crítica diante das burocracias estatais. A impressão que se tem generalizado entre nós é a de que seriam radicalmente contrários àquelas políticas.

Outro aspecto para o qual cumpriria chamar a atenção é a importância que tem readquirido a atribuição a fatores culturais de papel destacado no desenvolvimento. Em parte, isto se deve ao retumbante fracasso das políticas patrocinadas pelo Banco Mundial, que, supostamente, deveriam ter disseminado a prosperidade. Ao contrário disto, o subdesenvolvimento manteve-se virtualmente incólume na África e em grande parte da Ásia e da América Latina. Num quadro desses, sobressai o aparecimento dos chamados Tigres Asiáticos. Como se explica o seu sucesso?

A liderança de tais estudos encontra-se com Peter L. Berger (1929--2017), de quem a Itatiaia publicou a conhecida obra *A Revolução Capitalista* (1992). A este autor, que dirigia o Instituto de Cultura Econômica da Universidade de Boston, deve-se a divulgação de expressiva bibliografia.

As teses de Max Weber voltam a adquirir grande popularidade. Nesse particular, vem sendo atribuída maior relevância ao fenômeno da expansão das religiões evangélicas na América Latina, na medida em que, inaugurando o pluralismo religioso, poderá traduzir-se na superação da tradição contrarreformista.

Outra instituição voltada para a conquista de um lugar ao sol, nos meios acadêmicos, da doutrina liberal, é o Instituto Ludwig von Mises Brasil (IMB), sediado no Itaim Bibi, bairro da capital paulista e fundado em 2007 por Helio Beltrão, que preside a instituição desde a sua criação. O propósito do IMB acha-se formulado nestes termos: "*Think tank* libertário brasileiro voltado à produção e à disseminação de estudos econômicos e de ciência social que promovem os princípios do livre mercado e de uma sociedade livre." Tais estudos são aqueles proporcionados pela Escola Austríaca de Economia e pelo seu destacado representante Ludwig von Mises.

Os dados disponíveis sugerem que o IMB seria o instituto mais bem-sucedido devotado ao liberalismo nos meios acadêmicos nacionais. Essa circunstância decorreria do fato de que, além de atuar de modo semelhante ao habitual (com a manutenção de uma página na rede virtual que publica artigos diários e um podcast semanal, com atividade editorial permanente e dinâmica, e com a promoção de seminários e atividades afins), também criou em 2013 o periódico acadêmico semestral *MISES: Revista Interdisciplinar de Filosofia, Direito e Economia* e implantou no ano de 2015 tanto um curso de pós-graduação lato sensu em Escola Austríaca, com duração de dezoito meses e aulas nas áreas Filosofia, Direito, Ciência Política e Economia, quanto a denominada Summer School, a exemplo dos cursos de verão mantidos por universidades europeias e norte-americanas. Suas palestras, seus cursos e seus seminários já foram realizados em parceria com renomadas instituições de ensino superior, como a Universidade do Estado do Rio de Janeiro (UERJ), a Fundação Armando Alvares Penteado (FAAP), a Universidade Presbiteriana Mackenzie, o INSPER e o IBMEC, dentre outras. Além disto, seus eventos contam sempre com a presença de destacadas personalidades liberais do exterior.

A instituição consegue registrar presença massiva nas redes sociais, ao mesmo tempo que procura manter um canal de comunicação com os mais destacados formadores de opinião do país. O certo é que o IMB foi considerado tanto pela renomada Atlas Network quanto pela famosa revista *Forbes* como o *think tank* liberal de maior influência digital do mundo, fora dos Estados Unidos, tendo uma base mensal de público superior a um milhão de pessoas. Em seu trabalho, conta com a adesão de personalidades reconhecidas dos meios acadêmicos nacionais, dos quais destacaríamos os que seguem.

Um dos principais especialistas na área é Ubiratan Jorge Iorio, economista e professor da UERJ, que também ocupa os cargos de presidente executivo do Centro Interdisciplinar de Ética e Economia Personalista (CIEEP), de diretor acadêmico do IMB, de coordenador do curso de pós-graduação em Escola Austríaca e de editor responsável do periódico *MISES: Revista Interdisciplinar de Filosofia, Direito e Economia*. Entre os seus livros destaca-se aquele intitulado *Ação, Tempo e Conhecimentos: A Escola Austríaca de Economia*, lançado originalmente em 2011, o mais sistemático trabalho sobre esta corrente econômica do pensamento liberal. Do mesmo autor, foram publicadas pelo IMB as obras *Dez Lições Fundamentais de Economia Austríaca* (2013) e *Dos Protoaustríacos a Menger: Uma Breve História das Origens da Escola Austríaca de Economia* (2015).

Pertencendo ao corpo docente da Faculdade de Economia, Administração e Contabilidade (FEARP) do campus de Ribeirão Preto da Universidade de São Paulo (USP), Fabio Barbieri é um articulista muito ativo que se dedica sobretudo à crítica do intervencionismo estatal na economia. Além de ser membro do corpo docente do curso de pós-graduação em Escola Austríaca e parte da equipe editorial do periódico *MISES: Revista Interdisciplinar de Filosofia, Direito e Economia*, lançou pelo IMB os livros *História do Debate do Cálculo Econômico Socialista* e *A Economia do Intervencionismo*, ambos em 2013.

Com trabalhos regularmente publicados na revista *Veja* e nos jornais *O Globo*, *Valor Econômico* e *Gazeta do Povo*, o economista Rodrigo Constantino é autor de vários livros, podendo-se citar os de maior sucesso: *Privatize Já* (2012) e *Esquerda Caviar* (2013). Lançou em 2010 pelo IMB a obra *Economia do Indivíduo: O Legado da Escola Austríaca*.

Graduado em Engenharia pela PUC-Rio com MBA em Finanças pela Columbia University em Nova York, Helio Beltrão exerceu funções executivas em empresas financeiras antes de fundar em 2007 o IMB, no qual ocupa o cargo de presidente. Além de ser um palestrante e debatedor muito requisitado, colabora com artigos para diversos jornais, é parte do corpo docente do curso de pós-graduação em Escola Austríaca e membro da equipe editorial do periódico *MISES: Revista Interdisciplinar de Filosofia, Direito e Economia*. Juntamente com Rodrigo Constantino e com Wagner Lenhart escreveu o livro *O Poder das Ideias*, lançado em 2010 pelo IMB, no qual colaborou com o primeiro capítulo, uma detalhada biografia do economista austríaco Ludwig von Mises.

O advogado e professor de Direito em programas de graduação e de pós-graduação Rodrigo Saraiva Marinho é outro ativo defensor das ideias liberais. Tem viajado para diversas cidades brasileiras ministrando conferências ou participando de debates. Está muito envolvido com as atividades do IMB, sendo um dos três integrantes do Conselho Administrativo da instituição, além de membro do Conselho Editorial da *MISES: Revista Interdisciplinar de Filosofia, Direito e Economia* e professor do curso de pós-graduação em Escola Austríaca. Em parceria com a Livraria Resistência Cultural Editora, o IMB publicou de sua autoria *Desconsideração da Personalidade Jurídica na Justiça do Trabalho* (2014).

Formado em universidades italianas e radicado no Brasil desde 2007, atuando como professor de Ciência Política do IBMEC de Belo Horizonte, Adriano Gianturco é outro importante colaborador do IMB. Ele ministra palestras em eventos da instituição e participa do Conselho Editorial da *MISES: Revista Interdisciplinar de Filosofia, Direito e Economia*. No ano de 2014 o IMB publicou o seu livro *O Empreendedorismo de Israel Kirzner*.

O advogado e professor universitário André Luiz Santa Cruz Ramos também tem se destacado pela atuação, em conjunto com o IMB, como um assíduo conferencista em eventos organizados pela instituição, além de fazer parte do corpo docente do curso de pós-graduação em Escola Austríaca e membro do Conselho Editorial da *MISES: Revista Interdisciplinar de Filosofia, Direito e Economia*. De sua autoria foi lançado, em 2014, pelo IMB, em parceria com a Editora Forense, a obra *Os Fundamentos contra o Antitruste*.

Além dos títulos aqui citados, o portifólio de livros do IMB apresenta um grande acervo de obras traduzidas, com mais de cinquenta títulos em catálogo. Todos os livros de Eugen von Böhm-Bawerk, Ludwig von Mises, F. A. Hayek, Henry Hazlitt, Murray N. Rothbard e Israel M. Kirzner lançados originalmente em português pelo Instituto Liberal foram reeditados pelo IMB.

Novos títulos foram traduzidos e publicados pela instituição. Dentre os lançamentos de autores já mencionados estão: *Teoria e História: Uma Interpretação da Evolução Social e Econômica* (2014), de Ludwig von Mises; e *A Anatomia do Estado* (2012), *A Ética da Liberdade* (2010), *A Grande Depressão Americana* (2012), *Educação: Livre e Obrigatória* (2012), *Governo e Mercado* (2012), *O que o Governo Fez com o Nosso Dinheiro?* (2013) e *Por Uma Nova Liberdade: O Manifesto Libertário* (2012), de Murray N. Rothbard.

Outros pensadores representativos da problemática de que se ocupa a Escola Austríaca também foram editados pelo IMB, sendo os dois de maior destaque o alemão Hans-Hermann Hoppe e o espanhol Jesús Huerta De Soto. As obras de Hoppe lançadas foram *A Ciência Econômica e o Método Austríaco* (2010), *Democracia, o Deus que Falhou* (2014), *O que Deve Ser Feito* (2013) e *Uma Teoria do Socialismo e do Capitalismo* (2013). Os livros escritos por De Soto publicados foram *A Escola Austríaca* (2010), *Moeda, Crédito Bancário e Ciclos Econômicos* (2013) e *Socialismo, Cálculo Econômico e Função Empresarial* (2013).

Numa parceria com a LVM Editora, o IMB iniciou em 2017 a edição dos quinze primeiros volumes da Coleção Von Mises, que lançará os 34 títulos das obras completas do economista austríaco Ludwig von

Mises em português. Sob a direção editorial de Alex Catharino, a LVM Editora inovou substancialmente em matéria de divulgação da obra de Mises ao lançar esta coleção de edições críticas, acrescidas de textos analíticos escritos por outros autores e notas do editor. Ao saudar tal iniciativa, denominando-a "notável empreendimento editorial", Arsenio Eduardo Corrêa registra que a impressão que se recolhe ao ler as considerações de Mises no livro *A Mentalidade Anticapitalista* é que registra uma situação encontrada atualmente no Brasil.[100]

Orientada pelos princípios de liberdade, valores e mercado, a LVM Editora tem por objetivo promover a divulgação sistemática de autores não só ligados à Escola Austríaca, mas também de outras correntes representativas do liberalismo, em especial do libertarianismo anarcocapitalista e do conservadorismo liberal, além de resgatar as obras de diversos autores liberais brasileiros. Demonstração inequívoca da penetração alcançada pela nova editora foi o sucesso alcançado por seu estande na Bienal do Livro de 2017, no Rio de Janeiro, bem como a participação em inúmeros eventos liberais em diversas cidades do país e a promoção de eventos em diferentes redes de livrarias. Atestado desse fato seria a sua escolha, pela Amazon Brasil, como Editora Revelação de 2017, além de apresentá-la como modelo de atividade editorial. Esse clima abriu-lhe as portas para a assinatura de acordos com as maiores distribuidoras de livros do Brasil e a parceria com importantes instituições liberais estrangeiras como o Mises Institute, o Liberty Fund, o Acton Institute e o Intercollegiate Studies Institute. Tal iniciativa é um passo importante na tentativa de reconstruir os vínculos internacionais à tradição liberal brasileira.

---

[100] O texto integral do artigo de Arsenio Eduardo Corrêa sobre esta iniciativa pode ser acessado na página do Instituto de Humanidades (http://www.institutodehumanidades.com.br/arquivos/Notavel%20empreendimento%20editorial.pdf).

Parte VII

Legado da Geração Liberal Contemporânea

Roberto Campos (1917-2001)

Capítulo 27

Ciclo em que, sem Representação Expressiva no Parlamento, a Corrente Liberal acha-se Presente na Realidade Brasileira

Sem dúvida nenhuma, o virtual desaparecimento da representação liberal no Parlamento reduziu substancialmente a visibilidade da atuação da corrente liberal no país. Contudo, essa circunstância não eliminou a sua presença na atual realidade brasileira.

Essa presença estribou-se, em primeiro lugar, na incapacidade dos governos do Partido dos Trabalhadores (PT) em alcançar para o país desenvolvimento sustentável. Diante dos pífios resultados registrados pela economia, seus próprios titulares incumbiram-se de recorrer a medidas contra as quais deblateraram longamente, acoimando-as de neoliberais. Temos em vista o recurso à privatização de rodovias e aeroportos. Contudo, a situação deteriorou-se a tal ponto que o Parlamento foi instado a votar o *impeachment* de Dilma Rousseff. Resumidamente, o país entrou em recessão nos anos de 2015 e 2016. O número de desempregados chegou a doze milhões. Grande parte de 2016 foi ocupado pela votação do *impeachment*. Sua aprovação pelo Congresso deu-se a 12 de maio, em decorrência do que foi empossado como presidente interino o vice Michel Temer.

De acordo com o ritual estabelecido pela Constituição, o Senado passou a funcionar como tribunal, comandado pelo presidente do Supremo. Esse tribunal confirmou a pena de cassação em 31 de agosto de 2016, transformando-se o governo em permanente para cumprir o restante do mandato até 31 de dezembro de 2018. As eleições para o novo governo dar-se-ão em outubro desse ano.

O novo mandatário concentrou sua atuação na efetivação de ajuste fiscal para reduzir as dimensões do gasto público. A novidade consiste em que baseou essa diretriz na privatização de empresas estatais. Vale lembrar que os governos petistas criaram um clima desfavorável às propostas de índole liberal, na verdade conseguindo satanizar as privatizações efetivadas no governo anterior.

Na mesma direção atuam os sucessivos escândalos relacionados à corrupção. Mais uma demonstração do acerto da tese liberal de que no agigantamento estatal reside a fonte primordial desse recorrente fenômeno em nosso meio. Torna patente que a eliminação da corrupção pressupõe que o Estado se limite às atribuições que lhe são próprias e seja afastado daquelas que podem ser assumidas por particulares.

A geração liberal contemporânea seria aquela que começou a se estruturar em círculos acadêmicos restritos, no período dos governos militares que se seguiu ao Ato Institucional nº 5. Sua primeira expressão pública seria o livro *Introdução à Filosofia Liberal*[101], da autoria de Roque Spencer Maciel de Barros (1927-1999). Seu propósito maior consistia em contribuir no sentido de que a abertura política se traduzisse na restauração do pluralismo e da livre negociação entre as diversas tendências da opinião pública. Deveria também encerrar o ciclo da ingerência militar na política, conduzindo as Forças Arma-

---

[101] BARROS, Roque Spencer Maciel de. *Introdução à Filosofia Liberal*. São Paulo: Ed. USP, 1971.

das, sem revanchismos, ao exercício da função que lhe era própria e exclusiva.

Tinha-se presente que deveríamos atuar num ambiente em que as tradições culturais eram desfavoráveis. O mais provável seria que se conseguisse recuperar a sempre negada tradição liberal brasileira, apenas conduzindo-a a um novo patamar, sem alcançar maiores mudanças estruturais em nossa realidade política. Em que pese o fato de que não tenhamos conseguido sequer abalar a secular tradição patrimonialista, deixa-nos um legado digno de ser exaltado.

Subsequentemente, em capítulos autônomos, destacaremos o que, parece-nos, consistiria no legado da geração liberal contemporânea. Estamos certos e trataremos de comprová-lo, assegurando-lhe um lugar ímpar na República brasileira.

Em primeiro lugar, produziu obra teórica de peso. Colocou ao alcance das novas gerações uma adequada compreensão das principais vertentes liberais. Apontou as questões teóricas mais relevantes.

Na arena propriamente política, seu grande feito consiste na crítica ao sistema eleitoral implantado no país após 1930 e na formulação de modelo a seguir na eliminação das distorções que o caracterizam e tornam inapropriada a designação de proporcional que lhe foi atribuída.

Nos dois capítulos seguintes vamos caracterizar os dois aspectos apontados, iniciando com a arena política e concluindo com as obras teóricas.

Capítulo 28

Adequação do Sistema Eleitoral ao Modelo Consagrado

1 – A Contribuição Notável da Geração Liberal Contemporânea

Procedeu-se a substituição do sistema eleitoral em vigor no Brasil, formalmente, na Constituição de 1934 e, de modo efetivo, após a queda do Estado Novo em 1945. Na fase de experimentação do governo representativo, no século XIX, na forma de Monarquia constitucional, vigorou o sistema distrital, mantido na Primeira República.

A elite que adotou a mencionada providência, no período imperial, se orientava, como temos insistido, pelo princípio de que, tratando-se de copiar experiência alheia era imprescindível conhecê-la de modo detalhado, bem como dar-se conta das circunstâncias locais que iriam favorecê-la ou dificultá-la. Os liberais sobreviventes, embora sem continuar atribuindo prioridade à questão da representação política – como se dava na fase anterior –, estiveram atentos ao curso dessa doutrina no exterior, abandonando tal comportamento, na maioria dos casos, na década de 1930, talvez devido à esmagadora ascendência das correntes autoritárias e do surgimento do totalitarismo.

Com o fim do Estado Novo, a liderança liberal que volta a atuar era a mesma do ciclo anterior. Revelaria, em matéria de teoria política, a suposição de que poderia, sem grandes riscos, inventar a roda. Não se trata propriamente de que não pudesse fazê-lo, mas ter a plena consciência de que, agindo por nossa conta e risco, cumpria-nos saber avaliar se estávamos trilhando o caminho certo.

A legislação eleitoral pós-Estado Novo violou a distinção fundamental que se estabelecera entre os dois sistemas experimentados na Europa: o distrital e o proporcional. Neste votava-se numa lista pré-ordenada enquanto no distrital votava-se no nome do candidato. No nosso caso, embora tivéssemos adotado o nome de proporcional, estabeleceu-se que o voto seria dado num dos nomes constantes da lista, isto é, como se se tratasse de disputa num distrito entre candidatos isolados.

O que resultou dessa experimentação?

Como foi indicado anteriormente, ocorreu o mais franco desfiguramento da representação. As bancadas constituídas na Câmara dos Deputados passaram a ser compostas por alianças entre legendas, e não pelos votos colhidos diretamente pelos partidos que se beneficiavam desse artifício.

Sob os governos militares, entre 1964 e 1985, o corretivo tangenciou a questão central (adequação do sistema proporcional, introduzindo o voto em lista), experimentando bipartidarismo compulsório. E, embora o último governo militar, o do general João Batista Figueiredo, tenha reconhecido o fracasso da experiência, procurou-se minorá-lo por meio da exigência de percentual mínimo de votos para ter assegurada a representação.

No ciclo da abertura, voltou-se à prática anterior. Somente com a ascensão à Presidência do Partido da Frente Liberal (PFL) do senador Jorge Bornhausen, em 1993, suscitou-se a questão do voto em lista. A ideia inicial era fazê-lo mediante a adoção do sistema eleitoral misto, vigente na Alemanha, quando o eleitor vota no candidato do distrito e também na lista partidária. Este último voto é adotado para fixar-se a distribuição proporcional das cadeiras, da qual deduzem-se as conquistadas diretamente nos distritos. Essa disposição foi aprovada no Senado em 2000. Encaminhada à Câmara, ali optou-se por reiniciar toda a discussão até então limitada à câmara alta, de que resultou o fim da questão por ser postergada para a legislatura seguinte.

Na Legislatura 2003-2007, como relator constituído na Câmara para propor nova legislação eleitoral, o então deputado Ronaldo Caiado (PFL-GO) conseguiu que fosse aprovada a adequação do sistema eleitoral adotado no país ao modelo de sistema proporcional consagrado nas democracias consolidadas da Europa, isto é, a introdução da lista pré-ordenada. O mérito dessa iniciativa consiste no fato de que se baseou na análise do processo de constituição da lista. Entre nós, a praxe consistia em avançar suposições acerca dessa modalidade em vez de debruçar-se sobre a experiência concreta.

Quase ao término da Legislatura, o relatório em apreço veio a ser submetido ao plenário. Deixou de ser aprovado pelo voto contrário do Partido da Social-Democracia Brasileira (PSDB), a pretexto de que seria favorável ao voto distrital. Acontece que o PSDB sempre se furtou à consideração do aumento da bancada paulista que adviria da providência, embora se trate, sem dúvida, de uma situação absurda a defasagem instaurada na matéria. Se o fizesse, tornar-se-ia patente a impossibilidade de sua aprovação, dada a atual forma de constituição das bancadas parlamentares na Câmara dos Deputados. Concretamente, o que se tornaria factível era a introdução do voto em lista, isto é, a adequação do sistema proporcional em vigor.

Embora não se tenha conseguido aprovar a providência, o país passa a dispor de uma alternativa factível. No projeto em causa, a forma pela qual será constituída a lista acha-se rigorosamente estabelecida.

Para tanto haverá convenção específica. Nesta, cada convencional terá apenas um voto. Os candidatos somente podem figurar numa proposta. O conjunto destas deverá ser registrado com antecedência.

A votação será secreta. Apurado o resultado, a hierarquização dos percentuais obtidos pelas diversas propostas irá servir de norma para o ordenamento da lista. A chapa que conquistar maior número de votos figurará no topo, e assim por diante.

Considerada a experiência de confecção da lista nos países europeus de democracia consolidada verifica-se que as facções e os grupos que inevitavelmente se formam, vêm-se constrangidas a expressar as divergências de maneira programática. Assim, esse processo acaba por ter efeito equivalente ao das eleições primárias praticadas nos Estados Unidos, e que são um modo de tornar os partidos corpos vivos. Em geral, os meios de comunicação incumbem-se de noticiar essas disputas, às vezes com estardalhaço.

Numa palavra, essa forma de votação é perfeitamente compatível com o fortalecimento do sistema democrático. Longe, portanto, de fomentar o caciquismo, como alegam os que são contrários, esquecidos de que a prática atual é que o fortalece.

Naturalmente, os resultados apontados não se darão da noite para o dia. É preciso que as experiências transcorram livremente, buscando generalizar-se as que se revelem mais benéficas para o processo em geral, tendo presente que a obra humana sempre revela imperfeições.

No debate acerca da forma pela qual se constituem as listas, manifestaram-se muitas simpatias pela prática adotada na Bélgica. Ali os eleitores têm a liberdade de introduzir alterações na lista. Trata-se de um contingente eleitoral que nada tem a ver com as dimensões apresentadas no Brasil. A população da Bélgica equivale a 10,5 milhões, e o eleitorado, em torno da metade disto. Além do mais, têm a alternativa de escolher o idioma, posto que há não só divisões linguísticas, como estas se refletem na própria organização dos partidos.

Em suma, a descrita adequação de nosso sistema proporcional ao modelo consagrado representa uma contribuição da maior relevância, devido à corrente liberal contemporânea. Afinal, trata-se de uma questão fundamental para a nossa convivência democrática.

2 – O Quadro Partidário na Maioria dos Países da Europa Ocidental

Nos países de democracia consolidada, situados na Europa Ocidental, é reduzido o número de partidos que conseguem se fazer representar no Parlamento — pela razão muito simples de que tendências consistentes da opinião pública são os verdadeiros suportes das agremiações existentes, estruturadas com vistas à conquista de determinado modelo de sociedade, que não são muitos.

Na convicção de que, entre nós, não se tem clareza quanto à verdadeira função dos partidos políticos consagrados nas nações onde o governo democrático representativo passou a prova da história, me deterei nesse aspecto, a fim de tornar clara a razão pela qual, naqueles países, são em número reduzido.

Na Europa contemporânea, a social-democracia equivale àquele segmento socialista que renunciou à utopia da sociedade sem classes e não mais advoga a estatização da economia. A primeira manifestação nesse sentido originou-se no Partido Social-Democrata alemão, em 1959, no Congresso de Bad Godsberg, quando se consuma o rompimento frontal com o marxismo. Precedentemente, havia abandonado a tese marxista da tomada violenta do poder, optando pela via parlamentar, mas sem renegar frontalmente a doutrina em seu conjunto. De forma subsequente, com a ascensão de Tony Blair no Partido Trabalhista britânico essa corrente ficou conhecida também como *terceira via*.

Onde tem lugar a clássica divisão entre duas grandes agremiações – situação típica dos Estados Unidos e da Inglaterra – vigora o sistema eleitoral distrital, considerado como pouco favorecedor da fragmentação. Por essa razão, para corroboração efetiva da tese – associação entre correntes de opinião e agremiações políticas nos países de democracias consolidadas –, cumpre examinarmos a situação daqueles da Europa Ocidental que adotam o sistema proporcional. Esclareça-se, desde logo, que sendo quinze os países da Europa Ocidental entre os integrantes da Comunidade Europeia, em treze adota-se o sistema proporcional. São, portanto, maioria expressiva. Tenho em vista a tese de Maurice Duverger (1917-2014) segundo a qual o sistema distrital reduz o número de agremiações enquanto o sistema proporcional tenderia a multiplicá-los.

Permito-me introduzir outro adendo: no sistema proporcional vota-se numa lista pré-ordenada. O sistema adotado no Brasil não tem nada a ver com esse nome, segundo se comprova pelo modelo de cédula vigente na Europa, ilustrado abaixo.

Modelo de Cédula Utilizado em Eleições Europeias

ELEIÇÃO DA ASSEMBLEIA DA REPÚBLICA Círculo eleitoral de Lisboa			
Partido Democrático Republicano	PDR		☐
CDU - Coligação Democrática Unitária	PCP-PEV		☐
Portugal à Frente	PPD/PSD . CDS-PP		☐
Partido da Terra	MPT		☐
LIVRE/Tempo de Avançar	L/TDA		☐
Pessoas-Animais-Natureza	PAN		☐
Agir	PTP-MAS		☐
Juntos pelo Povo	JPP		☐
Partido Nacional Renovador	PNR		☐
Partido Popular Monárquico	PPM		☐
Nós, Cidadãos!	NC		☐
Partido Comunista dos Trabalhadores Portugueses	PCTP/MRPP		☐
Partido Socialista	PS		☐
Bloco de Esquerda	B.E.		☐
Partido Unido dos Reformados e Pensionistas	PURP		☐

OBS.: Nas eleições para o Parlamento europeu, mesmo os países que adotam o sistema distrital são obrigados a utilizar este modelo de cédula.

Hoje, na Comunidade Europeia se consagra a alternância no poder dos liberais conservadores e dos social-democratas. Com a única exceção do Partido Socialista francês, os diversos Partidos Socialistas europeus aderiram à social-democracia. Como se sabe, no último pós-guerra a economia europeia foi amplamente estatizada. A reversão deu-se a partir dos anos 1980, com a chegada de Margaret Thatcher ao poder na Inglaterra, tornando-se política oficial de Bruxelas, isto é, da Comunidade como um todo. A crise do sistema financeiro, cujas consequências se fazem presentes até hoje, não parece haver alterado essa diretriz.

Ao que tudo indica, a mencionada alternância traduz tendências da opinião. O número médio de partidos com representação no Parlamento, onde vigora o sistema proporcional, tem se mantido em torno de quatro. Mesmo países como Portugal e Espanha, que estiveram submetidos a regimes autoritários até os anos 1970, registram quadro idêntico. Formaram-se dois grandes partidos (o Social-Democrata e o Socialista, em Portugal; e o Popular e o Socialista na Espanha). O PSD português e o PP espanhol, em que pese as denominações, são típicos liberais conservadores, e, os PS, por sua vez, não falam mais em estatizar a economia, isto é, são social-democratas.

A partir da década de 1990, o quadro é bastante estável. Em geral, tanto o PSD e o PS, em Portugal, quanto o PP e o PSOE, na Espanha, quando ganham a eleição conseguem maioria que lhes permite governar. Quando tal não se dá, no caso da Espanha, as alianças têm se formado com as agremiações formadas na Catalunha.

Na Espanha, nas eleições recentes, as agremiações que concorrem sob a denominação de Esquerda Unida – criação do Partido Comunista – não têm alcançado representação expressiva. Em Portugal, os dois grandes elegem entre 75% e 80% das cadeiras. Os partidos menores (CDS, aliado natural do PSD, e a Esquerda Unida, aliada natural do PS) detêm em média 15%. Por fim, tem representação no Parlamento o chamado Bloco de Esquerda. Elegiam em torno de dois deputados, mas a representação vem aumentando.

A situação nos demais países é resumida no quadro a seguir:

Número de Partidos com Representação no Parlamento

Áustria	4
Bélgica	8[1]
Dinamarca	8[2]
Grécia	2
Holanda	4
Irlanda	4
Itália	10[3]
Luxemburgo	4

[1] O país divide-se em duas grandes regiões, com idiomas diferentes. Consideradas as denominações, já que os partidos se duplicam, seriam quatro.

[2] Mantém governos de coalizão. Estas são, entretanto, muito estáveis. Por exemplo, os social-democratas, aliados a partidos menores, mantiveram-se no poder entre 1924 e 1982. Depois dessa data, alternam-se coalizões lideradas pelos dois partidos.

[3] É a grande exceção, já que esse número pode até mesmo ser superado. Em que pese o fracionamento, a direita tem alcançado resultados eleitorais que lhe têm permitido manter-se no poder, o que não tem ocorrido com a esquerda. Esta persegue, claramente, situação equivalente à dos demais países da Comunidade, isto é, alternância entre liberais conservadores e social-democratas.

OBS.: Excluíram-se os países do Leste, incorporados à Comunidade, bem como aqueles em que vigora o sistema distrital (Inglaterra, França e Alemanha). Nestes últimos, de igual modo, tem vigorado a alternância liberais conservadores e social-democratas. A conversão democrática dos países do Leste tem sido muito penosa.

Em síntese, o característico é a identificação entre os partidos políticos e as correntes de opinião existentes nos respectivos países. Esse processo não teve lugar em nosso país. Naturalmente, as razões decorrerão de diversos fatores. Parece-nos, entretanto, que há um elemento decisivo: o comportamento da agremiação no poder. No último período, muito mais do Presidente da República do que do Partido dos Trabalhadores (PT).

Parcelas significativas da classe política entendem que, na efetivação da reforma política, o posicionamento do Presidente da República seria decisivo.

Os governantes do PT deram preferência à relação com o varejo e não com os partidos minimamente constituídos, razão pela qual tiveram que ir, sucessivamente, multiplicando o número de ministérios. Ao que foi acrescido, num dado momento, o denominado "mensalão". Como este veio a ser denunciado publicamente, inviabilizando-se, "descobriram" as emendas parlamentares, que hoje correspondem a valores substanciais: 12,5 milhões anuais; cinquenta milhões na Legislatura. Tornaram-se o principal instrumento através do qual os governos petistas têm conseguido formar uma base parlamentar desprovida de qualquer princípio, desde que o *"toma lá dá cá"*, vigente é algo deprimente, para não usar outro qualificativo certamente mais adequado.

A quantidade de partidos com representação no Parlamento que somava dezesseis na Legislatura iniciada em 2003 elevou-se, em 2007, para vinte. Na atual, são 22. Com poucas exceções, os nossos partidos não se apresentam à opinião pública como defensores de determinado modelo de sociedade. Estes são, em número reduzido, o que explica a sobrevivência de poucas agremiações nos países de democracia consolidada.

Quando existia o comunismo na Rússia, os modelos de sociedade eram quatro. Tomando-se este como o *Primeiro* (totalitário, por muitos identificado com o nazismo, de que resultaria um só modelo), teríamos: *Segundo*, a sociedade livre de economia estatizada, vigente na Europa do pós-guerra; *Terceiro*, a sociedade aberta de que nos fala Popper, a que corresponderia à existente nos Estados Unidos; e *Quarto*, imaginado pelos católicos, cuja experimentação – no fascismo italiano, no salazarismo português e no franquismo espanhol – seria renegada pelos próprios católicos.

O modelo comunista desmoronou, e não sei se a China poderia ser considerada seu substituto. Pode-se admitir que haja fracassado a experiência de economia estatizada europeia, embora a alternativa que encontra fortes adeptos (a da social-democrática, ou da terceira via) não possa ser identificada com a norte-americana, talvez próxima da que preconizam os liberais conservadores europeus. A democracia cristã está cada vez mais identificada com as propostas liberais conservadoras. Ainda assim, preservando certas mudanças em relação aos liberais conservadores, poderia ser considerado modelo autônomo, ainda que na categoria geral de "sociedade aberta". Dessa forma, com muito boa vontade, sobreviveriam os quatro modelos.

Os verdes não configuram até o presente um novo modelo de sociedade, o que talvez explique que, mesmo onde revelam grande apoio popular, na Europa, não conseguiram aparecer, na arena política, como uma alternativa de poder. Ao que tudo indica, a sociedade industrial (à qual alguns estudiosos adicionam o qualificativo "informatizada") provavelmente adequará os seus processos produtivos às imposições da preservação ambiental.

Do que precede, pode-se concluir que, dada a circunstância de que não pode haver democracia sem partidos políticos (e, certamente, em face do excesso deles), ao contrário do que se tem afirmado – embora gozemos sem dúvida da mais ampla liberdade de imprensa, as eleições transcorrem normalmente, enfim, dispomos das diversas condições exteriores da democracia –, o Brasil não dispõe de democracia consolidada. Parece evidente que tal não pode ocorrer onde o Parlamento chegou a uma situação do mais franco desprestígio, não se sabendo mesmo qual seria a sua função.

3 – A Limitação Imposta à Reforma Eleitoral

A iniciativa do então presidente da Câmara dos Deputados Eduardo Cunha (PMDB-RJ) de colocar em votação os projetos existentes de reforma política permitiu uma indicação de quais são os sentimentos em relação à matéria da composição que resulta do sistema eleitoral vigente. Na votação ocorrida em 26 de maio de 2015, registraram-se os seguintes resultados:

Lista fechada
A favor 21
Contrários 402
Abstenção 2

Distrital misto
A favor 99
Contrários 369
Abstenção 2

Distritão
A favor 210
Contrários 267
Abstenção 5

Assim, o único projeto que conseguiria obter maioria seria o chamado *distritão*, isto é, a indicação dos eleitos dar-se-ia por ordem dos votos obtidos por candidatos individualmente. Uma clara opção pelo sistema distrital, só que passaria a ser constituído de forma espontânea, ou seja, os distritos não teriam uma configuração prefigurada. Corresponde também a uma clara rejeição do "modelo tiririca", quando o eleitor não escolhe diretamente o seu representante, mas aquele que carreará votos suficientes para eleger até cinco deputados.

Ao que tudo indica, os partidos não dão mostras de haver levado em conta essa mensagem das urnas. Insistem justamente nos projetos derrotados (lista fechada e distrito misto).

O funcionamento em 2017, na Câmara dos Deputados, da Comissão da Reforma Política confirma o distanciamento da liderança política de ter assimilado a linha geral do comportamento da instituição resultante do sistema eleitoral em vigor, hostil às medidas de que possam resultar a abolição do voto no nome dos candidatos, providência típica do sistema distrital embora o vigente seja o proporcional.

Na reforma votada em 6 de outubro de 2017, não prosperou a proposta de recomendar a adoção do chamado "distritão". No encaminhamento dessa proposição não se focalizou o essencial, isto é, de que corresponde à possibilidade de adoção formal do sistema distrital que deixaria de ser padronizado, atendendo às dificuldades de divisão do país em distritos de população ou eleitorado equivalentes. Nem tampouco as mudanças que se verificariam na campanha eleitoral, provavelmente tornando-as menos custosas. Entretanto, a força dos partidários do distritão comprovar-se-ia pela rejeição da tentativa de adoção do sistema distrital misto, ainda que apenas a partir de próximos pleitos.

Afora isto, foram adotadas duas medidas importantes: o fim das coligações em eleições proporcionais e a cláusula de barreira, que tem sido chamada "de desempenho". Esta última será aplicada progressivamente, devendo ser concluída em 2030. Além disto, os percentuais exigidos (2%) são inferiores aos adotados na Europa (5%). Contudo, das novas regras deve resultar a redução do número de partidos políticos. A Câmara aprovou ainda a criação de um fundo para custear as campanhas eleitorais em substituição à proibição de doações de empresas, providência muito criticada.

De acordo com os deputados Rodrigo Maia (DEM-RJ), presidente da Câmara, e Vicente Candido (PT-SP), relator do projeto de reforma política, a votação ocorrida em outubro de 2017 não encerra o debate acerca da temática. Assim, vamos mais uma vez esperar para ver o que acontece. O mais provável é a pura perda de tempo.

CAPÍTULO 29

Obras e Autores Contemporâneos Destacados

A exemplo do que ocorreu em outros ciclos de ascensão do liberalismo, o país passou a contar com expressivo grupo de intelectuais que se ocupam da elaboração do que tenho denominado *Agenda Teórica dos Liberais Brasileiros*[102].

Desde o século XIX, os liberais brasileiros proclamam ser imprescindível conhecer a doutrina liberal elaborada no exterior, ao mesmo tempo que reconhecem ser necessário aplicá-la de maneira criativa às condições locais. Indicou-o expressamente Paulino José Soares, o visconde de Uruguai, no *Ensaio sobre o Direito Administrativo* (1862), ao escrever:

> Para copiar as instituições de um país e aplicá-las a outro, no todo ou em parte, é preciso, primeiro que tudo, conhecer o seu jogo perfeita e

---

[102] Tem essa denominação o volume inicial da nova série dos *Cadernos Liberais*, editado pelo Instituto Tancredo Neves (ITN). Ver: PAIM, Antonio. *Agenda Teórica dos Liberais Brasileiros*. São Paulo: Massao Ohno Editor, 1997.

completamente [...] e não copiar servilmente, como temos copiado muitas vezes mal, mas sim acomodá-lo com critério, como convém ao País.

1 – Liberalismo Social e Liberalismo Conservador

A primeira questão teórica que preocupou os liberais, da geração que ora procuramos caracterizar, reside na forma de conceber as principais vertentes em que se dividiu o liberalismo. As preferências divergem abertamente: uma parcela inclina-se para o conservadorismo liberal (ou liberalismo conservador) enquanto outra opta pelo que foi denominado liberalismo social. Consideram-se liberais sociais Miguel Reale, Marco Maciel, Gilberto de Mello Kujawski e Ubiratan Borges de Macedo. Acham que a palavra "social" está poluída e irremediavelmente comprometida com a tradição patrimonialista, entre outros, Roberto Campos (1917-2001), José Osvaldo de Meira Penna, Donald Stewart Jr. e Og Francisco Leme (1922-2004). Compreende-se que a preocupação destes últimos consista em preservar a diferença entre o liberalismo e a social-democracia, o que a seu ver não conseguiriam os que preferem a vertente indicada.

Creio que não se deve obscurecer o fato de que, no seio do liberalismo, se formam duas vertentes nucleares, justamente o que explica terem surgido na Inglaterra o Partido Liberal e o Partido Conservador no momento mesmo em que ambos se empenhavam no estabelecimento de uma nova forma de governo, o sistema representativo, a que deram origem. É fato que o Partido Liberal acabaria, nos anos recentes, por abdicar de sua existência autônoma ao fundir-se com o Partido Social-Democrata. Semelhante desfecho, contudo, não pode ser considerado inevitável.

A fim de permitir uma discussão aprofundada do tema, seria necessário, a meu ver, partir do estabelecimento do que há de comum nas duas vertentes do liberalismo. E, de modo subsequente, em que se distinguem liberalismo social e social-democracia.

A questão unificadora de todos os liberais é o compromisso com o aperfeiçoamento e a manutenção do sistema representativo. Esse ponto serviu inicialmente para diferenciar o conservadorismo liberal e o tradicionalismo (também chamado de conservadorismo católico). Este não fez as pazes com as instituições do sistema representativo, entendendo que não são corpos naturais como a família ou o município. De sorte que o conservadorismo de Friedrich August von Hayek – ainda que tenha contribuído de maneira decisiva para a compreensão do papel insubstituível do mercado, enriquecendo sobremaneira o liberalismo econômico – tende ao tradicionalismo na medida em que busca alternativa ao sistema representativo. O liberalismo acha-se comprometido com o capitalismo, com o fortalecimento da iniciativa privada, com a prevalência do mercado, etc. Nesse particular, formam um só bloco os liberais sociais e os conservadores liberais. É certo que o keynesianismo havia estabelecido profundas divergências entre ambos. Contudo, na atualidade, o neoconservadorismo tem contribuído pata atenuá-las. O certo é que o keynesianismo fez desaparecer as crises cíclicas, embora desse resultado não tenha advindo a eliminação de fenômenos como a recessão e até fez surgir a chamada estaginflação.

Não se pretende, naturalmente, que estas simples pinceladas possam superar a divergência. Trata-se de averiguar uma linha de aprofundamento do debate. De todo modo, o liberalismo social e o conservadorismo liberal têm uma base comum ampla e consistente, ainda que o primeiro evidencia, mais facilmente, não ter maior proximidade à social-democracia.

Ainda que a social-democracia contemporânea corresponda, sem dúvida, a uma clara aproximação ao liberalismo (abandono da identificação do socialismo com estatização da economia e da utopia da sociedade sem classes), os social-democratas revelaram grande acuidade na busca de defeitos do capitalismo. Contudo, não são capazes de lhe reconhecer os méritos. Andam sempre em busca de remendos. No debate ocorrido na Inglaterra por ocasião das reformas realizadas por

David Lloyd George, notadamente a lei de pensões para os idosos em 1908 e o National Insurance Act de 1911, instituindo seguro para as situações transitórias de desemprego ou a impossibilidade de comparecer ao trabalho por questões de saúde, proeminente liberal da época, Fred Maddison (1856-1937), teria oportunidade de escrever:

> Um estado civilizado deve reconhecer as suas obrigações sociais, e a sua capacidade de fazê-lo como uma resposta efetiva aos pensadores superficiais que estão sempre prevendo a bancarrota da sociedade baseada na propriedade privada, mas, na verdade, acha-se mais bem habilitada a suportar tais encargos que aquela baseada em suas teorias[103].

A proposição de denominar as duas principais vertentes, respectivamente, o liberalismo conservador e o liberalismo social, seria devida a José Guilherme Merquior em seu último livro, *O Liberalismo Antigo e Moderno* (1991), a que nos referimos anteriormente. O mérito de sua análise consiste em mostrar que se trata de um grande tronco comum, que está referido ao curso histórico e não a outras doutrinas, como teremos oportunidade de ver mais detidamente.

2 – O Liberalismo Social na Análise de José Guilherme Merquior

Sem ser democrático em suas origens, soube o liberalismo incorporar o ideal democrático, quando o exigiram as novas circunstâncias históricas e, subsequentemente, a denominada questão social, emergente em decorrência da Revolução Industrial. A compreensão da singularidade

---

[103] Citado em: FREEDEN, Michael. *The New Liberalism: An Ideology of Social Reform*. Oxford: Claredon Press, 2. ed., 1986, p. 202-203. A experiência histórica comprovou ser bem-fundada a crença na capacidade do capitalismo de promover o bem-estar da maioria.

(e da fecundidade) do posicionamento liberal diante do último aspecto parece essencial à sorte do liberalismo em nossa terra. José Guilherme Merquior teve com certeza esta intuição fundamental e atuou de forma que o primeiro aniversário de sua morte acabou comemorado com um grande debate acerca do que se chamou então de *social-liberalismo*. Quero aqui recuperar o fio condutor de sua contribuição a uma visão aprofundada do liberalismo social, na certeza de que a melhor homenagem que podemos prestar a Merquior consiste em tentar apreender o essencial de sua mensagem, tratando de conduzi-la mais longe.

Em *O Liberalismo Antigo e Moderno*, Merquior reconstitui a discussão teórica da qual emergiu o liberalismo social. A linhagem que estabelece cifra-se basicamente no eixo que vai de Thomas Hill Green (1836-1882) a John Maynard Keynes, passando por diversos autores, entre os quais alguns que tiveram alta popularidade no Brasil como Leonard T. Hobhouse e John Dewey (1859-1952). Vicente Barretto chamou a atenção para o fato de que a obra de Hobhouse encontra-se na Biblioteca de Rui Barbosa, sendo presumivelmente a principal fonte inspiradora de sua preocupação com a questão social, no período final de sua vida, tão bem-documentada por Evaristo de Morais Filho[104]. Quanto a Dewey, Anísio Teixeira (1900-1971) traduziu e divulgou parte fundamental de sua obra, de onde se origina a Escola Nova, cuja proposta ainda hoje preserva inteira atualidade. Assim, tanto nas primeiras décadas republicanas quanto nos anos 1930 e no começo do pós-guerra, a liderança liberal brasileira estava atenta ao curso histórico do liberalismo em suas mais importantes expressões, sendo posterior a perda de contato com as expressões maiores da corrente, no período considerado, que Merquior cuida de reconstituir.

O principal na revisita que Merquior faz àqueles autores consiste na comprovação de que se trata de uma discussão de caráter eminentemente

---

[104] MORAIS FILHO, Evaristo de. "Rui Barbosa e a Questão Social". In: BARBOSA, Rui. *A Questão Social e Política no Brasil*. São Paulo: LTr Editora, 1983.

moral e não de qualquer espécie de economicismo, a exemplo do que foi difundo no Brasil.

Na visão de José Guilherme Merquior, Thomas Hill Green soube superar os grandes teóricos liberais do século XIX, como Jeremy Bentham e John Stuart Mill, que, ao enfatizarem de modo apropriado, como o exigia o seu momento histórico, o caráter primordial da liberdade individual, acabaram transmitindo à posteridade uma compreensão limitada da pessoa humana. Escreve Merquior: "Green opôs-se a uma representação do que é humano na qual o conhecimento é, em última instância, reduzido a sensações, e a moralidade, a impulsos, e que encara a sociedade como um amontoado de indivíduos."

E, prossegue:

> Green insistiu em que a ação racional é ditada pela vontade e opção de uma forma que ultrapassa simplesmente o desejo ou a paixão. [...] Para Green, os fins racionais da conduta implicam a compreensão de que, quando falamos em liberdade como algo inestimável, pensamos num poder positivo de fazer coisas meritórias ou delas usufruir [...] A função do Estado, ensinou, devia consistir na "remoção de obstáculos" ao autodesenvolvimento humano. [...] O Estado nunca se podia pôr no lugar do esforço humano para a *Bildung*, ou cultura pessoal, mas podia e devia promover condições favoráveis à vida moral[105].

Conclui deste modo:

> Green deu ao liberalismo um recomeço de vida conjugando os valores básicos dos direitos e liberdades individuais com uma nova ênfase na igualdade de oportunidades e no *ethos* de comunidade. Ao fazê-lo, ele

---
[105] MERQUIOR. *O Liberalismo Antigo e Moderno. Op. cit.*, p. 153.

não conferiu ao novo liberalismo vitoriano tardio qualquer inflexão socialista[106].

Cremos que se deva atribuir a Hobhouse o mérito de haver estabelecido a linha divisória entre liberalismo social e socialismo, ao propor aos partidários do que chamou de "socialismo abstrato", que se viessem juntar aos "homens que estão atacando os problemas dia a dia", segundo o qual os princípios constitucionais na política social de Lloyd George, chefe do governo liberal entre 1906 e 1914, época em que se institui a pensão para os idosos e que se discutiu amplamente a questão do mínimo vital, uma primeira diretriz foi fixada para fazer face ao desemprego. Os socialistas não estavam (nem nunca estiveram) interessados em contribuir para o aprimoramento da sociedade, limitando-se a aceitar aquelas reformas, que, segundo supunham, poderiam colocá-la de forma irreversível no caminho do socialismo. A distinção estava tão clara que um participante do debate então travado, Fred Maddison, como foi registrado precedentemente, teria oportunidade de insistir, segundo referimos, que a sociedade baseada na propriedade privada é que estaria habilitada a disseminar o bem-estar.

A esse propósito escreve Merquior:

> O livro de Hobhouse, *Liberalism*, de 1911, tornou-se o evangelho da nova religião, atribuindo à liberdade positiva no sentido greeniano um fundamento evolucionista. Seu ideal consistia numa sociedade orgânica que proporcionasse à maioria de seus membros "uma igualdade de oportunidades viva de direitos" com oportunidades abundantes para o autodesenvolvimento individual: a principal maquinaria institucional [...] eram agências de bem-estar social financiadas por uma taxação socialmente orientada. Hobhouse acreditava que o pior da luta de classes já passara, uma vez que a tardia riqueza vitoriana podia permitir uma ampla distri-

---

[106] *Ibidem*, p. 154.

buição, enquanto sindicatos responsáveis manifestavam uma capacidade crescente de praticar a democracia[107].

Merquior também enfatiza o lado moral da reforma keynesiana ao lembrar que, nos *Essays in Persuasion* (1931), Keynes escreveu que "o problema político da humanidade consiste em conhecer três coisas: eficiência econômica, justiça social e liberdade individual". Ao que acrescenta:

> O último princípio mostra a força de sobrevivência das preocupações de Mill, mesmo depois de meio século de especificações social-liberais. O segundo apenas comprovava que os novos liberais da Depressão não abandonavam as inquietações humanas, humanitárias e humanísticas da geração Hobhouse-Duguit-Dewey (os mestres sociais que haviam nascido por volta de 1860). Mas o primeiro elemento – eficiência econômica – foi uma lição amarga extraída dos traumas da guerra e da depressão mundiais[108].

É muito interessante e elucidativo o registro contido em *O Liberalismo Antigo e Moderno* da polêmica entre John Dewey e Leon Trotski (1879-1940), a propósito da moral, ao pretender este justificar a feroz repressão que promoveu, juntamente com Vladimir Lenin (1870-1924), contra a Revolta de Kronstadt, entre os dias 1º e 18 de março de 1921, justamente a instituição militar que decidiu a sorte do governo parlamentar e dera a vitória aos bolcheviques. A ética totalitária esgrime o princípio de que "os fins justificam os meios". Esclarece Merquior:

> [...] Dewey salientou que o fim, no sentido das consequências, proporciona os únicos critérios para a moral. Mas se os meios são justificados na medida em que conduzem a fins apropriados, é por isso mesmo mais

---

[107] *Ibidem*, p. 163.
[108] *Ibidem*, p. 174.

necessário examinar cada meio com muito cuidado para determinar inteiramente quais seriam as suas consequências. E fora exatamente isto que Trotski deixara de fazer. Exaltando a luta de classes e mesmo o terror revolucionário como meio para a libertação humana, Trotski prejulgava os meios de uma maneira apriorística. Pois não havia razão por si só evidente para declarar que a luta de classes era o único meio de conseguir a melhoria substancial da condição humana. A resposta de Dewey consistiu numa tranquila vitória lógica do pragmatismo sobre o dogma revolucionário[109].

Em síntese, apresenta uma grande densidade teórica a exposição do liberalismo social na obra de Merquior. Seu ensinamento é também no sentido de que não se pode perder de vista o referencial moral no empenho de eliminar os excessos do keynesianismo: "Keynes não quis que o governo invadisse a esfera microeconômica, mas tal ocorreu, em nome do próprio Keynes, atuando o governo diretamente sobre os salários e os preços[110]."

Segue nesta linha a contribuição fundamental do liberalismo conservador. Na conclusão, insere a seguinte advertência:

> [...] como os gloriosos acontecimentos na Europa Oriental em 1989 tornaram espantosamente claro, a vontade contemporânea de liberdade é um movimento amplo e parece valorizar a liberdade civil e política tanto quanto os mais altos padrões de vida dependentes de grandes influxos de liberdade econômica. Nem o surto ou mais renascimento de liberdade econômica [....] significam o dobre de finados para impulsos igualitários, seja no campo da argumentação ou da prática. Como foi observado por alguns distintos sociólogos como Aron ou Dahrendorf, a nossa sociedade permanece caracterizada por uma dialética contínua, embora cambiante, entre o crescimento da liberdade e o imperativo em

---

[109] *Ibidem*, p. 173-174.

[110] *Ibidem*, p. 177.

direção a uma maior igualdade – e disso a liberdade parece emergir mais forte que enfraquecida[111].

Pode-se inferir, portanto, que o lastro comum entre liberalismo conservador e liberalismo social é muito mais profundo do que parece à primeira vista, sendo injustificável a aproximação que expressivas figuras liberais no país – como teria oportunidade de referir – procurem aproximar o liberalismo social da social-democracia.

Em sua existência relativamente breve, tendo falecido aos 49 anos em 7 de janeiro de 1991, José Guilherme Merquior deu preferência aos temas estéticos, tendo construído expressiva obra de crítica literária e de estudos da literatura brasileira – abordados nos trabalhos *Razão do Poema* (1965), *Arte e Sociedade em Marcuse, Adorno e Benjamin* (1969), *Formalismo e Tradição Moderna* (1974), *A Estética de Lévi--Strauss* (1975), *Verso Universo em Drummond* (1976) e *De Anchieta a Euclides* (1977), entre outros. Ao mesmo tempo, interessou-se vivamente pelas principais correntes da Filosofia contemporânea, à qual dedicou livros como *O Estruturalismo dos Pobres* (1975), *Michel Foucault, ou O Niilismo de Cátedra* (1985), *O Marxismo Ocidental* (1987), *Rousseau e Weber: Dois Estudos sobre a Teoria da Legitimidade* (1990) e *De Praga a Paris: Uma Crítica do Estruturalismo e do Pensamento Pós-Estruturalista* (1991). Tento uma síntese de sua posição política no livro *A Natureza do Processo* (1982), além de ter escrito *O Argumento Liberal* (1983).

3 – O Liberalismo Social de Miguel Reale

No sentido de bem caracterizar as particularidades distintivas do liberalismo social, são muito relevantes as contribuições do professor

---

[111] *Ibidem*, p. 223.

Miguel Reale. Nesta oportunidade, vamos nos limitar a referir a distinção que veio a estabelecer entre democracia social e social-democracia, que considero essencial.

Na denominada Comissão Afonso Arinos, organizada por Tancredo Neves para elaborar anteprojeto de Constituição – que afinal não foi sequer encaminhado ao Parlamento –, apareceu a tendência estatizante que, no final de contas, iria predominar na Assembleia Constituinte de 1987-1988, reunida entre 1º de fevereiro de 1987 e 22 de setembro de 1988. Membro daquela Comissão, o professor Miguel Reale percebeu que estava sendo criada uma grande confusão conceitual. O próprio contribuíra para popularizar no país a denominação democracia social, como capaz de refletir o sentido principal da evolução do capitalismo. Este, ao contrário das previsões apocalípticas dos socialistas do século XIX, não estabelecera a concentração da propriedade e da riqueza, num polo e, noutro, o exército de proletários famélicos. Ao contrário, a propriedade disseminou-se de forma inimaginável. Nos Estados Unidos, havia, em fins do século XX e começo deste, 55 milhões de acionistas. O que significa, então, que um em cada quatro norte-americanos possui ações de empresas. Embora a proposta do liberalismo social estivesse voltada preferentemente para as políticas capazes de fomentar a igualdade de oportunidades, obteve-se significativa igualdade de resultados (distribuição de renda). O outro exemplo dos Estados Unidos: a classe média que tem uma renda familiar entre vinte mil e cem mil dólares anuais correspondia a 70% da população. As famílias pobres, cujos padrões de pobreza nada têm a ver com o que conhecemos, são aquelas de renda inferior a vinte e poucos mil dólares anuais (aproximadamente sessenta mil reais anuais), equivalente a padrões de classe média baixa no Brasil. Nos Estados Unidos são aproximadamente 15% da população. Grosso modo, os ricos andam à volta dos 10% e os muito ricos de 5%. Quando se alardeia os milhões de pobres que existem no mundo, geralmente se esquece de que se trata dos países que deram preferência a outras formas de organização econômica que nada têm a ver com o capitalismo. Nem a adoção aos processos produtivos adotados no Ocidente significa que se trate do capitalista como um todo, que diz respeito justamente à proliferação da propriedade e à distribuição de renda sem precedentes na história da humanidade. A constatação em apreço não pretende obscurecer os defeitos do sistema econômico capitalista que sempre dará origem a formas renovadas de crises, igualmente superadas, sem embargo dos traumas que acarretam.

O fenômeno em causa não mereceu até agora uma denominação consensual que a diferencie do ciclo histórico da fase conhecida como "capitalismo selvagem" – capitalismo manchesteriano na expressão do papa João Paulo II (1920-2005). Para Miguel Reale, conceituá-lo como "democracia social" seria mais adequado, pois chamava a atenção para o que, a seu ver, seria essencial. Pelo menos no Brasil, o alvitre foi aceito e o nome começou a ser empregado com frequência.

Embora não se pudesse prever o colossal desfecho do começo dos anos 1990, a desmoralização da ideia socialista tornou-se crescente na década de 1980. Na Europa Ocidental, a passagem pelo poder de seus representantes, promovendo as denominadas nacionalizações – posse direta pelo Estado de empresas ou atividades privadas –, acarretaria problemas gravíssimos e quase transformou em subdesenvolvida uma economia tão poderosa como a inglesa. As denúncias de Margaret Thatcher e o sucesso do seu programa de privatizações serviram para evidenciar quanto o Brasil se transformou num país parecido com o Leste Europeu: concentração de renda; posse direta do Estado dos meios de produção numa proporção nunca inferior a 70%; aparecimento de *nomenklatura* ávida de maximizar seus benefícios, contraposta à maioria de despossuídos, etc. Aqui também a ideia socialista é enfrentada e contestada. Começa-se a falar com insistência crescente em social-democracia. Ainda que os Partidos Socialistas se denominassem, em muitos casos, Social-Democratas, o último termo adquiriu uma acepção especial em decorrência do Congresso do PSD alemão em Godesberg, realizado em novembro de 1959, quando foram eliminadas de seu programa as referências a Karl Marx (1818-1883) e a agremiação assume o compromisso de lutar pelo aperfeiçoamento do regime implantado na Alemanha Ocidental a partir da Carta Constitucional de 1949, reconhecendo que a sociedade sem classes correspondia a uma utopia, que vinha se revelando extremamente custosa para a humanidade. A experiência iria provar que esse processo de revisão ficou circunscrito aos Partidos Socialistas de poucos países, apenas ganhando amplitude no período subsequente à ascensão de Tony Blair ao governo da Inglaterra em 1997. Este evento representou um novo ciclo de evolução da social-democracia, a que aderiram as agremiações socialistas da Europa Ocidental, com exceção do Partido Socialista (PS) francês, ao mesmo tempo que se radicalizava o seu rompimento com o socialismo, ou, como preferem os trabalhistas ingleses, com a "velha esquerda".

Aqui é que surge plenamente a significação teórica da contribuição de Miguel Reale, no livro em que conta a experiência da Comissão Afonso Arinos[112]. No ensaio intitulado "Democracia Social e Social-Democracia", Reale registra o amálgama eclético em que se transformou a chamada esquerda brasileira, misturando ideias socialistas oitocentistas com nacionalismo xenófobo, freudismo (para "desvendar os complexos recalcados da chamada civilização burguesa"), a confusão imensa que representa a Teologia da Libertação, empenhada em tirar da religião a penha de "ópio do povo" com sacrifício do que tem de escatológica, tudo isso encimado por esse sentimento subalterno que é o ressentimento, mantendo-os presos ao passado, reduzindo suas aspirações a desforrar-se dos desmandos do regime militar. De sorte que a invocação da social-democracia nem sequer toma como referência o empenho diferenciador, em relação aos socialistas, de que estão possuídas as agremiações europeias ocidentais. Ainda que não tenham logra-

---

[112] REALE, Miguel. *Liberdade e Democracia: Em Torno do Anteprojeto da Comissão Provisória de Estudos Constitucionais*. São Paulo: Saraiva, 1987.

do, no caso brasileiro, mantém-se fiel à identificação progressiva entre socialidade e estatalidade. Escreve Miguel Reale:

> Na Social-Democracia, a rigor, não há problemas para resolver, a não ser de aplicação contingente, porque tudo de antemão se destina, a médio ou longo prazo, a um objetivo de fonte marxista, consistente na substituição progressiva da economia capitalista ou da livre empresa por um sistema cada vez mais estatizado de produção, em que o indivíduo deixa de ser protagonista para passar a ser simples elo numérico de uma engrenagem. Não adianta demonstrar que, nos dias atuais, é possível conciliar a livre iniciativa com as exigências da justiça social, a fim de obter-se a mais justa distribuição de renda, inclusive conferindo-se ao Estado funções de fiscalização e controle da vida econômica, pois os adeptos da social-democracia são incapazes de reconhecer as mudanças operadas nas coordenadas históricas, às quais correspondem múltiplas formas de produção e de distribuição dos bens econômicos, sem embargo dos princípios liberais que estão na raiz do Estado de Direito[113].

Ao que acrescenta:

> Em confronto com a Social-Democracia, o que domina o campo da Democracia Social são cinco diretrizes que se completam, a saber:
> a) o reconhecimento da *pluralidade de meios ou vias* aptas à realização do bem comum e da justiça social, sem se ficar condicionado por ideias preconcebidas;
> b) o *critério da eficiência* na escolha da via mais adequada à consecução dos bens culturais em geral, em função da diversidade às vezes imprevisíveis das conjunturas e circunstâncias;
> c) a consideração de cada indivíduo, não apenas como cidadão ou titular de direitos políticos, mas também em sua *situação concreta*, capaz de

---
[113] *Ibidem*, p. 10.

assegurar-lhe *liberdade como poder de decidir e de participar*, tanto dos serviços do Estado quanto da fruição dos benefícios sociais resultantes do progresso científico e tecnológico;

d) a *democratização da propriedade* de modo a assegurar, a quem já a possui, condições de desenvolvimento, com medidas adequadas para o acesso à propriedade àqueles que dela se acham privados; e

e) o balizamento da ação política e econômica pelo respeito ao valor da *liberdade de opção e de iniciativa* considerado como valor preferencial, por ser da essência mesma do homem.

Prossegue Miguel Reale:

Na Democracia Social, ao contrário do que ocorre na Democracia Liberal de linhas clássicas, a liberdade que se quer garantir e realizar não é, por conseguinte, apenas a do cidadão genericamente considerado, mas sim a do "homem situado" na concretude de suas características individuais, sociais e históricas. É desses pressupostos éticos e pragmáticos – libertos de abstratos preconceitos ideológicos – que devemos partir para configurar-se Estado de Direito compatível com as estruturas e exigências tecnológicas de nossos dias, infensos [...] às soluções unilaterais nativistas e estatizantes acolhidas pela chamada Comissão Arinos e que passaram, acrescente-se, de modo literal para a Constituição de 1988.

Deste modo, Miguel Reale conclui:

A opção pela liberdade individual, que constitui a substância da Democracia Social, tanto no plano político e intelectual como no domínio econômico (o que o torna a expressão do liberalismo próprio de nosso tempo), não resulta, portanto, de um ideário abstrato, mas de verdades incontestáveis que são realidades à vista no limiar do nosso século, o qual, liberto de ideologias da passada centúria, vai tomando cada vez mais consciência de si mesmo, pela feliz convergência entre a pluralidade de meios de ação, próprios da era cibernética, e a pluralidade de fins que, quanto mais diversificados, mais realizam as potencialidades criadoras da pessoa humana[114].

Como se vê, a elaboração teórica do liberalismo social, em terras brasileiras, é de nível equiparável ao que se descreve no livro de José Guilherme Merquior, o que ele mesmo teria oportunidade de consignar em seus escritos para a imprensa periódica. As contribuições de Miguel Reale, tão brilhantemente resumidas no ensaio que acabamos de comentar, remontam a textos anteriores[115] e constituem desenvolvimento coerente das premissas estabelecidas em *Pluralismo e Liberdade*[116].

4 – O Liberalismo Social de Marco Maciel

Entre os autores brasileiros que maior esforço têm desenvolvido no sentido de bem caracterizar em que consistiria o liberalismo social, destacaria Marco Maciel, nascido em 21 de julho de 1940. Não se tem descurado de sua obra teórica, mesmo tendo atuado como professor universitário e político de projeção, ocupando os cargos de presidente da Câmara dos Deputados, de 1977 a 1979; de governador de Pernanbuco, entre 1979 e 1982; de senador, de 1983 a 1995 e de 2003 a 2011; de ministro da Educação, entre 1985 e 1986; de ministro-chefe

---

[114] *Ibidem*, p. 13.

[115] Veja-se especialmente: REALE, Miguel "O Modelo Político da Democracia Social". In: *Da Revolução à Democracia*. São Paulo: Editora Convívio, 1977; _____. "A Liberdade como Participação". In: *O Homem e seus Horizontes*. São Paulo: Editora Convívio, 1980; _____. "Da Democracia Liberal à Democracia Social". In: *Por uma Constituição Brasileira*. São Paulo: Revista dos Tribunais, 1985.
Bem como a entrevista inserta na seguinte coletânea: FRANCIATTO, Claudir (Org.). *A Façanha da Liberdade: Uma Discussão sobre a Vitalização, no Mundo, dos Pensamentos Liberal e Libertário*. São Paulo: O Estado de S. Paulo, 1986.

[116] REALE, Miguel. *Pluralismo e Liberdade*. São Paulo: Saraiva, 1963.

da Casa Civil, de 1986 a 1987; e de vice-presidente da República, entre 1995 e 2003.

Ocupa-se sucessivamente de questões educacionais[117], dos problemas teóricos relacionados à aplicação da doutrina liberal no Brasil e da conceituação do que tem sido denominado de liberalismo social[118], bem como daqueles temas que considera importantes para o ordenamento institucional do país (grupos de pressão e arbitragem, entre outros).

Tanto em sua obra teórica quanto em sua vida pública deve ser creditado a Marco Maciel o fato de que alguns temas passassem a ser discutidos de forma a permitir o seu melhor equacionamento. Assim, seria o primeiro homem de Estado a destacar o caráter prioritário da educação para a cidadania, dando essa atribuição ao ensino fundamental, que precisaria, subsequentemente, de uma quantidade maior de séries. A circunstância de que esse nível de ensino tenha sido colocado ao serviço do preparo para o vestibular, envolvendo setores muito articulados da sociedade, bloqueou aquela discussão. De todo modo, pelo menos o entendimento do ensino fundamental como prioritário tornou-se lugar-comum, embora disto não haja resultado que tal princípio fosse de algum modo implementado. O fato de que não se tenha conseguido adequar a aplicação de recursos da União àquele reconhecimento – porquanto continuam sendo absorvidos pela universidade pública – também se explica pela mentalidade corporativa do professorado, que ignora solenemente a situação de alheamento à realidade dos nossos cursos universitários. De sorte que se compreende o esforço que desenvolveu no sentido de ser reconhecida (e regulamentada) a atuação

---

[117] MACIEL, Marco. *Educação e Liberalismo*. Rio de Janeiro: José Olympio, 1987; _____. *Missão da Universidade*. Brasília: Senado Federal, 1990.

[118] MACIEL, Marco. *Liberalismo: Conduta e Doutrina*. Brasília: Senado Federal, 1982; _____. *Liberalismo e Justiça Social*. Brasília: Instituto Tancredo Neves, 1987; _____. *Ideias Liberais e Realidade Brasileira*. Rio de Janeiro: José Olympio Editora, 1989; _____. *Política e Ética*. Brasília: Senado Federal, 1993; _____. *Liberalismo: Conduta e Destino*. Brasília: Senado Federal, 1993.

dos grupos de pressão, a fim de que a opinião pública se dê conta de quais são efetivamente os interesses em jogo. Os liberais admitem a legitimidade de todos os interesses (devendo a Carta Magna explicitar o que não pode ser objeto de negociação e barganha), não havendo por que apresentá-los sempre como correspondendo ao interesse nacional, a exemplo do que ocorre no debate dos temas educacionais no Brasil. O livro *Educação e Liberalismo* (1987), entre outros do autor dedicados à Educação, representa um ponto de referência essencial.

No livro *Liberalismo e Justiça Social* (1987), Marco Maciel procura inserir-se na tradição do liberalismo brasileiro, a começar do próprio Império. Vale a pena conferir como avalia o papel dos liberais na República, ao dizer que Rui Barbosa moldou juridicamente as instituições, enquanto Prudente de Morais (1894-1898) afirma a supremacia do poder civil e Campos Sales restaura a autoridade. Na República Velha, ainda que não haja partidos nacionais, a seu ver, os liberais estiveram atuantes e é à sua bandeira que se recorre em 1930, com a Aliança Liberal. Na fase subsequente, o fato de que o liberalismo clássico tenha perdido muito de sua aura levou a que se vissem excluídos da hegemonia do processo, entregue à oscilação pendular entre populismo e autoritarismo. É a partir dessa trajetória concreta que são instados a reexaminar o seu papel, tendo presente que se a evolução subsequente à Crise de 1929 "pode ter tornado anacrônico o modelo do Estado Liberal Clássico [...] nem por isto sepultou os ideais do liberalismo como doutrina e como prática da liberdade".

À luz dessa perspectiva, aborda os mais importantes temas doutrinários, como o conceito de liberalismo e de democracia liberal, o papel do Estado, a questão das disparidades sociais e as relações entre representação política e outras formas de representação. Focaliza também alguns aspectos do programa partidário do Partido da Frente Liberal (PFL), como a reforma tributária e problemas da região Nordeste.

Marco Maciel entende que o grave problema brasileiro consiste em que tanto a economia quanto a sociedade têm evoluído "com maior rapidez que o Estado, com o seu obsoleto ordenamento jurídico. Quanto mais se acentua essa distância, mais profundas e duradouras foram as crises institucionais que vivemos".

Se traduzíssemos tal entendimento em termos de elites, diríamos que o país formou uma elite técnica respeitável e competente, enquanto na sociedade e na cultura, em que pese os arrochos do autoritarismo, apareceram lideranças expressivas. Contudo, o autoritarismo afetou tremendamente a elite política e destroçou o segmento liberal. Para reconstituí-lo, Marco Maciel trilha o caminho certo ao buscar a ótima combinação entre atuação partidária e formação doutrinária. De modo semelhante, diversos outros próceres no PFL também revelaram preocupações doutrinárias a exemplo de João Mellão Neto, tal como se pode constatar no livro *O Pensamento Liberal Moderno*[119].

5 – A Análise do Liberalismo por Francisco de Araújo Santos

Outros pensadores destacaram recentemente diferentes pontos de vista sobre o tema da diversidade das vertentes liberais. O primeiro deles corresponde ao livro *O Liberalismo*[120], de Francisco de Araújo Santos, nascido em 17 de abril de 1935. Entende que a distinção entre as vertentes liberais provém da maneira como se encara a natureza humana. A tendência a considerá-la estável, no seu entendimento, seria a base do conservadorismo liberal, enquanto a visão oposta estaria na raiz do liberalismo de inclinação essencialmente democrática.

A linhagem conservadora remonta a David Hume (1711-1776), Immanuel Kant e Adam Smith, coroando-se em F. A. Hayek, acerca de quem escreve o seguinte:

---

[119] MELLÃO NETO, João. *O Pensamento Liberal Moderno*. São Paulo: [s.n.], 1990.
[120] SANTOS, Francisco de Araújo. *O Liberalismo*. Porto Alegre: Editora da UFRGS, 1991.

> [...] o mais sério em Hayek é ter-se deixado prender na secreta rede do "idealismo kantiano": há uma estável natureza humana à qual deve se adaptar uma estável Constituição. Os homens se dedicariam à pesquisa (como faz Hayek) ou aos negócios (como fazem os comerciantes e industriais) e deixariam a Constituição em paz. Implícito nisso um juízo sobre a preponderância da atividade econômica em face da atividade política. Ou ainda: um "engessamento" do político em favor de um dinamismo econômico.

Em prosseguimento:

> Restaria ainda a pergunta: como implantar essa Constituição no país que não a tem? Nesse passo, baseado em corolário deduzido de suas premissas kantianas, Hayek, o grande adversário da implantação de sistemas sociais (*social engineering*) acaba se tornando propagandista de um *social engineering* liberal (C. Kukhatas). Está implícita em Hayek a necessidade de transplantar a Constituição dos clássicos do liberalismo escocês, simultaneamente com a impossibilidade de aceitar a plena democracia política. Assim, paradoxalmente, o kantismo de Hayek acentuaria em Hume não o dinamismo programático mas a fixidez idealizada de uma tradição. Sendo correta a análise de críticas recentes, não seria em Hayek, apesar da riqueza de suas análises, que iríamos encontrar o melhor guia, mas noutro gigantesco contemporâneo, Karl Popper[121].

A linhagem democrática encontra seus fundamentos em John Locke. Afirma:

> A ótica de Locke falava em princípios seguros ou certos, mas nos abria para as incertezas de um mundo em que não temos ideias inatas. A mesma

---

[121] *Ibidem*, p. 78.

racionalidade que fundamenta a nossa vontade pode não estar suficientemente iluminada[122].

As grandes personalidades dessa matriz seriam, na visão de Francisco de Araújo Santos, John Stuart Mill, Karl Popper (1902-1994) e Miguel Reale.

Dando continuidade à sua meditação, mais tarde, com Luiz Pilla Vares (1940-2008), publicou *Lucro e Ética*[123].

6 – Os Princípios do Liberalismo Segundo Alberto Oliva

Na mesma linha de buscar um princípio orientador que permita distinguir as vertentes do liberalismo, desta vez acima das diferenças históricas ou nacionais, no livro *Entre o Dogmatismo Arrogante e o Desespero Cético*[124], Alberto Oliva, nascido em 10 de fevereiro de 1950 e atuando há mais de três décadas como professor do Departamento de Filosofia da Universidade Federal do Rio de Janeiro (UFRJ), tentará comprovar a existência de uma gnosiologia capaz de justificar as preferências. As bases dessa teoria do conhecimento seriam lançadas por John Locke ao afirmar que "talvez haja razão em suspeitar-se de que não existe tal coisa chamada verdade ou que a humanidade não tem meios suficientes para alcançar um conhecimento certo".

A construção do que denomina epistemologia moderna muito se deve a David Hume ao mostrar que os procedimentos generalizadores

---

[122] *Ibidem*, p. 35.

[123] VARES, Luiz Pilla; SANTOS, Francisco de Araújo. *Lucro e Ética*. São Leopoldo: UNISINOS, 2003.

[124] OLIVA, Alberto. *Entre o Dogmatismo Arrogante e o Desespero Cético: A Negatividade como Fundamento da Visão de Mundo Liberal*. Pref. Og Francisco Leme. Rio de Janeiro: Instituto Liberal, 1993.

que adotamos por hábito podem não se justificar, do mesmo modo que na sua crítica à inferência indutiva.

O processo coroa-se com o critério de avaliação negativista elaborado por Karl Popper. Eis a síntese de seu conhecido lema: "Um sistema deve ser considerado científico apenas se faz asserções que podem conflitar com observações; e um sistema é de fato testado por tentativas de refutá-lo."

Segundo o entendimento de Oliva, o liberalismo caracteriza-se por este reconhecimento do caráter limitado do poder da razão, enquanto as doutrinas socialistas supõem que suas crenças seriam racionais. É Popper quem adverte: "Racional é suspender a crença."

O argumento básico de Oliva contra a pretensão dogmática de impor o planejamento parece residir no reconhecimento da dispersão do conhecimento. Escreve:

> Ora, se o conhecimento encontra-se disperso pelos indivíduos e se todo enfoque que cada um de nós aplica ao fluxo potencialmente infinito da experiência é sempre seletivo, mesmo quando se está fazendo ciência, então não há como postular a posse de uma sabedoria sobre, por exemplo, o completo funcionamento do Sistema Social. Consequência disso é que não há indivíduo ou grupo capaz de, com base em adequado conhecimento, arvorar-se em planificador da "racionalidade social" e em demiurgo estipulador de como devem as instituições funcionar. Muito do que o engenheiro social vê como imperfeição funcional das instituições não submetidas à direção de uma autoridade central decorre da existência de uma miríade de saberes dispersos e a ampla variedade de projetos que se podem acalentar quando se vive sob a plena vigência da liberdade. Intentar subjugar a planificação central à multiplicidade, sobre a qual não se dispõe de efetivo conhecimento, só é possível pela imposição de um projeto autoritário de regulamentação das ações, cuja ambição maior é reduzir a riqueza e a variedade de perspectivas epistemológicas, existenciais e de competição no mercado, à monocórdia vi-

são dos que, via Estado forte, compelem os indivíduos a se submeterem ao seu projeto político[125].

A partir de semelhante embasamento teórico, Oliva formula concepções negativas da liberdade, da justiça, do Estado e da felicidade. Essa parcela da obra explica o subtítulo adotado pelo autor: "A negatividade como fundamento da visão de mundo liberal".

Em outro livro, *Conhecimento e Liberdade*[126], Oliva alerta quanto ao verdadeiro sentido do holismo, doutrina muito popular entre os sociólogos brasileiros, que nutrem crença segundo a qual os coletivos teriam vida independente dos indivíduos.

Oliva acredita que:

> Uma das principais ameaças à plena liberdade provém de concepções que tendem a caracterizar o coletivo como uma entidade autossubsistente capaz não só de condicionar, do exterior, nossas ações, como também de definir necessidades, e os modos de satisfazê-las, de nossa existência associativa. A personificação de todos se estriba em fabulações interpretativas o mais das vezes destituídas de qualquer valor explicativo e contribui para acalentar mitos sobre a ordem social, que normalmente desembocam em autoritarismo/totalitarismo.

Dando continuidade à sua meditação, entre outros títulos, Alberto Oliva publicou os livros *Ciência & Sociedade: Do Consenso à Revolu-*

---

[125] *Ibidem*, p. 23-24.

[126] OLIVA, Alberto. *Conhecimento e Liberdade: Individualismo X Coletivismo*. Porto Alegre: EDIPUCRS, 1994.

ção[127], *A Solidão da Cidadania*[128] e *Racional ou Social: Anatomia da Razão Científica Questionada*[129].

Na mesma linha das reflexões de Alberto Oliva, devemos citar o trabalho de Mário A. L. Guerreiro, também professor do Departamento de Filosofia da UFRJ, que nos livros *Ética Mínima para Homens Práticos*[130] e *Liberdade ou Igualdade?*[131] apresenta importantes reflexões filosóficas sobre os fundamentos teóricos do liberalismo, principalmente do plano moral.

7 – O Conservadorismo Liberal na Análise de Roque Spencer Maciel de Barros

Ainda no que tange a caracterização das vertentes em que se subdivide o liberalismo, Roque Spencer Maciel de Barros reuniu os artigos que dedicou ao tema, no debate que a esse propósito verificou-se no periódico paulista *Jornal da Tarde*, na coletânea *O Significado do Liberalismo Atual: Uma Controvérsia Brasileira*, publicada pela Editora Expressão e Cultura[132]. Além das análises do próprio organizador, a obra traz ensaios de Vicente Barretto, José Osvaldo de Meira Penna, Ubiratan Borges de Macedo e Alberto Oliva.

---

[127] OLIVA, Alberto. *Ciência & Sociedade: Do Consenso à Revolução*. Porto Alegre: EDIPUCRS, 1999.

[128] OLIVA, Alberto. *A Solidão da Cidadania*. São Paulo: SENAC, 2000.

[129] OLIVA, Alberto. *Racional ou Social: Anatomia da Razão Científica Questionada*. Porto Alegre: EDIPUCRS, 2005.

[130] GUERREIRO, Mário A. L. *Ética Mínima para Homens Práticos*. Pref. Alberto Oliva. Rio de Janeiro: Instituto Liberal, 1995.

[131] GUERREIRO, Mário A. L. *Liberdade ou Igualdade?* Porto Alegre: EDIPUCRS, 2002.

[132] BARROS, Roque Spencer Maciel de (Org.). *O Significado do Liberalismo Atual: Uma Controvérsia Brasileira*. Rio de Janeiro: Expressão e Cultura, 1998.

Roque Spencer Maciel de Barros entende que a recusa de alguns liberais brasileiros de quaisquer considerações em torno do social repousa na subestimação de nossas tradições culturais. Embora entre nós nunca tenha havido capitalismo, atribui-se a este a péssima distribuição de renda com que nos deparamos. Ora, justamente o capitalismo, e não o socialismo, é que se revelou capaz de criar uma sociedade majoritariamente igualitária em termos de situação material. Na Rússia, como em todo o Leste Europeu, a população foi mantida em níveis de pobreza e indigência, considerados os padrões ocidentais, enquanto surgiu burocracia dispondo de toda sorte de privilégios, a chamada *nomenklatura*. Fora daquela área, o que se conseguiu foi *igualdade na pobreza*, para usar a feliz expressão com que Fernando Henrique Cardoso caracterizou o regime cubano. Em síntese, no debate citado avançou a tese de que, ao combater o liberalismo social, os nossos liberais conservadores (que inclusive admitem a denominação "neoliberais") acabam por aceitar passivamente que a bandeira da elevação geral dos níveis de renda da população mantenha-se em mãos dos agrupamentos autoritários, quando a história deste século evidencia que foram os liberais os principais artífices da evolução ocidental naquela direção.

O conservadorismo liberal revelou-se muito atuante no ciclo histórico aqui considerado, embora tenha recusado a denominação. Às vezes seus partidários declaravam que o liberalismo não deveria ser adjetivado; em outras oportunidades, em seu seio admitiu-se que fossem chamados de *neoliberais* (mais recentemente, alguns preferem o rótulo *libertários*). Seria mais apropriado denominá-los diretamente liberais conservadores, sem nenhuma intenção pejorativa. Ao contrário, foram justamente liberais conservadores, no período em causa, liderados por Margaret Thatcher e por Ronald Reagan (1911-2004), que desempenharam um papel revolucionário em nosso tempo, levando à derrocada do socialismo e abrindo uma perspectiva inteiramente nova à Europa, cuja decadência (sob a égide do socialismo) fora proclamada por Raymond Aron. No plano teórico, destaca-se a contribuição dos novos conservadores e dos neoconservadores norte-americanos como Russell Kirk (1918-1994), Irving Kristol (1920-2009), Robert A. Nisbet, Gertrude Himmelfarb, Michael Novak, Norman Podhoretz e tantos outros. No Brasil seus mais destacados representantes seriam José Osvaldo de Meira Penna, Roberto Campos, Donald Stewart Jr. e Og Francisco Leme.

A coletânea *Ensaios sobre Liberdade e Prosperidade*[133], organizada por Aloísio T. Garcia, oferece uma boa síntese dos principais argumentos dos defensores do liberalismo conservador em nosso país ao reunir nove ensaios de cinco autores brasileiros veiculados à corrente. Os capítulos "Uma Visão de Conjunto", de Aloísio T. Garcia, e "Liberalismo", de Og Francisco Leme, apresentam definições do modo como esta corrente entende a tradição liberal. Análises sobre a evolução histórica da tradição liberal são apresentadas nos ensaios "Das Páginas da História ao Estado Moderno", de Aloísio T. Garcia, "Origens e Desenvolvimento do Liberalismo Clássico", de Alex Catharino, e "A História da Liberdade", de José Osvaldo de Meira Penna. Sínteses do pensamento econômico liberal são o objeto dos textos "Liberdade Econômica e Prosperidade", de Og Francisco Leme, "Correntes do Pensamento Econômico: Compreensão e Defesa do Livre Mercado", de Gilberto G. Salgado, e "Argumentos Liberais – Falsos Argumentos Anti-liberais", de Aloísio T. Garcia. Por fim, o ensaio "A Natureza do Processo" aponta uma visão filosófica, sociológica e econômica do desenvolvimento humano criado em consequência da adoção do liberalismo.

8 – O Conservadorismo Liberal de José Osvaldo de Meira Penna

Desenvolvendo grande atividade desde a juventude, José Osvaldo de Meira Penna, que faleceu a 29 julho de 2017, poucos meses depois

---

[133] GARCIA, Aloísio T. (Org.). *Ensaios sobre Liberdade e Prosperidade*. Belo Horizonte: UNA Editora, 2001.

de completar 100 anos em 14 de março, tendo se mantido lúcido e atuante até o fim da vida, construiu obra das mais significativas. Em sua ensaística – integrada por cerca de vinte livros –, aparecem nitidamente duas grandes linhas. A primeira consiste num esforço destinado a desvendar a nossa maneira de ser, mediante uma investigação de natureza psicológica. Contemporaneamente, esse tipo de abordagem costuma enfatizar os aspectos quantitativos e mensuráveis, achando-se muito desenvolvida nos Estados Unidos, ao focalizar determinados comportamentos coletivos.

Meira Penna segue a Escola Europeia, dando preferência a certas categorias arquétipas, a maioria colhida na obra de Carl Gustav Jung (1875-1961). Incluiríamos nessa vertente os livros *Psicologia do Subdesenvolvimento* (1972); *Em Berço Esplêndido: Ensaio de Psicologia Coletiva Brasileira* (1974); *O Brasil na Idade da Razão* (1980); e *Utopia Brasileira* (1988).

A outra linha da ensaística de Meira Penna corresponde à meditação da política em que busca aproximar essa atividade de seus fundamentos morais. São textos dessa índole: *O Evangelho Segundo Marx* (1982); *A Ideologia do Século XX: Uma Análise Crítica do Nacionalismo, do Socialismo e do Marxismo* (1985); *O Dinossauro: Uma Pesquisa sobre o Estado, o Patrimonialismo Selvagem e a Nova Classe de Intelectuais e Burocratas* (1988); *Opção Preferencial pela Riqueza* (1991); *O Espírito das Revoluções: Da Revolução Gloriosa à Revolução Liberal* (1997); e *Da Moral em Economia* (2002), entre outros. Nesta segunda parcela de sua obra as mais notáveis contribuições seriam a recuperação do significado da noção de interesse e a maneira criativa como encara a época moderna à luz do conceito de revolução.

Na visão de Meira Penna, a observação da evolução histórica da humanidade permite concluir que o comportamento humano se estrutura com base numa tensão fundamental que se estabelece entre o egoísmo e o altruísmo. O egoísmo é baseado na natureza humana, de fácil comprovação na atividade espontânea das crianças, mas também a sua antítese, o amor, igualmente de fácil consideração na condição de mãe. Contudo, parece-lhe que

> Em se tratando de uma *polis*, de uma nação ou de um mesmo grupo social, esse sentimento filial só poderá sobreviver, na concorrência vital, em termos de projeção da agressividade egoística de todo o grupo sobre um grupo social adversário.

A tensão antinômica entre os dois impulsos, o egoísta e o altruísta, é insuperável. O homem acha-se irremediavelmente dividido entre os dois polos, e a sociedade somente consegue sobreviver devido à capacidade simultânea de que os homens se acham dotados de vislumbrar a possibilidade de um comportamento racional.

Em sua meditação sobre o tema, Meira Penna teria oportunidade de escrever:

> O comércio no mercado de coisas, de ideias, de interesses, de vales concretos e abstratos – até mesmo a permuta de afetos, como na relação amorosa entre um homem e uma mulher em que a fidelidade mútua é condição de permanência – representa um tipo de comportamento humano racional que se exprime, no âmbito da economia, da cultura e da diplomacia, pela extensão universal da reciprocidade. *Do ut des*: dou em troca do que você me dá. Reciprocidade essencial sob um Estado de Direito que assegura, na medida do possível, a ação da Justiça como equidade de troca. Dessa troca de coisas, serviços, valores, favores e interesses, surge a civilização. Esta é refinada por regras de polidez, de civilidade, comportamento "educado" e moralidade cívica próprias da cultura dos povos avançados. Mas não devemos jamais esquecer que os dois instintos básicos empodocleanos – o da agressividade e o do amor, o do domínio e o da filantropia, o do interesse próprio e o da generosidade, do egoísmo e do altruísmo – permanecem subjacentes, ao nível do inconsciente, como pode ser amplamente ilustrado pela psicologia analítica moderna das profundezas da alma. Por extensão, numa sociedade

livre e democrática que vive seus interesses econômicos abstratos e concretos sob o império da Lei, a irrefragável competição entre homens é de tal modo ordenada que proporciona a seleção natural e estimula o progresso na tensão constante dos opostos. A Isso chamamos cultura.

Prossegue:

Levando em conta a estrutura básica da natureza humana, o cristianismo contrariou-a frontalmente ao pretender incliná-la em favor de uma única daquelas dimensões, o altruísmo e o amor do próximo. Segui-la à risca equivalia à impossibilidade virtual do estabelecimento de qualquer ordem na convivência entre os homens. A solução do enigma viria pela mão de Santo Agostinho ao dizer que o mal e o pecado representam condições inerentes a este mundo. O amor santo só teria curso na Cidade de Deus. E foi assim que se tornou possível a meditação institucional da Idade Média, assegurando a convivência de duas éticas, a primeira patrocinada pela Igreja e a segunda pelo Estado, esta baseada nos costumes naturais, conduzida pelo *amor sui*. Debruçando-se sobre a dicotomia, clérigos e pensadores leigos chegaram à conclusão de que assuntos profanos de poder, política, economia e sexo deveriam permanecer separados da teologia, caminhando por sendas separadas a revelação e a fé, de um lado, e, de outro, a ciência e a razão.

No mesmo texto antes referido, escreve adiante:

E, à medida que evolui a teoria da "dupla verdade" entre muitos que, ao mesmo tempo, se consideram livres pensadores e crentes ortodoxos, a contradição entre os dois reinos do espírito foi aceita como conquista e expansão na mente do homem ativo, atento ao mundo objetivo de intensa rivalidade, sofrimento e violência.

O autor entende que a própria ideia de liberdade econômica – ideia que deu origem ao capitalismo moderno –, que é a liberdade de concorrência e procura ativa do lucro e do interesse egoísta, nasceu em mente de formação calvinista.

Assim, o protestantismo racionalizou a caridade. O sentido da justiça social é adquirido como subproduto do desenvolvimento, sendo hoje os países da Europa Ocidental e da comunidade de língua inglesa os expoentes da mais perfeita igualdade democrática em regime de plena liberdade política, com a supressão da miséria e daqueles excessos de luxos e mordomias da pequena elite governante.

Reconhece que não há unanimidade na concepção do fenômeno, sobrevivendo a crítica das chamadas direita e esquerda. Para ambos, afirma, o capitalista busca apenas os prazeres que o dinheiro pode proporcionar, não sendo coibido por qualquer reserva moral.

Supõe ainda que, em que pese o espantoso monumento da cultura, o homem não pode esconder que a lei da evolução é incompatível com a lei de Cristo. Esta seria a grande revelação do século XX, a que o autor chama de "desmascaramento". Assim o qualifica:

> De um lado a ética calvinista, dominante no subconsciente dos países ricos e líderes do Ocidente, é contestada e criticada internamente, num "imenso exame de consciência", estimulado pela droga e a síndrome do "politicamente correto", que abala na dúvida e no desequilíbrio mental os próprios alicerces dessas prósperas sociedades democráticas. Do outro, a ética "coletivista" secularizou os princípios cristãos, procurando resolver o problema pela força e pela coesão orgânica da comunidade social, cortou, por assim dizer, o "nó górdio" moral através de fórmulas ideológicas aplicadas, opressivamente, pelo Estado. Mas, na forma de sofisma socialista, dissociou inteiramente certos princípios da Justiça cristã de suas raízes viscerais, passando a comunidade a integrar, organicamente, os indivíduos, todos eles numa igualdade cinzenta.

Por fim, acrescenta:

A par do impacto da ciência e do darwinismo, nosso século conheceu também a Jung, cujo ensinamento reside no conflito dos opostos, em nossa própria alma, a intensidade da vida interior. Na psique combatem os arquétipos. Graças a essa contenda íntima, avançamos no processo de individualização em direção ao *Selbst*, a si mesmo, à introjeção da lei em nós mesmos, ao Deus em nós.

Em síntese, ao autor pretende demonstrar que a fonte última dos problemas psicológicos que nos atormentam se encontram no conflito latente entre as duas morais.

Examinando em outro ensaio a ideia da "morte de Deus", que representaria uma espécie de ápice do processo de dessacralização, Meira Penna entende que não corresponde à manifestação de ateísmo, mas a uma espécie de proclamação da plena maturidade do homem. Essa ideia é sugerida pela descoberta de mistérios pela própria ciência e a derrota do marxismo representada pelo fim da experiência soviética. O fim do século marca, portanto, estrondosa vitória do liberalismo. Afirma que pode se tratar também da gestação de um novo mito.

Escreve:

> Segundo o novo mito que está sendo construído pelos poetas mitólogos da física, astronomia e biologia, o Universo teve um princípio num movimento evolutivo dinâmico, através de um tempo contado em partículas infinitesimais e em eras de milhares, milhões, bilhões de anos. Contemplando, no entanto, a visão heraclitana de um mundo em constante processo de mudança e transformação que tanto entusiasmou a Nietzsche, após a primeira e única singularidade, todas as leis da física já estavam determinadas.

E, logo adiante:

> Mais do que poderíamos imaginar, o teísmo dos *philosophes* do Iluminismo, com sua hipótese de um Legislador universal se solidifica como

substrato de uma metafísica matemática moderna. Einstein diria que o Bom Deus não brinca com os dados. Hayek mencionaria a mão invisível que estabelece a ordem espontânea das estruturas sociais, inclusive da economia de mercado num sistema cósmico. Estamos, assim, no terreno da ciência, alcançando um estágio que encontra sua correspondência no âmbito político e social.

Prosseguindo, escreve:

A Idade das Guerras e das Revoluções talvez se esteja encerrando. É, pelo menos, o que propõe, sem muito nos convencer, o jovem intelectual americano Francis Fukuyama, quando introduz a ideia do fim da história, anunciada por Hegel e reinterpretada por Kojeve. Mas se o liberalismo parece triunfante e se, nesse contexto, enterra a história de revoluções, guerras religiosas e conflitos ideológicos, a história do crime e da perversidade humana não está, certamente, finalizada. Sintomas generalizados parecem indicar, ao contrário, que estamos entrando na Idade do Crime. Nem devemos, tampouco, esperar que as "revoluções", no seu limitado sentido político e social, hajam definitivamente cessado.

O que se pode concluir da análise de Meira Penna é que o interesse é a força que move os povos. A possibilidade de disciplina-lo e evitar que resultem num mundo hobbesiano, francamente sem lei e afundando na desordem, resulta da existência no próprio homem, de outro princípio: o altruísmo. Esse processo de disciplinamento, no entanto, não pode consistir na ignorância de que a espontaneidade do interesse é que assegura à sociedade a perspectiva de progresso material. Somente o liberalismo, apoiado no princípio, apresentado por Alberto Oliva, da negatividade e da subjetividade, pode exercitar com sucesso e negar a possibilidade de toda espécie de engenharia social.

A outra contribuição básica cifra-se na amplitude com que elabora o conceito de revolução no supramencionado *O Espírito das Revo-*

luções[134]. Entende que a verdadeira revolução só se configura como tal na medida em que corresponde a alterações substanciais na base moral da sociedade. Mas, simultaneamente, tem feição política. Procederia de um fundo psicológico obscuro.

Essa visão ampla está sustentada na avaliação do percurso histórico da época moderna. Assim, a exposição não é meramente teórica, sendo enriquecida pelos fatos. O método consiste em esgotar cada um aos aspectos apontados, para sobrepor-lhe o subsequente. A síntese encontra-se na parte final quando enfatiza a prevalência dos componentes culturais.

Num primeiro momento, trata de evidenciar como surge e se expressa o novo mito, que, em certo sentido, ou em certa linha, talvez se tenha esgotado neste século, justamente quando atingiu verdadeiro paroxismo através das expressões totalitárias nazista e stalinista, ambas originárias do tronco revolucionário de idêntica feição socialista[135]. O mito da Revolução corresponde ao arquétipo dinâmico da transformação violenta. É um processo de larga gestação e desenvolvimento, no seio da comunidade cristã, situando Meira Penna no século XVI os primórdios do ciclo que ora se esgota com a Revolução Protestante. Adota a tese do poeta e ensaísta Octavio Paz (1914-1998), segundo a qual seria parte de fenômeno mais amplo, a religiosidade, vale dizer, um ato de fé. No entendimento de Meira Penna a questão tem igualmente outra dimensão de fundo psicológico: a revolta contra o Pai.

---

[134] MEIRA PENNA, José Osvaldo de. *O Espírito das Revoluções: Da Revolução Gloriosa à Revolução Liberal*. Pref. Antonio Paim. Rio de Janeiro: Faculdade da Cidade Editora, 1997.

[135] A esse propósito registro aqui a feliz observação de Meira Penna, ao contestar a tese do autor norte-americano Barrington Moore Jr. (1913-2005) segundo a qual o fascismo de Benito Mussolini (1883-1945) seria reacionário e viria "do alto", que adiante transcrevo: "A retórica antiburguesa e antianglo-saxônica era tão intensa no fascismo como é hoje entre as esquerdas, sem embargo de sua origem, no século XIX, precisamente por pensadores 'reacionários' que falavam em nome de um romantismo medievalista do tipo de um Joseph De Maistre e de um De Bonald" (Capítulo 6 - "A autópsia da Revolução, Ellul, Crane, Brintone Barrington Moore").

Em consonância com semelhante propósito estão estudados os momentos mais destacados do aludido processo exemplarmente ilustrado por autores como Georg Wilhelm Friedrich Hegel (1770-1831), Oswald Spengler (1880-1936) e Arnold J. Toynbee (1889-1975), entre outros. Analisa também os estudos que mereceram o fenômeno revolucionário, notadamente aqueles devidos a Hannah Arendt (1906-1975). Não se trata de uma análise fria e impessoal, que o analista distante quer sobretudo julgar. Nosso autor quer compreender e, nesse afã, produziu páginas magníficas como as que escreveu a propósito da dialética do Senhor e do Escravo em Hegel.

A revolução pode dar-se igualmente para restaurar uma ordem antiga, e não simplesmente para impor uma nova ordem. De certa forma pode dizer-se que, tomada a questão no plano do pensamento (sabendo todos nós que as ideias, mesmo as voltadas para a ação e a transformação acabam por acomodar-se a circunstâncias existenciais insuperáveis), a origem do movimento moderno, simbolizado pela Revolução Gloriosa de 1688, ocorrida na Inglaterra, busca reencontrar as raízes daquela condenação ao Estado, através da satanização, expressa na mensagem de Cristo. Com o cristianismo aparece o dualismo Igreja/Estado, facultando eventualmente a dessacralização do segundo e a emergência da democracia.

De sorte que, na presente obra de Meira Penna, de fato, a Revolução não se circunscreve à época moderna e, nesta, não se atém à emergência da vertente que desembocou no totalitarismo do século XX, dando-se igualmente o surgimento do liberalismo. A partir do Capítulo 8, o interesse cifra-se na última dimensão, esclarecida pela profundidade do antagonismo entre liberdade e igualdade. A luta pela igualdade, inquestionavelmente uma aspiração da cultura judaico-cristã (perante Deus todos são iguais) degenera no igualitarismo, que, por sua vez, estabelecerá uma espécie de simbiose com o filho bastardo da democracia: o democratismo. Esta será a oportunidade de que se vale Meira Penna para examinar mais detidamente o conteúdo da mensagem de cunho marxista, com sua ascendência no século XX indo desembocar na Escola de Frankfurt.

A Revolução Gloriosa deu origem à primeira expressão do liberalismo. Se este não logrou nos três séculos seguintes uma vitória plena e inconteste, elaborou um corpo doutrinário altamente consistente que permitiu à sociedade ocidental sobrepor-se e finalmente derrotar o socialismo. A vitória do sistema capitalista resulta, segundo Meira Penna, do "pragmatismo de sua ação política, econômica e cultural". É deveras interessante e original a maneira como focaliza o pragmatismo. Sem aderir aos postulados filosóficos dessa escola, o autor reconhece que ao chamar a atenção para o caráter subjetivo de toda investigação científica ou filosófica,

> ajuda-nos com certa dose de ceticismo diante de todo argumento dogmático e, principalmente, concorre para combater, graças ao bom senso, as construções teoréticas de natureza ideológica que tão funestos resultados tiveram em nosso século.

Parece-lhe ter sido a visão pragmática das coisas que vacinou os anglo-saxões contra as ideologias coletivistas que tanto sucesso alcançaram alhures, permitindo-lhes justamente se tornar o baluarte em defesa da sociedade aberta, liberal, capitalista e democrática.

Entende que a crise pela qual passou o liberalismo tem raízes profundas. A partir de meados do século passado, segundo Meira Penna, vigorou "movimento de opinião no sentido de um retorno ao coletivismo, invocado nos lemas de Igualdade e Fraternidade". Essas tendências coletivistas o Ocidente as "herdou da Igreja católica medieval, tendências que na Alemanha foram reforçadas pelo luteranismo e, nos países católicos, pena influência inquestionável da Contrarreforma".

Do que precede conclui Meira Penna que "a política é o terreno preferido da tentação satânica". Por isto mesmo o papel dos liberais é complementar a horizontalidade da dimensão ideológica com a verticalidade da coordenada ética.

Embora aceite a premissa da Revolução Americana segundo a qual seria uma "quimera supor que qualquer forma de governo possa assegurar a liberdade ou a felicidade do povo, sem a existência de quaisquer virtude nesse povo", nosso autor parece acreditar na vitória universal do sistema representativo e do capitalismo. É certo que Meira Penna distingue-se do comum dos intelectuais ocidentais pelo profundo conhecimento que tem da cultura oriental, talvez porque tenha servido como diplomata naquela parte do mundo, circunstância que deve ter aproveitado para debruçar-se seriamente sobre o tema, como é de seu feitio.

Sem embargo, mesmo os analistas políticos americanos que recusavam qualquer consideração relativa à cultura política – por considerá-la de difícil mensuração –, reconhecem hoje que são escassas as possibilidades de existência de democracia e economia de mercado nos países islâmicos ou na África negra, esta última até hoje afogada em conflitos tribais de ferocidade inimaginável, e aqueles sonhando com teocracia capaz de impor pela força o que seria a pureza dos costumes. De sorte que ganharíamos ao circunscrever a discussão aos limites da cultura ocidental. Se o fizermos, veremos que o capitalismo e o sistema representativo aparecem como invenção dos países protestantes. A França não chega a consistir numa exceção, já que esteve à beira de aderir ao protestantismo e, mesmo na área católica, produziu de inovador o jansenismo, que não consegue escapar ao parentesco. Teríamos que averiguar quais circunstâncias têm favorecido a transição para aquele sistema da Itália e da Espanha. Não terá sido decisiva a presença de vetor supranacional?

Uma palavra final sobre a escolha de uma ou outra das vertentes do liberalismo. Além do fato de as escolhas radicais terem sempre um componente irracional, não creio que deveríamos nos preocupar em produzir juízos finais. Afinal, todas as pessoas que sustentam a bandeira do liberalismo neste século deveriam merecer a nossa compreensão, posto que o fizeram em condições extremamente desfavoráveis. A par disto, provavelmente, levando em conta que desde o início os partidários do sistema representativo dividiram-se em conservadores e liberais, a própria doutrina há de exigir a consideração dos aspectos que uma ou outra das vertentes enfatiza talvez em demasia.

Por sua combatividade, curiosidade intelectual, capacidade de cultivar a amizade e extraordinária devoção ao seu país, Meira Penna certamente se recomenda como exemplo a ser seguido por nossa juventude.

9 – O Liberalismo Econômico de Roberto Campos

Nascido, como Meira Penna, em 1917, mas no dia 17 de abril, e falecido em 9 de outubro de 2001, Roberto Campos, igualmente diplomata de carreira, tem o seu nome indissoluvelmente ligado à temática do desenvolvimento econômico no pós-guerra. Organizador do Banco Nacional de Desenvolvimento Econômico (BNDE) na década de 1950, teve nesta mesma fase atuação destacada na implementação do Plano de Metas, que marca um momento importante da industrialização brasileira. Subsequentemente, pertenceu ao primeiro governo militar, chefiado pelo marechal Castelo Branco, tendo se incumbido de reformas que se revelaram importantes na abertura do país ao exterior. Na década de 1980 ingressou no Parlamento, primeiro como senador pelo Mato Grosso, de 1983 a 1990, e posteriormente como deputado federal pelo Rio de Janeiro, entre 1991 e 1998.

Por sua defesa da participação do capital estrangeiro na consecução daquele projeto e da crítica tenaz ao nacionalismo, foi violentamente combatido pela chamada esquerda. Contudo, viveria o suficiente para alcançar o mais amplo reconhecimento. Como assinalou Gilberto Paim (1919-2013), completou "quatro décadas de debate de problemas brasileiros assinalando a conquista para seu ideário de substanciais parcelas da opinião nacional". É autor de extensa bibliografia, que de certa forma se coroa com a obra autobiográfica *A Lan-*

terna na Popa[136], livro que se tornaria best-seller. Justamente Gilberto Paim muito contribuiu para destacar a crescente atualidade da obra de Roberto Campos acerca da realidade brasileira. A esse tema, além de artigos e ensaios, dedicou-lhe o livro *O Filósofo do Pragmatismo: Atualidade de Roberto Campos*[137].

Pode-se dizer que Roberto Campos é singular entre nossos conservadores liberais por entender que não cabe nenhuma opção radical entre Keynes e Hayek, desde que ambos atuaram (com sucesso) em consonância com a temática do seu tempo. Escreve num dos ensaios incluídos na coletânea *Antologia do Bom Senso*[138]:

> Sob minha ótica, Lord Keynes e Friedrich von Hayek foram os maiores economistas deste século. [...] Quando Keynes chegou a Bretton Woods (1944; conferência que criou o Banco Mundial e estabeleceu o Fundo Monetário Internacional) já era uma legenda internacional. Tinha escrito seu clássico *A Teoria Geral do Emprego, do Juro e da Moeda*, que racionalizou a intervenção governamental para manipular a demanda agregada, com vistas a curar recessões e garantir o nível de emprego. Mas tinha também se notabilizado como profeta. Tem presente, entre outras coisas, que fora uma voz isolada ao vaticinar que o Tratado de Versalhes – impondo "encargos inviáveis e humilhantes reparações de guerra" – geraria "frustração econômica e sede de vingança política, que arruinariam a estabilidade europeia. Hitler provaria mais tarde que Keynes tinha razão.

---

[136] CAMPOS, Roberto. *A Lanterna na Popa: Memórias*. Rio de Janeiro: Topbooks, 1994.

[137] PAIM, Gilberto. *O Filósofo do Pragmatismo: Atualidade de Roberto Campos*. Rio de Janeiro: Editorial Escrita, 2002.

[138] CAMPOS, Roberto. *Antologia do Bom Senso*. Rio de Janeiro: Topbooks, 1996.

Ainda assim, para Roberto Campos a figura intelectualmente mais majestosa do pós-guerra seria Hayek. Escreve num outro ensaio inserido no mesmo livro:

> Hayek tornou-se inicialmente famoso pela coragem com que defendeu as teses de Von Mises contra Barone e Lange, sobre a impossibilidade do cálculo econômico nos regimes socialistas. Atualmente, depois da pirotécnica implosão dos regimes do Leste Europeu e da brusca desintegração da União Soviética, as ideias pelas quais se bateu Hayek tornaram-se senso comum (exceto entre ideólogos de países periféricos).

O Caminho da Servidão[139], lançado originalmente em 1944, parece-lhe consistir na obra máxima desse autor. Ao que acrescenta:

> Foi o homem de ideias que mais bravamente lutou, ao longo de duas gerações atormentadas, pela liberdade do indivíduo contra todas as modas totalitárias, do socialismo soviético ao nazismo. E contra outras formas de opressão resultantes da superposição do Estado burocrático à pessoa humana, a pretexto de interesses sociais que ele próprio, o Estado, reserva para si o poder de determinar.

Prosseguindo no confronto entre as duas personalidades escreveria:

> Lendo em Londres o livro *O Caminho da Servidão*, Keynes escreveu a Hayek que se sentia "comovido", mais do que isso, "profundamente comovido" com as advertências de Hayek sobre os perigos do dirigismo econômico para a liberdade política. Mais tarde, faria ele próprio uma advertência contra o intervencionismo: "Não é função do governo", dizia ele, "fazer um pouco melhor ou um pouco pior o que a iniciativa privada

---

[139] HAYEK, F. A. *O Caminho da Servidão*. Trad. Anna Maria Capovilla, José Ítalo Stelle e Liane de Morais Ribeiro. São Paulo: Instituto Ludwig von Mises Brasil, 2010, 6. ed.

pode fazer. E só fazer o que ninguém mais pode fazer." Donde se conclui que se vivesse mais, ao reconhecer que o problema do pós-guerra não seria a recessão, que ele combateu entre guerras, e sim a inflação. Keynes não seria mais um keynesiano.

Vale a pena insistir nesse aspecto, pois uma parte dos conservadores liberais, entre nós, sobretudo aqueles vinculados ao Instituto Liberal, atribuem diretamente a Keynes a estatização da economia europeia efetivada no pós-guerra pelos socialistas. Henri Lepage, que inclui-se certamente entre os grandes liberais franceses desse tempo, tem chamado a atenção de que a superação do keynesianismo resulta, entre outras coisas, do sucesso que teve em contribuir para a preservação das instituições do sistema representativo em países tão importantes quanto a Inglaterra e os Estados Unidos, justamente o que permitiu que fosse eliminada a ameaça nazifacista. A problemática econômica alterou-se substancialmente nas décadas de 1970 e 1980, o que exigiu a formulação de novas orientações. Isto significa simplesmente que o liberalismo econômico exige adaptações relativamente frequentes, embora as referências aos balizamentos de Adam Smith sempre estejam presentes. Ao contrário do sistema representativo, que se traçou uma linha de aprofundamento a bem dizer perene, do mesmo modo que a defesa do pluralismo no plano cultural. O defeito de alguns adeptos brasileiros da Escola Austríaca – falha em que não incide Roberto Campos – consiste precisamente em desconhecer que a vida social não se resume às atividades econômicas, revestindo-se de idêntica magnitude tanto a vida política quanto a cultural, todas elas exigentes de especificidade.

Roberto Campos é, sem dúvida, uma figura central na formulação do projeto modernizador brasileiro. Aqui também observa-se significativa singularidade nas suas postulações. Reconhece de pronto, fazendo causa comum com os estudiosos do patrimonialismo, "que o capitalismo nunca existiu no Brasil". Como dizia Oliveira Viana: "Somos um país pré-capitalista e até mesmo anticapitalista. Isto se traduz em nossa notória incompreensão da função do lucro e da concorrência."

Somos uma sociedade patrimonialista. O patrimonialismo não é mais que a forma ibérica do mercantilismo europeu do começo da época moderna, isto é, o mercantilismo piorado pela influência cultural da Contrarreforma, dos confiscos da Inquisição e dos resquícios do despotismo árabe.

No entendimento das eventuais saídas do patrimonialismo têm sido aventadas duas alternativas. A primeira consistiria em lograr a implementação de um projeto educacional, centrado na educação fundamental, devotada à educação para a cidadania. Seria este um projeto de longo prazo, sobretudo pelas dificuldades em iniciá-lo desde que praticamente não se tem avançado no sentido de dar ao ensino fundamental uma atribuição própria, capaz de desatrelá-lo do modelo que leva ao vestibular — afinal de contas a única coisa que tem funcionado no sistema educacional compreendido pelos ensinos fundamental e médio.

A outra resultaria do fenômeno da expansão das religiões evangélicas. Os estudiosos da circunstância têm enfatizado que a exemplo do que ocorreu em outras partes do mundo, levar-nos-ia ao capitalismo. As divergências referem-se a prazos. Todos reconhecem que a adesão ao protestantismo torna aqueles que o fazem mais resistentes às condições impostas pela pobreza. Antes de mais nada, passam a cumprir suas obrigações no trabalho com certo rigor. Daí a dar um salto para a riqueza há um abismo. Outros analistas que se têm debruçado sobre o mesmo problema indicam que as novas gerações criar-se-ão num ambiente em que a riqueza não é condenada como acontece nas famílias católicas, podendo até mesmo ser exaltada. Assim, aqueles que tiverem vocação empresarial sentir-se-iam à vontade para seguir aquele caminho.

Roberto Campos seria um participante ativo dessa discussão sobre patrimonialismo em nossa terra e como dele livrar-se. A Roberto Campos pareceu que os mencionados alvitres deixam de levar em conta a experiência dos países que superaram o subdesenvolvimento, em nosso tempo, a exemplo dos chamados Tigres Asiáticos. Segundo essa experiência, embora a educação seja um dado importante, o essencial, parece-lhe, consistiria na capacidade das políticas implementadas de impulsionar aqueles resultados. A nos louvarmos da tortuosa experiência das nossas reformas, certamente uma formulação política mais adequada em muito poderia ter abreviado aquele caminho.

Preocupado sobretudo com o rigor da formulação conceitual, Roberto Campos contribuiu de modo notável para a constituição de uma elite culta, capaz de promover, como dizia, "a transição da era do fetichismo para a era da razão". E concluía com esta palavra acalentadora:

> Sobrevivi suficientemente neste século, que Paul Johnson apelidou de século *coletivista*, para ver minhas posições pró-mercado e antimonopólio passarem de heresias impatrióticas a sabedoria convencional. Aqui, infelizmente, mais lentamente que no resto do mundo.

Entre as contribuições recentes para manter viva e presente as análises de Roberto Campos sobre a circunstância nacional, destacam-se três obras. A primeira é uma antologia elaborada por Aristóteles Drummond lançada em 2015 pela Resistência Cultural sob o título *O Homem Mais Lúcido do Brasil: As Melhores Frases de Roberto Campos*[140]. Outra iniciativa é a coletânea de ensaios *Lanterna na Proa: Roberto Campos, Ano 100*[141], organizada por Ives Gandra Martins e Paulo Rabello de Castro, publicada em 2017 pela mesma editora, reunindo textos de mais de cinquenta autores,

---

[140] DRUMMOND, Aristóteles. *O Homem Mais Lúcido do Brasil: As Melhores Frases de Roberto Campos*. Apres. Lourival Filho; pref. Ives Gandra Martins. São Luís: Livraria Resistência Cultural Editora, 2015.

[141] MARTINS, Ives Gandra; CASTRO, Paulo Rabello de (Org.). *Lanterna na Proa: Roberto Campos, Ano 100*. São Luís: Livraria Resistência Cultural Editora, 2017.

incluindo Adolfo Sachsida, Alex Catharino, Aristóteles Drummond, Armínio Fraga, Guilherme Afif Domingos, Gustavo Franco, Lucas Berlanza, Percival Puggina, Rodrigo Constantino, Roberto Fendt Jr., Ricardo Vélez Rodríguez e Ubiratan Jorge Iorio, entre outros. Por fim, ainda em 2017, o livro coletivo *O Homem que Pensou o Brasil: Trajetória Intelectual de Roberto Campos*[142], organizado por Paulo Roberto de Almeida, reúne ensaios de Antonio Paim, Ives Gandra Martins, Rogério de Souza Farias, Ricardo Vélez Rodríguez, Reginaldo Teixeira Perez, Roberto Castello Branco, Rubem de Freitas Novaes, Carlos Henrique Cardim, Antônio José Barbosa e Paulo Roberto Kramer.

10 – As Contribuições de Donald Stewart Jr.

Nascido em 1931 e falecido em 3 de novembro de 1999, Donald Stewart Jr. foi um dos líderes do grupo de empresários que assumiu a responsabilidade de divulgar, junto ao empresariado brasileiro, as ideias do liberalismo econômico, especialmente na versão que lhe deu Ludwig von Mises e F. A. Hayek, criando para esse fim o Instituto Liberal (IL).

Deste ponto de vista, a iniciativa pode ser considerada como amplamente bem-sucedida, cabendo certamente àquela instituição, pelo menos em parte, a intensa mobilização que o empresariado brasileiro passou a desenvolver nos últimos anos em prol da abertura econômica, da privatização e da extinção dos monopólios estatais, contra a discriminação ao capital estrangeiro, enfim, no sentido de possibilitar a substituição do tradicional patrimonialismo brasileiro por meio do qual o Estado domina a economia, não só regulamentando-a minuciosamente, mas também travestido de empresário, pelo regime capitalista em que a iniciativa privada dá o tom. Segundo referimos, o Instituto Liberal tem

---

[142] ALMEIDA, Paulo Roberto de (Org.). *O Homem que Pensou o Brasil: Trajetória Intelectual de Roberto Campos*. Pref. Sergio E. Moreira Lima. Curitiba: Appris, 2017.

mantido programa editorial voltado para a divulgação da Escola Austríaca, tendo logrado aglutinar grupo muito ativo e criativo de economistas. Para popularizar as ideias daquela escola, Donald Stewart Jr. publicou, em 1986, numa coleção mantida pela Ediouro, o livro *O que é o Liberalismo*, reeditado, entre 1988 e 1999, pelo Instituto Liberal.

Outro representante destacado do Instituto Liberal, Og Francisco Leme havia publicado, por esta instituição, em 1988, um livro muito interessante, com o título bizarro de *Entre os Cupins e os Homens*, no qual, talvez se inspirando em *A Revolução dos Bichos*, de George Orwell (1903-1950), descreve as características básicas do que seria uma sociedade de homens livres, confrontando-a à sociedade totalitária dos "insetos gregários". A ideia básica consiste em que o Estado deve estar a serviço dos homens, ao contrário dos regimes em que os indivíduos são transformados em meios, e o Estado, num fim em si mesmo. Donald Stewart Jr. retoma essa ideia no livro *A Organização da Sociedade Segundo uma Visão Liberal*, publicado em 1997 pelo Instituto Liberal, acrescentando uma parte dedicada às reformas que seria imprescindível efetivar no Brasil.

Stewart louva-se da premissa de que o elemento-chave no desempenho econômico da sociedade seriam as instituições, e não a religião ou a moral, suposição de alguns analistas. Nessa convicção, empreende a caracterização do arranjo institucional adequado à integral conquista do desenvolvimento econômico. O ponto de partida seria uma declaração de direitos centrada na liberdade individual e na propriedade privada.

No tocante à "organização política de uma sociedade que se pretenda liberal", segue a chamada "demarquia" de F. A. Hayek, que na verdade, como apontaram Karl Popper e outras expressivas personalidades liberais, não tem muito a ver com o liberalismo. Como escreve João Carlos Espada:

> Hayek afastara-se gradualmente da visão normativa do liberalismo, tendo aderido a uma perspectiva evolucionista. No modelo da demarquia, o

Poder Legislativo é um corpo vitalício, cujos integrantes não deveriam ter "ocupado, pelo menos nos últimos cinco anos, qualquer cargo no Poder Legislativo, e que não pertencesse a qualquer partido político. Ademais, um membro dessa Assembleia Legislativa deveria ficar impedido, para sempre, de vir a ocupar cargo no Executivo ou de vir a pertencer a partidos políticos. Visa-se com isto evitar categoricamente o envolvimento do legislador com a disputa de poder.

Trata-se, como se vê, de uma instância moral, que no século XIX imaginou-se que poderia ser delegada ao Poder Moderador. Contemporaneamente, no Ocidente desenvolvido, onde vigora o pluralismo religioso, estruturou-se a denominada *moral social de tipo consensual*. Isto significa que questões tais como aborto (para dar uma exemplo atual) somente transitam da esfera moral para o direito na base de acordos consensuais, amplamente discutidos com ampla transparência.

Na esfera propriamente política, o consenso é francamente antidemocrático. A esfera política consiste numa disputa de interesses que, para alcançar uma expressão possível de ser negociada, devem afunilar-se, sendo esta precisamente a missão do partido político. As eleições devem permitir a formação de maiorias capaz de implementar o programa vitorioso. De sorte que o mínimo que se pode dizer da "demarquia" é que nada tem a ver com a ideia liberal e muito menos com o governo representativo. Salvo este senão, a proposta de Donald Stewart Jr. pode ser integralmente subscrita. É interessante destacar que não lhe parece necessária qualquer providência em defesa da empresa privada. Basta que se garanta a liberdade de produzir e competir. A par disto, o livro contém uma proposta de reforma tributária muito bem concebida e fundamentada. A crítica que desenvolve às políticas sociais que temos praticado mereceria a mais ampla divulgação, notadamente os efeitos desastrosos da pretensa proteção do inquilino.

Donald Stewart Jr. tinha consciência do longo caminho que os liberais haviam de percorrer, embora não deixe de registrar os indicadores de que em nosso tempo o vento sopra em favor das ideias liberais. Reconhecendo que algumas das reformas que propõe seriam muito radicais (como deslocar a arrecadação tributária para o nível da municipalidade) pondera: "Manda a paciência que não se tentasse implementá-la sem uma profunda mudança cultural, para que seus efeitos fossem realmente benéficos, e não resultassem numa situação pior que a se quer corrigir."

11 – O Conservadorismo Liberal de João de Scantimburgo

Outro autor que poderia ser agregado ao conservadorismo liberal seria João de Scantimburgo. Historiador de nomeada, membro da Academia Brasileira de Letras (ABL), tem igualmente ativa participação no diálogo filosófico, sendo, junto com Miguel Reale, um dos animadores do Instituto Brasileiro de Filosofia (IBF).

No período recente, João de Scantimburgo procurou revalorizar a nossa experiência imperial, ao enfocar a trajetória do liberalismo brasileiro de maneira diferente da que tem sido considerada. Os estudos que lhe foram dedicados têm procurado estabelecer seus principais ciclos e temas dominantes em cada um deles. No livro a que deu o título de *História do Liberalismo no Brasil*[143], Scantimburgo adota outro partido e trata de averiguar em que medida o liberalismo institucionalizou-se em nosso país. A investigação é deveras inovadora e enriquece sobremaneira o conhecimento que temos desse movimento.

Na visão de Scantimburgo, a elite brasileira do século XIX soube plasmar nas particulares circunstâncias existentes o sistema concebido na Europa para substituir a Monarquia absoluta. Evidencia em seu livro a complexidade da engrenagem institucionalizada, a prudência

---

[143] SCATIMBURGO, João de. *História do Liberalismo no Brasil*. São Paulo: LTr, 1996.

com que se procedeu para consolidá-la e, finalmente, sua eficácia, comprovada por meio século de estabilidade política, fenômeno que jamais se repetiria na história brasileira. Na complexa organização do Império, destaca o Poder Moderador, o Conselho de Estado, o Conselho de Ministros, o Senado vitalício, a Câmara dos Deputados temporária, o Poder Judiciário e os Partidos Políticos.

Scantimburgo procura evitar a idealização do Segundo Reinado. Pergunta explicitamente: foi perfeito o liberalismo no Império? Responde de forma negativa, ponderando que não se pode imaginar sociedades isentas de contradições mesmo quando tenham alcançado desenvolvimento pleno, a exemplo da Suíça, do Japão ou da Escandinávia. Contudo, o sistema liberal do Império alcançou inegável homogeneidade política. A disputa não se travou em termos ideológicos, mas no plano eleitoral. A atividade econômica, por sua vez, estava a cargo dos próprios empresários.

A República truncou o processo de institucionalização do liberalismo no Brasil. A partir mesmo da Primeira República, dirigida em geral por homens de formação liberal, na sequência dos governos militares iniciais, "o liberalismo político teve de se acomodar à força da oligarquia perrepista". Nos demais períodos, o desvirtuamento acentuou-se. Em suma:

> Vê-se que o governo liberal comporta no Brasil mais de uma espécie, o monárquico e o republicano, o parlamentar do Império e o presidencial da República. E inscreve-se em várias Repúblicas, tendo sido uma delas, a do Estado nacional e a da ditadura militar, totalmente eclipsado pela censura aos meios de comunicação e de todo o aparato que caracteriza os governos discricionários.

No ponto de partida, o projeto é inquestionavelmente liberal. Neste século republicano, contudo, os períodos que se podem caracterizar como liberais foram intervalares. Embora recuse prospecções, Scantimburgo não parece acalentar maiores ilusões quanto à efetiva possibilidade de institucionalizar-se o liberalismo no Brasil contemporâneo. O intervencionismo econômico, que se tem mantido incólume, em que pese a abertura política dos últimos anos, dá bem uma ideia das dificuldades que temos pela frente.

Na conceituação de liberalismo com que o livro se inicia, Scantimburgo quer retomar a tradição dos grandes liberais católicos. Indica que a crítica que a Igreja lhe dirigiu no século XIX se refere a aspectos que não lhe são intrínsecos. Volta, assim, à proposta de João Camilo de Oliveira Torres no sentido de "libertar" o liberalismo daqueles excessos "tomando-o na acepção de cidadela da liberdade com o supremo reconhecimento do valor da pessoa"[144]. Nesse particular, melhor seria distingui-lo do liberalismo chamando-o diretamente de democratismo, como faz Meira Penna, autor do prefácio ao livro que ora comentamos. Com efeito, o que foi chamado de "liberalismo radical", por sua filiação a Jean-Jacques Rousseau (1712-1778) e à Revolução Francesa, tem pouco a ver com a autêntica doutrina liberal, sendo mesmo a matriz originária de regimes autoritários e totalitários. Enfatizaria ainda que o grande pecado da República se encontra no abandono do afã obsessivo com que os liberais do Império perseguiram o aprimoramento da representação. A retomada daquele empenho talvez consista no fio condutor que possa conduzir-nos, finalmente, ao feliz desfecho do processo original.

Outros autores têm contribuído para a formulação da "agenda teórica dos liberais brasileiros". Seriam eles: Ricardo Vélez Rodríguez; Gilberto de Mello Kujawski; Roque Spencer Maciel de Barros, Celso Lafer e Ubiratan Borges de Macedo.

---

[144] TORRES, João Camilo de Oliveira. *A Libertação do Liberalismo*. Rio de Janeiro: Casa do Estudante, 1949.

12 – O Liberalismo na Obra de Ricardo Vélez Rodríguez

Ricardo Vélez Rodríguez nasceu na Colômbia em 15 de novembro de 1943, tendo sido ali, ainda muito jovem, depois de concluir o curso superior, um dos pró-reitores da Universidad de Medellín. Vindo ao Brasil, para concluir o mestrado e o doutorado, integrou-se ao nosso convívio, aqui constituiu família, acabando por naturalizar-se, tornando-se um dos nossos principais pensadores liberais, com notáveis contribuições ao entendimento da evolução política nacional. É autor de estudo definitivo sobre o castilhismo[145], tendo ajudado a estabelecer a filiação de Vargas e do Estado Novo àquela doutrina, inspirada pelo positivismo de Comte. Vélez Rodríguez recuperou o significado da obra de Oliveira Viana para a sociologia brasileira[146] e publicou também os livros *A Propaganda Republicana* (1982), *A Ditadura Republicana Segundo o Apostolado Positivista* (1982) e *O Trabalhismo após 1930* (1982), tornando-se um dos colaboradores da já citada obra coletiva *Evolução do Pensamento Político Brasileiro*. No tocante à difusão da doutrina liberal, é um dos autores de *Evolução Histórica do Liberalismo*, analisado no presente volume. Entre os temas de sua preferência destacaria o Estado Patrimonial. Nesse particular, procurou fixar o papel modernizador que teve na Espanha e no Brasil. Preocupa-o sobretudo desvendar a forma pela qual Itália e Espanha – países católicos tradicionais que resistiram bravamente à Revolução Industrial – superaram o patrimonialismo, na esperança de, por esse meio, recolher ensinamentos que nos possam ser valiosos. Ao tema dedicou entre outros o ensaio "Catolicismo y modernidad: la función moralizadora de la Iglesia", incluído, na edição lançada apenas em castelhano, de *Estado, cultura y sociedad en la América Latina* (1997).

---

[145] VÉLEZ RODRÍGUEZ, Ricardo. *Castilhismo: Uma Filosofia da República*. Porto Alegre: EST-UCS, 1980.

[146] VÉLEZ RODRÍGUEZ, Ricardo. *Oliveira Viana e o Papel Modernizador do Estado Brasileiro*. Londrina: Editora UEL, 2ª ed., 1997.

No estudo das tradições culturais ibero-americanas, Vélez Rodríguez singulariza-se por valorizar o processo de legitimação da Monarquia espanhola na Idade Média, notadamente a circunstância de que, tanto em Aragão quanto em Castela, o rei não podia impor tributos sem o consentimento dos súditos. Naquele período, as Cortes são a expressão de um direito consuetudinário (visigótico) que remonta à época da formação do país, subsequente ao fim do Império Romano. De sorte que o liberalismo não equivale à importação exógena, correspondendo o surto de desenvolvimento e modernidade, que empolga atualmente a Península Ibérica, clara manifestação de sua vitalidade. O patrimonialismo que ali se radicou provém dos oito séculos de ocupação muçulmana. Enxerga a preservação daqueles valores no conservadorismo colombiano e em outras manifestações do pensamento político latino-americano. Louvando-se do profundo conhecimento que tem da cultura dos principais países dessa parte da América, acredita firmemente que os surtos autoritários que experimentamos no século passado – prolongando-se no presente, acrescente-se – seriam epidérmicos e transitórios, sendo a tradição contratualista (liberal) o substrato perene e duradouro da cultura, que acabará encontrando formas apropriadas de radicar-se definitivamente em nosso meio.

A temática do patrimonialismo tem ocupado um lugar de destaque entre as preocupações filosóficas do autor nos últimos anos. Sobre o assunto publicou recentemente os livros *Patrimonialismo e a Realidade Latino-Americana* (2006), *A Análise do Patrimonialismo Através da Literatura Latino-Americana* (2008) e *A Grande Mentira: Lula e o Patrimonialismo Petista* (2015).

Merece destaque também a atuação de Ricardo Vélez Rodríguez ao divulgar sucessivos estudos sobre o pensamento tocquevilleano por intermédio de diversos artigos e do livro *A Democracia Liberal Segundo Alexis de Tocqueville* (1998). Outra notável contribuição desse autor no entendimento da evolução do liberalismo brasileiro consiste na obra *O Liberalismo Francês: A Tradição Doutrinária e sua Influência no Brasil*, lançada no formato digital em 2011, mas ainda inédita na versão impressa.

13 – O Pensamento Liberal de Gilberto de Mello Kujawski

Nascido em 14 de dezembro de 1929, Gilberto de Mello Kujawski ocupa posição destacada na contemporânea filosofia brasileira onde, juntamente com Ubiratan Borges de Macedo e outros estudiosos, representa a corrente orteguiana. Autor de extensa bibliografia, tem se dedicado à elaboração teórica de questões muito complexas. Nesta oportunidade, vamos registrar apenas o aspecto a seguir, pela relevância da distinção que estabelece entre dois conceitos-chaves na política. Temos em vista o livro *A Pátria Descoberta*[147] (1992), na qual critica o nacionalismo e o opõe ao patriotismo.

Kujawski mostra que a constituição das nações é uma obra complexa e dilatada no tempo. Seu primeiro traço consiste em congregar numa unidade superior agrupamentos de menor densidade. Essa unidade superior é alcançada não apenas pela agregação das partes, mas pela emergência de um projeto comum.

A forma agressiva do nacionalismo é associada pelo autor à Revolução Francesa. Desde então o patriotismo que havia desempenhado um papel positivo, como elemento aglutinador do processo de constituição das nações, tornou-se a "medida de todas as coisas", justificando toda espécie de violência. O nacionalismo é a via pela qual as nações fecham-se umas às outras. Kujawski transcreve as palavras de Augustin Barruel (1741-1820), o abade Barruel, proferidas em 1798, quando aparece pela primeira vez uma referência ao termo: "O nacionalismo ocupou o lugar do amor geral. [...] Foi assim permitido desprezar os estrangeiros, enganá-los e ofendê-los. Essa virtude foi chamada de patriotismo."

A trajetória do nacionalismo é conhecida, tendo ressuscitado a ideia imperial e criado a instabilidade na Europa com as sucessivas conflagrações que culminaram nas duas guerras mundiais, nutrindo no resto do mundo a ação do imperialismo. A tarefa que Kujawski coloca aos liberais é a seguinte:

---

[147] KUJAWSKI, Gilberto de Mello. *A Pátria Descoberta*. Campinas: Papirus, 1992.

A partir da Revolução Francesa, o patriotismo tornou-se sinônimo de nacionalismo. Nosso trabalho daqui em diante será dissociar, nitidamente, o patriotismo do nacionalismo e mostrar como este último pode ser a forma do antipatriotismo.

As nações consolidam-se com mais vigor e presteza quanto mais longa é a capacidade de assimilação de tudo que vem de fora, sejam ideias, técnicas, mercadorias, modelos de conduta ou propostas. Nesse embate é que o projeto nacional adquire contornos nítidos e duradouros. O nacionalismo é uma forma de colocar-se na contramão da história. Nosso passado recente é rico de ensinamentos nessa matéria. A política de informática levou-nos a um atraso colossal. O nacionalismo é, pois, o principal responsável pelas dificuldades que atravessamos, sobretudo na medida em que está associado ao agigantamento do Estado. Trata-se na verdade de um grosseiro equívoco supor que o Estado possa apresentar-se como solução. O Estado constitui, precisamente, o problema.

Os liberais repudiam o nacionalismo, mas apostam no patriotismo. Este não teme o contato com o estrangeiro e confia na sua capacidade de assimilação e incorporação do que vem de fora, sem risco de desfigurar-se, preservadas as melhores tradições nacionais.

A Pátria Descoberta é, pois, rica de ensinamentos, sendo impossível resumi-los todos, cumprindo apenas chamar a atenção para a magnitude do confronto.

14 – O Liberalismo de Roque Spencer Maciel de Barros

Nascido em 5 de abril de 1927 e falecido em 8 de maio de 1999, Roque Spencer Maciel de Barros inclui-se entre os liberais mais destacados do período contemporâneo, no qual ora nos detemos, sendo provavelmente um dos que detêm maior reconhecimento pelo legado. Ao contrário do comum dos intelectuais brasileiros, que chegaram ao liberalismo vindos do marxismo ortodoxo ou de outras variantes do socialismo, desde a época de sua formação acadêmica, no início do pós-guerra, aderiu à vertente liberal e a ela se manteve fiel apesar do clima desfavorável vigente em grande parte desse período. No auge dos governos militares, quando o "milagre econômico" parecia demonstrar a definitiva falência daquele ideário, publicou em 1971 a já mencionada *Introdução à Filosofia Liberal*, obra que serviu de alento e de guia para muitos dos recém-vindos. Seu entendimento da doutrina coroa-se com *Estudos Liberais*[148]. Contém pouco mais de uma dezena de ensaios, todos muito densos, devotados ao esclarecimento de conceitos-chave da doutrina liberal, oportunidade em que aborda temas da máxima atualidade, como a relação entre liberalismo e democracia; o caráter falacioso da chamada "democracia participativa"; as condições sob as quais poderiam ser preservadas as designações de esquerda e direita, para mencionar o mais importante. O texto transcrito a seguir serve para demonstrar o que entendia como expressivo da doutrina.

> O liberal pode acreditar na liberdade como um dado metafísico constitutivo do homem – é o caso de Kant ou Locke, para quem a liberdade é um poder, não da vontade, mas do homem de fazer ou não fazer o que ele quer; como pode afirmar, ao contrário, um determinismo radical, como Stuart Mill ou o Voltaire de tantos textos; pode acreditar num Deus ou numa providência, como Tocqueville, pode fazer a crença da divindade depender da moralidade humana, como Kant, ou pode ser um agnóstico como David Hume ou, modernamente, como Karl Popper, pode, mais uma vez como Kant, ver na história do homem os sinais de uma marcha, ainda que não inelutável, para melhor e dotada de um sentido, como pode encarar a História como o resultado contingente de múltiplos acasos, inteiramente destituída de sentido finalístico (ou mesmo de qualquer sen-

---

[148] BARROS, Roque Spencer Maciel de. *Estudos Liberais*. São Paulo: T.A. Queiroz, 1992.

tido) como não é raro entre liberais modernos. Pode até mesmo – como no caso de lorde Acton e dos "católicos liberais" – aproximar catolicismo e liberalismo. Esses exemplos mostram bem que o liberalismo pode assumir, do ponto de vista filosófico, várias e diferentes faces que são suficientes para caracterizá-lo como um "sistema" e impeditivas de concebê-lo como uma ideologia[149].

Quer dizer, antidogmático por excelência, apostando na sociedade aberta, que propicie a livre negociação dentre os diversos interesses.

Rosilene de Oliveira Ferreira procedeu à ampla caracterização da obra política desse autor no estudo *Liberalismo Trágico em Roque Spencer Maciel de Barros*[150].

15 – O Liberalismo no Pensamento de Celso Lafer

Celso Lafer, nascido em 7 de agosto de 1941, aposentou-se como titular da cadeira de Filosofia do Direito na tradicional Faculdade de Direito da Universidade de São Paulo (USP), função em que foi precedido por figuras centrais da cultura brasileira, tendo sabido colocar-se à altura da responsabilidade, como se pode verificar no conjunto de sua obra. A par disto, exerceu altas funções na diplomacia brasileira, inclusive a de ministro das Relações Exteriores, em 1992 e entre 2001 e 2002. A exemplo dos autores considerados precedentemente, limitar-me-ei a destacar o que se poderia considerar um acréscimo importante à contribuição brasileira para o enriquecimento da doutrina liberal, remetendo o leitor a uma de suas obras, nas quais expõe de forma magistral o seu entendimento da matéria. Temos em vista o livro *Ensayos*

---

[149] *Ibidem*, p. 9.

[150] Disponível no site do Centro de Documentação do Pensamento Brasileiro: <http://www.cdpb.org.br/liberalismo_tragico_rosilene.pdf>.

Liberales, publicado em 1993 numa primorosa edição dos *Breviários*, da Editora Fondo de Cultura Económica, sendo uma versão ampliada de *Ensaios Liberais*[151].

Celso Lafer considera que os direitos humanos vêm se constituindo numa espécie de vetor, evidenciando-se que transitam do plano da idealização (ou da reivindicação), para transformarem-se numa conquista positiva, além de ganharem maior generalidade, internacionalizaram-se e expressam-se de uma forma específica.

Depois de passar em revista a evolução do entendimento sobre o que primeiro se constituiu numa meditação sobre os deveres para finalmente incorporar a questão dos direitos, uma verdadeira reviravolta, como diz, avança a seguinte pergunta: "Porque hoje os direitos do homem estão sendo afirmados com tanto vigor e por que representam uma luz num quadro de sombras?"

Sua resposta é da maior amplitude e não teria sentido tentar resumi-la aqui. Gostaria apenas de chamar a atenção de que insere meditação sobre uma questão central: as relações entre ética e política.

16 – A Contribuição de Ubiratan Borges de Macedo ao Liberalismo Brasileiro

Muito da feição assumida pela versão contemporânea do liberalismo brasileiro deve-se ao trabalho desenvolvido, no Rio de Janeiro, por Ubiratan Borges de Macedo. Nascido em São Paulo em 21 de agosto de 1937, concluiu a Faculdade de Direito na Universidade Federal do Paraná, em 1960, e, simultaneamente, o curso de Filosofia na Pontifícia Universidade Católica do Paraná (PUC-PR). Durante o ano de 1963 fez curso de especialização em Direito na Universidade de São Paulo (USP) e entre 1967 e 1968 estudou Filosofia Social e História

---
[151] LAFER, Celso. *Ensaios Liberais*. São Paulo: Siciliano, 1991.

da Filosofia, em nível de pós-graduação, na Universidade de Louvain, na Bélgica. Fez o mestrado em Filosofia na Pontifícia Universidade Católica do Rio de Janeiro (PUC-Rio), tendo concluído em 1976, e o doutorado na mesma área na Universidade Gama Filho (UGF), na mesma cidade, defendendo, em 1984, a tese *Os Caminhos da Democracia no Brasil: Um Estudo de História das Ideias*. Seguiu o magistério na UFPR, onde chegou ao cargo de professor titular, aposentando-se nessa condição, além de ter pertencido ao corpo docente da Escola Superior de Guerra (ESG), no Rio de Janeiro, e do Colégio Interamericano de Defesa, em Washington, nos Estados Unidos. Atuou também como professor dos cursos de pós-graduação em Filosofia e em Direito da UGF e do programa de doutorado em Direito da Universidade do Estado do Rio de Janeiro (UERJ). Faleceu em 16 de julho de 2007.

Tendo vivido alguns anos nos Estados Unidos, na década de 1980, Ubiratan Borges de Macedo valeu-se da circunstância para dar continuidade à aproximação com os centros do pensamento liberal no exterior, iniciada por Carlos Henrique Cardim nos anos 1970. De volta ao Brasil, estruturou o Círculo de Estudos do Liberalismo, que promoveu debates sistemáticos tanto do liberalismo clássico quanto do moderno. Ali nasceu a coletânea *Evolução Histórica do Liberalismo*, que abordamos em capítulo anterior.

Coube a Ubiratan Borges de Macedo, igualmente, o mérito de haver chamado a atenção para o significado do liberalismo doutrinário, tanto para a radicação da doutrina no continente europeu como no Brasil, no século XIX, levando em conta que essa doutrina nascera e se mantivera isolada nas ilhas britânicas ao longo de todo o século XVIII. É pioneiro no estudo de nossa primeira experiência de constituição do governo representativo, no Segundo Reinado, que nos proporcionaria meio século de estabilidade política, o que nunca mais sucedeu em nossa história. As principais análises do autor sobre esta temática aparecem no seu livro *A Liberdade no Império: O Pensamento sobre Li-*

berdade no Império Brasileiro (1977), reeditado com o título *A Ideia de Liberdade no Século XIX: O Caso Brasileiro* (1997).

Ubiratan Borges de Macedo também suscitou a hipótese de que, após a derrocada do socialismo, o debate dos liberais passa a travar-se com os social-democratas. Essa hipótese veio a ser explorada por aquele Círculo de Estudos, de que resultaram textos sobre os comunitaristas, nos Estados Unidos, e sobre os social-democratas na Europa.

No entanto, neste momento limitar-me-ei a chamar a atenção para a brilhante solução que deu ao conflituoso tema da justiça social em seu livro *Liberalismo e Justiça Social*[152], no qual começa por evidenciar como essa ideia tornou-se definidora do século XX para em seguida traçar-lhe a história desde os primórdios. Em continuação, mostra como a entenderam os primeiros formuladores do liberalismo social (Thomas Hill Green, Leonard T. Hobhouse, etc.), os marxistas e a Igreja católica, enunciando os marcos fundamentais da meditação contemporânea. Depois dessa visão panorâmica, deter-se-á na análise circunstanciada de dois posicionamentos básicos diante da matéria, a saber: o católico e o liberal.

Segundo Ubiratan Borges de Macedo, os católicos em sua maioria consideram a justiça social como na virtude, vale dizer, uma regra interna de perfeição moral. Assim, não corresponde a um estado de coisas independente das pessoas, mas um princípio orientador da ação dos cristãos. Segundo o seu entendimento, os católicos que enxergam na justiça social um estado futuro da sociedade, a ser alcançada pela revolução, discrepam do grande estuário formado pela tradição do Magistério Romano. Acha mesmo que o papa João Paulo II encerra o ciclo em que a instituição condenava o capitalismo, reduzindo essa condenação ao período inicial (manchesteriano) do século XIX, anterior à legisla-

---

[152] MACEDO, Ubiratan Borges de. *Liberalismo e Justiça Social*. São Paulo: Ibrasa, 1996.

ção protecionista do trabalho, dando agora a sua adesão ao capitalismo ocidental moderno, ou economia de livre mercado.

Embora divergindo em certa medida, os liberais partem de pressupostos comuns. Ubiratan Borges de Macedo destaca o reconhecimento de que a sociedade formulou regras consagradoras da proteção dos direitos sociais, razão pela qual não cabe discutir abstratamente questões relacionadas ao direito natural. A segunda linha de convergência corresponde à recusa da busca de uma igualdade de resultados. Os liberais estão engajados nos programas capazes de assegurar a igualdade de oportunidades, já que as pessoas, por aptidões individuais inalienáveis, a partir dessa conquista social comum (igualdade de oportunidades), certamente produzirão efeitos diversos. O terceiro pressuposto aceito por todas as vertentes é a concepção da sociedade como uma ordem não planejada.

O autor minimiza a divergência de F. A. Hayek com a ideia de justiça social concebida segundo os pressupostos antes explicitados. Segundo supõe, admite o que chama de "justiça dos comportamentos", isto é, a obediência a regras fixadas por um tipo de justiça processual que conduza à igualdade de oportunidades e reconheça a impossibilidade de influir sobre os resultados. Caberia lembrar aqui que já dizia Max Weber: a justiça que se proponha assegurar a igualdade de resultados deve começar por cometer a suprema injustiça de punir os bem-dotados. A esse propósito, Ubiratan Borges de Macedo conclui com as seguintes palavras:

> Esta afirmação não tira o valor da justiça nem atenua o significado da ordem instaurada sobre ela: mas indica apenas, sob outro aspecto, a necessidade de recorrer às forças bem mais profundas do espírito que a própria ordem da justiça.

Desde o começo da década de 1970, Ubiratan Borges de Macedo colaborou de modo decisivo com o desenvolvimento em nosso país dos estudos sobre o liberalismo, publicando diversos ensaios em diferentes periódicos, em especial na *Revista Brasileira de Filosofia* e na *Convivium – Revista de Filosofia*. Alguns desses textos se encontram nas coletâneas *Metamorfoses da Liberdade* (1978), *A Presença da Moral na Cultura Brasileira: Ensaio de Ética e História das Ideias no Brasil* (2001) e *Democracia e Direitos Humanos: Ensaios de Filosofia Prática – Política e Jurídica* (2003).

17 – O Conservadorismo Liberal de Russell Kirk na Análise de Alex Catharino

Discípulo tanto de Ubiratan Borges de Macedo quanto de Og Francisco Leme, o historiador e editor Alex Catharino assumiu a responsabilidade de dar-nos conhecimento da obra de Russell Kirk, aprofundando os debates acerca da vertente conservadora do liberalismo. Nascido em 4 de julho de 1974 e tendo iniciado sob a orientação de seus dois mestres o estudo sistemático do pensamento liberal no começo da década de 1990, publicou alguns estudos sobre o liberalismo clássico[153], os fundamentos teóricos desta doutrina[154], as especificidades dela em diferentes ambientes nacionais[155], as raízes morais das teorias econômicas liberais[156], as relações entre a Escola Austríaca de Economia e o conser-

---

[153] CATHARINO, Alex. "Origens e Desenvolvimento do Liberalismo Clássico". In: GARCIA, Aloísio T. (Org.). *Ensaios sobre Liberdade e Prosperidade*. Belo Horizonte: UNA Editoria, 2001, p. 59-81.

[154] CATHARINO, Alex. "Liberalismo". In: BARRETTO, Vicente; CULLETON, Alfredo (Eds.). *Dicionário de Filosofia Política*. São Leopoldo: UNISINOS, 2010, p. 307-13.

[155] CATHARINO, Alex. "Liberalismo Clássico e Filosofias Nacionais". *Anais de Filosofia*, n. 9, p. 47-71 jul. 2002.

[156] CATHARINO, Alex. "Origens e Evolução da Ciência da Riqueza e da Pobreza: Uma Análise Histórica da Filosofia Social dos Economistas Clássicos". *Metanoia*, n. 4, p. 31-58, 2004.

vadorismo norte-americano[157], e a recepção do pensamento misesiano no Brasil[158].

O fato de ter morado nos Estados Unidos em 2002, como pesquisador visitante da Atlas Network, e de 2010 até 2017, como pesquisador residente do Russell Kirk Center for Cultural Renewal, associado ao trabalho, entre 2005 e 2010, como representante em nosso país do Acton Institute for the Study of Religion and Liberty, permitiu ao autor ter oportunidade, assim como Ubiratan Borges de Macedo, de dar continuidade à aproximação com os centros do pensamento liberal no exterior.

Além do trabalho editorial nos periódicos acadêmicos *PHOÎNIX*, entre 1995 e 2000, *COMMUNIO: Revista Internacional de Teologia e Cultura*, desde o ano de 2007, e *MISES: Revista Interdisciplinar de Filosofia, Direito e Economia*, entre 2013 e 2015, está envolvido com a edição das obras de diversos autores nacionais e estrangeiros. Dentre os autores nacionais em que está empenhado na reedição, merece destaque as obras do historiador e filósofo mineiro João Camilo de Oliveira Torres. No caso dos pensadores internacionais, é atualmente o responsável pela edição das obras completas de Ludwig von Mises em língua portuguesa e também dos trabalhos de outros representantes da Escola Austríaca, pela LVM Editora, bem como está envolvido nas edições dos livros do historiador católico galês Christopher Dawson (1889-1970) e do conservador norte-americano Russell Kirk pela É Realizações Editora.

---

[157] CATHARINO, Alex. "A Escola Austríaca entre a Tradição e a Inovação". *MISES: Revista Interdisciplinar de Filosofia, Direito e Economia*, v. I, n. 2, p. 305-323, jul.-dez. 2013.

[158] CATHARINO, Alex. "Menos Marx, Mais Mises: Uma Nova Esperança para o Brasil". In: MISES, Ludwig von. *As Seis Lições: Reflexões sobre Política Econômica para Hoje e Amanhã*. Apres. Murray N. Rothbard; prefs. Ubiratan Jorge Iorio e Margit von Mises; intr. Bettina Bien Greaves; posf. Alex Catharino; trad. Maria Luiza X. de A. Borges. São Paulo: LVM, 2017, p. 215-281.

No caso específico do pensamento kirkiano, foi o responsável tanto pela publicação, desde 2008, da tradução de diversos ensaios do conservador norte-americano no periódico *COMMUNIO* quanto pelas edições brasileiras dos livros *A Era de T. S. Eliot: A Imaginação Moral do Século XX*[159], *A Política da Prudência*[160] e *Edmund Burke: Redescobrindo um Gênio*[161], tendo escrito ensaios introdutórios e notas explicativas para as três obras, que contextualizam tais trabalhos para a audiência brasileira. No entanto, limitaremos nossa análise ao livro do próprio Alex Catharino, intitulado *Russell Kirk: O Peregrino na Terra Desolada*[162].

O trabalho em questão faz parte da chamada Biblioteca de Crítica Social, cuja coordenação é do conhecido filósofo Luiz Felipe Pondé e tem como objetivo disponibilizar ao público brasileiro obras introdutórias ao pensamento de importantes intelectuais do século XX. Até o momento já foram lançados, além do volume que analisaremos, os seguintes títulos: *Leo Strauss: Uma Introdução à sua Filosofia Política*, de Talyta Carvalho, *Gertrude Himmelfarb: Modernidade, Iluminsmo e Virtudes Sociais*, de José Luiz Bueno, *Thomas Sowell: Da Obrigação Moral de Ser Cético*, de Fernando Amed, e *Theodore Dalrymple: A Ruína Mental dos Novos Bárbaros*, de Maurício G. Righi.

Mesmo tendo como propósito fundamental ser uma introdução ao pensamento kirkiano, o livro de Alex Catharino apresenta algumas

---

[159] KIRK, Russell. *A Era de T. S. Eliot: A Imaginação Moral do Século XX*. Apres. Alex Catharino; pref. Benjamin G. Lockerd Jr.; trad. Márcia Xavier de Brito. São Paulo: É Realizações, 2011.

[160] KIRK, Russell. *A Política da Prudência*. Apres. Alex Catharino; intr. Mark C. Henrie; trad. Gustavo Santos e Márcia Xavier de Brito. São Paulo: É Realizações, 2013.

[161] KIRK, Russell. *Edmund Burke: Redescobrindo um Gênio*. Apres. Alex Catharino; pref. Roger Scruton; trad. Márcia Xavier de Brito. São Paulo: É Realizações, 2016.

[162] CATHARINO, Alex. *Russell Kirk: O Peregrino na Terra Desolada*. Pref. Luiz Felipe Pondé. São Paulo: É Realizações, 2015.

inovações que merecem ser destacadas. O primeiro aspecto é o fato de a maioria dos analistas focar na importância do legado das reflexões do estadista e pensador irlandês Edmund Burke para o modelo conservador de Russell Kirk, ao passo que, sem negligenciar tal herança, a presente obra ressalta o papel fundamental das críticas literária e social do ensaísta, poeta, dramaturgo e editor T. S. Eliot (1888-1965) como uma fonte essencial para o conservadorismo kirkiano. Outro fator a ser destacado é o fato de o autor ter consultado para elaboração do livro documentos nunca antes pesquisados, como textos de palestras e correspondências inéditos.

Ao definir tal estudo como um "refinado percurso", no prefácio do livro, Luiz Felipe Pondé apresenta o "filósofo e historiador do pensamento conservador" Russell Kirk como "autor de uma delicada teia de reflexão que reúne política, crítica literária, moral e espiritualidade". Destaca ainda que:

> O livro que o leitor tem em mãos é, de certa forma, um diálogo entre Kirk e T. S. Eliot, poeta, escritor e crítico anglo-americano que viveu entre os séculos XIX e XX, referência essencial e às vezes pouco notada entre nós, para entendermos a sofisticada resistência que caracteriza o pensamento kirkiano à tentativa de fazer do mundo um terreno baldio[163].

Dividido em quatro capítulos principais, o livro é composto também por uma introdução, um quinto capítulo com uma seleção de citações de trechos de livros de Russell Kirk, uma conclusão e uma bibliografia. Cada um dos capítulos tem como título um excerto de alguma obra de T. S. Eliot. O primeiro capítulo, intitulado "O destino do homem é o trabalho contínuo", aborda a biografia de Russell Kirk. Em nossa análise, nos deteremos no segundo capítulo, intitulado "A

---
[163] *Ibidem*, p. 15-16.

comunicação dos mortos", que tem como objeto uma apresentação geral do pensamento cultural e político kirkiano.

Na obra *The American Cause [A Causa Norte-Americana]*, de 1957, Russell Kirk defendeu que um indivíduo sem princípios pode sucumbir ao barbarismo e à selvageria. Em se tratando de uma nação sem princípios é uma nação incivilizada. Desenvolvendo essa tese, acrescenta que todas as sociedades civilizadas são compostas por três princípios: o moral, o político e o econômico. Fundado na religião, o princípio moral garante uma correta definição da pessoa ao apontar os seus direitos e deveres, além de ressaltar a imperfectibilidade dos projetos humanos. O princípio político trata das relações públicas dos indivíduos entre si e com o Estado, por ser a autoridade legítima ao representar os valores da sociedade e o garantidor da ordem externa da comunidade. Quanto ao princípio econômico abrange as relações privadas de produção e trocas, além de preconizar e tentar fazer vingar o papel limitado do governo como colaborador no desenvolvimento material da sociedade enquanto mero árbitro de conflitos em potencial.

A par disto, refere ainda que a vida da comunidade política, nas diferentes sociedades da civilização ocidental, é norteada pelas ideias cardeais de justiça, liberdade e ordem. Comentando essa afirmação, Alex Catharino afirma que o entendimento kirkiano das ideias cardeais de justiça e liberdade não costuma criar dificuldades de compreensão, posto que são apresentadas pela maioria dos autores da grande tradição do Ocidente. Entende, entretanto, que o conceito de ordem exige consideração na medida em que seria objeto de críticas negativas. Lembra que a crença em uma ordem transcendente ou corpo de leis naturais que regem a sociedade, bem como a consciência, corresponde ao primeiro cânone do pensamento conservador, apresentado no livro *A Conservative Mind [A Mentalidade Conservadora]*, de 1953. E, ainda que a sociedade civilizada requeira ordens e classes, em oposição à ideia de uma sociedade sem classes, corresponderia ao terceiro cânone.

Esclarece que para Russell Kirk a ordem pressupõe arranjo harmonioso entre a ordem da alma, denominada ordem moral, e a ordem da comunidade, denominada ordem constitucional. Assim, corresponde ao instrumento adequado para enfrentar as visões reducionistas.

Alex Catharino apresenta as indicações comprovatórias de que Russell Kirk longe de corresponder a fenômeno isolado integra um amplo movimento.

> A resistência intelectual aos desvios da mentalidade moderna, tal como apresentada pelo pensamento conservador kirkiano, não é fenômeno isolado, mas faz parte de um movimento tradicionalista mais amplo que teve como arraias a publicação dos livros *The Attack on Leviathan* (1938), de Donald G. Davidson (1893-1968); *Ideas Have Consequences* (1948), de Richard Weaver (1910-1963); e *The New Science of Politics* (1952), de Eric Voegelin (1901-1985). Juntamente com a obra *The Quest for Community*, também publicada em 1953, de Robert A. Nisbet (1913-1996), o lançamento de *The Conservative Mind* foi o ápice desse processo em defesa da ordem.
>
> As primeiras reflexões kirkianas sobre a matéria, entre a segunda metade e a primeira das décadas de 1950 e de 1960, foram orientadas essencialmente pelas considerações de Edmund Burke e dos humanistas cristãos; contudo, a meditação de Russell Kirk acerca da ordem agregou paulatinamente o pensamento de T. S. Eliot e de Eric Voegelin, em um segundo momento, e, por fim, as contribuições de Christopher Dawson (1889-1970), Gabriel Marcel (1889-1973), Hans Barth (1904-1965) e Simone Weil (1909-1943)[164].

Creio que a citação a seguir resume o essencial:

> A mentalidade conservadora defendida por Russell Kirk não deve ser entendida à luz do "logicismo" moderno como mera construção intelectual, pois "a convicção não é produzida pela lógica da linguagem nem pela acumulação dos fatos" e "o verdadeiro conhecimento não é o produto de

---

[164] *Ibidem*, p. 50-51.

uma razão metódica". Nesse sentido, acima de qualquer outra definição, o conservadorismo kirkiano é uma disposição de caráter que nos move a lutar pela restauração e pela preservação das verdades na natureza humana, da ordem moral e da ordem social, legados pela tradição, fatores que, necessariamente, levam à rejeição de todos os esquemas racionalistas apresentados pelas diferentes concepções ideológicas, visto que, tal como expresso no quinto cânone em *The Conservative Mind*, o conservador esclarecido deve "ter fé no uso consagrado e desconfiança em sofistas, calculistas economistas", que querem reconstruir sociedade com base em projetos abstratos[165].

A caracterização precedente se completa pela tese segundo a qual

A essência dessa política da prudência advogada por Russell Kirk não pode ser entendida como doutrina política, mas, acima de tudo, como "um estilo de vida forjado pela educação e pela cultura", que se expressa numa "forma de humanismo cristão, sustentado por uma concepção sacramental da realidade", em que fatos e circunstâncias culturais, como a moral e as instituições sociais não são acidentes históricos, mas "desenvolvimentos necessários da própria natureza humana". O conservadorismo kirkiano encontra sua plenitude na promoção da concepção de Imaginação Moral e na defesa do ideal de Educação Liberal como meios de preservação da Tradição e de revitalização da Cultura[166].

Dando continuidade a este raciocínio, ao discutir o lugar de T. S. Eliot no pensamento kirkiano no terceiro capítulo, intitulado "Onde a palavra ressoará?", o autor discute os conceitos de Tradição e de Cultura. A noção de Tradição é entendida por Russell Kirk como "a preserva-

---

[165] *Ibidem*, p. 53.
[166] *Ibidem*, p. 56.

ção da continuidade no meio da mudança"[167], ao passo que a Cultura, na perspectiva kirkiana, assume a mesma percepção sociológica moderna adotada por T. S. Eliot e por Christopher Dawson. Por fim, o capítulo 4, designado "É o fardo que lhe foi destinado", discute a análise do pensamento eliotiano por Russell Kirk, enfatizando a importância das noções de Imaginação Moral e de Educação Liberal.

Além de enfatizar as diferenças entre T. S. Eliot e Russell Kirk, na conclusão o autor faz uma crítica, fundada em Eric Voegelin, ao ceticismo de algumas vertentes do pensamento conservador, ressaltando que o conservadorismo kirkiano não se enquadra nessa categoria. Um ponto a ser notado é a comparação do tipo de conservadorismo proposto por Russell Kirk com as reflexões de alguns autores brasileiros, dentre os quais são elencados os nomes de José da Silva Lisboa, o visconde de Cairu; Bernardo Pereira de Vasconcelos (1795-1850); Joaquim Nabuco (1849-1910); Gilberto Freyre (1900-1987); João Camilo de Oliveira Torres; e Ubiratan Borges de Macedo.

Alex Catharino elaborou também uma pormenorizada bibliografia de livros e ensaios publicados por Russell Kirk, evidenciando a amplitude de sua produção intelectual. Entre outras coisas, verifica-se que prestou o devido tributo às suas grandes admirações: Edmund Burke e T. S. Eliot. Esse levantamento é acrescido da lista dos estudos dedicados ao pensamento kirkiano, igualmente impressionantes, das obras de Eliot, bem como dos livros e artigos publicados a seu respeito. A bibliografia insere ainda a indicação dos estudos referentes ao conservadorismo.

Mantendo-se fiel, simultaneamente, aos princípios sociológicos e econômicos hayekianos de Og Francisco Leme e às reflexões históricas e filosóficas de Ubiratan Borges de Macedo, o estudo de Alex Catharino sobre o pensamento kirkiano aponta um caminho possível para um diálogo entre o liberalismo conservador e o liberalismo social. O traba-

---

[167] *Ibidem*, p. 72.

lho de Alex Catharino também procura ressaltar a importância de não se negligenciar o legado da tradição liberal brasileira, ao mesmo tempo que acentua a necessidade de um maior conhecimento da doutrina elaborada no exterior.

18 – As Análises Liberais de Bruno Garschagen e de Lucas Berlanza

Destacaria por fim duas obras de jovens escritores que encontraram ampla receptividade junto aos leitores: *Pare de Acreditar no Governo: Por Que os Brasileiros Não Confiam nos Políticos e Amam o Estado*[168], de Bruno Garschagen, e *Guia Bibliográfico da Nova Direita: 39 Livros para Compreender o Fenômeno Brasileiro*[169], de Lucas Berlanza.

Nascido em 15 de novembro de 1975 e formado em Direito, Bruno Garschagen é mestre em Ciência Política e Relações Internacionais pelo Instituto de Estudos Políticos (IEP) da Universidade Católica Portuguesa (UCP), onde atualmente cursa o doutorado. Atua como colunista dos jornais *Extra* e *Gazeta do Povo* e professor do curso de pós-graduação em Escola Austríaca do Instituto Ludwig von Mises Brasil (IMB), além de ser o responsável pelo podcast desta instituição.

Na introdução do livro *Pare de Acreditar no Governo*, veja-se como o próprio autor apresentada a questão "Por que os brasileiros não confiam nos políticos e amam o Estado?" sugerida no subtítulo da obra, e o modo como pretende respondê-la ao longo do trabalho:

---

[168] GARSCHAGEN, Bruno. *Pare de Acreditar no Governo: Por que os Brasileiros Não Confiam nos Políticos e Amam o Estado*. Pref. João Pereira Coutinho. Rio de Janeiro: Editora Record, 2015.

[169] BERLANZA, Lucas. *Guia Bibliográfico da Nova Direita: 39 Livros para Compreender o Fenômeno Brasileiro*. Pref. Rodrigo Constantino. São Luís: Resistência Cultural, 2017.

Mas de onde vem essa mentalidade? Quais são os elementos de nossa trajetória política que ajudam a entender a ideia de que cabe ao governo resolver os problemas sociais, políticos e econômicos? Por qual razão nós brasileiros, apesar de não confiarmos nos políticos, a quem dedicamos insultos dos mais criativos e variados, pedimos que o governo intervenha sempre que surgem problemas?

São respostas para essas perguntas que tentei encontrar ao longo de nossa história desde que os portugueses aqui chegaram para construir um país e deixaram um profundo legado cultural e político que ajuda a explicar a nossa relação com o governo. A outra parte é exclusividade nossa, ao contrário do chavão que culpa sempre os portugueses e a Igreja católica por todos os nossos infortúnios. Conhecer a nossa história política – assim como as ideias, as ideologias e os personagens centrais da cadeia de comando – é a maneira adequada de descobrir e reconhecer os erros para podermos reformar o que precisa ser reformado e eliminar o que deve ser eliminado.

Para tentar esclarecer a origem da nossa peculiar relação com o governo e a nossa situação atual, busquei informações e explicações de autores brasileiros e portugueses numa bibliografia selecionada que também inclui trabalhos acadêmicos (artigos, dissertações de mestrado e teses de doutorado).

Eis a ideia: reunir numa conversa intelectual brasileiros que refletiram sobre a cultura política do Brasil. Presumi que só conseguiria desvendar os pontos centrais resumidos no título deste livro a partir de um diálogo entre os filhos da mesma pátria, e destes com a Nação que nos gerou. Por isso, são restritas as referências às ideias de autores que não brasileiros e portugueses.

Dada a dificuldade de encontrar livros populares com uma narrativa sequencial do governo no Brasil desde 1500, a começar relo rei de Portugal na época da chegada de Pedro Álvares Cabral, decidi contar a história ordenadamente mostrando quem governou e em qual período, além de um breve perfil de seus governos. O livro começa com Dom Manuel I e termina com Dilma Rousseff, comprovando que nada é tão ruim que não possa piorar[170].

---

[170] GARSCHAGEN. *Pare de Acreditar no Governo. Op. cit.*, p. 21-22.

O livro é dividido em oito capítulos, cada um dedicado a um período específico da história nacional. Uma bem-humorada narrativa dos fatos históricos é utilizada como meio para explicar o fenômeno do intervencionismo em nosso país. De acordo com Bruno Garshagen:

> A dinâmica da atuação estatal exerce uma dupla influência: 1) afeta diretamente as nossas vidas nos âmbitos social, político e econômico e 2) colabora decisivamente para, junto com a diligência dos estatistas (intelectuais, professores, artistas, jornalistas, empresários), formar um imaginário popular em uma mentalidade na qual o governo é o astro em qual toda a sociedade gravita[171].

Mais adiante, continua o autor:

> O estatismo no Brasil não é um improviso; é obra de séculos. É o resultado de um longo exercício de um tipo de política e de difusão e ocupação ideológica dos intervencionistas do passado e do presente na literatura, na dramaturgia, nas artes plásticas, na música, no cinema, no mercado editorial, no jornalismo, na política, na universidade.
> Quando os intervencionistas ocupam certos departamentos das universidades, como os de Ciências Sociais, História, Política, Economia, transformam o ensino em instrumentos da ideologia, moldando gerações de intelectuais e professores militantes, que, imbuídos dessa mentalidade, formarão outras gerações igualmente comprometidas. O positivismo foi, talvez, o primeiro exemplo desse tipo no Brasil, muito embora a Universidade de Coimbra tenha servido ao propósito de formar gerações da elite política intervencionista[172].

---

[171] *Ibidem*, p. 262.

[172] *Ibidem*, p. 263-264.

O desfecho de tal análise sobre as bases culturais do intervencionismo leva à seguinte reflexão:

[...] Se no passado monarquista o Estado moldava apenas a elite política, a partir do Governo Vargas, com a democratização do ensino, o governo passou a modelar a sociedade por meio da escola.
No âmbito da política formal, a consequência da militância ideológica dentro e fora das universidades não foi apenas a polarização atual entre dois partidos socialistas (PT e PSDB), mas o intervencionismo como orientação política geral e como eixo central dos programas dos 32 partidos oficialmente registrados no Brasil.
Todos os partidos compartilham, em graus diferenciados, um programa intervencionista. Mesmo aqueles que não se declaram socialistas ou comunistas abraçam diversos tipos de tutela estatal. Um exemplo? O Democratas (DEM), antigo Partido da Frente Liberal (PFL), propõe "manter sob controle nacional o processo de desenvolvimento". Qual outro partido discorda dessa posição? Nenhum.
Um dos principais problemas da política formal brasileira é justamente a unidade intervencionista dos partidos, o que transforma o eleitor brasileiro em refém de agendas que variam em grau, nunca em natureza. Essa uniformidade traduz-se diretamente no comportamento dos Poderes Executivo, Legislativo e Judiciário.
Isto não significa, porém, que a permanência e o desenvolvimento da natureza intervencionista do Estado e do governo ao longo da história tornem equivalentes os méritos e deméritos dos sucessivos governos e presidentes. Se podem ser enquadrados como intervencionistas, foram efetivamente diferentes no plano ético, moral, ideológico e administrativo.
As consequências estão todas aí para serem verificadas, analisadas e reformadas. Somos hoje uma sociedade culturalmente adoecida e diminuída pelo espaço ocupado pela política e pela ideologia, que, se têm o seu papel na vida de qualquer sociedade que se pretenda civilizada,

não devem, por outro lado, ter a relevância que possuem em nossa cultura[173].

A análise prossegue com as seguintes palavras:

Nossa cultura política se constituiu tanto de cima para baixo, por aqueles que controlavam o poder no âmbito federal, estadual e municipal, quanto de baixo para cima, pelos partidos e militantes de ideologias intervencionistas. Por isso, não é possível explicar o problema brasileiro de uma maneira tão simples, até pelo fato de que temos uma parcela da responsabilidade na história do intervencionismo nacional. Isto porque permitimos, por ação ou omissão, que o governo se transformasse no principal agente social, e que algo tão importante quanto a política fosse deixada na mão daqueles que parecem representar o que temos de pior[174].

Bruno Garschagen aponta para uma possível solução para nossos problemas culturais e políticos:

Uma mudança no imaginário popular e na mentalidade política e o desenvolvimento de um ambiente livre do estatismo e dos fundamentos da tradição autoritária e intervencionista da política brasileira tornarão possível aprimorarmos a nossa sociedade e adotarmos as referências positivas, como exemplo e estímulo. Uma sociedade com influências virtuosas tem condições de aumentar o nível médio em todos os segmentos, inclusive na política, viabilizando a formação de elites dignas desta qualificação.
Mas só uma mudança institucional não adianta; só uma reforma cultural não adianta. Precisamos de ambas: a transformação na cultura permitirá e preservará a mudança constitucional, e contribuirá na formação de uma sociedade independente e vigilante dentro da qual emergirão as elites po-

---

[173] *Ibidem*, p. 264-265.

[174] *Ibidem*, p. 269.

líticas preocupadas em preservar esses elementos fundamentais, que, por sua vez, serão respeitados e conservados pelas instituições[175].

Mesmo reconhecendo o peso de nossa tradição patrimonialista, o autor defende a possibilidade de mudança cultural e institucional em nosso país, que poderá ocorrer por intermédio de uma maior difusão do pensamento liberal, tal como se tem verificado nos últimos anos. Eis como o fenômeno é descrito:

> Felizmente, há indícios de que parte da sociedade brasileira mudou ou está em processo de mudança. Nas escolas, nas universidades, nos institutos, nas instituições políticas e jurídicas, na imprensa, nas editoras, nas redes sociais, já há muita gente pensando de forma diferente e agindo para mudar o *status quo*. As manifestações de 2015 contra o governo do PT, que levaram às ruas de vários cantos do país milhões de brasileiros, foram uma prova disso: além de terem sido convocadas por grupos desvinculados dos atores políticos tradicionais (partidos políticos, sindicatos, movimentos sociais de esquerda), a agenda pela redução do tamanho e do papel do Estado ganhou relevância pública.
> Nesse processo de apresentação de ideias diferentes daquelas consagradas e muito bem-estabelecidas, a internet se transformou em uma grande ferramenta. O trabalho de divulgação de concepções culturais, políticas e econômicas divergentes nos permitiu ter acesso a um amplo universo de conhecimento sem o qual seria impossível pensar e respirar fora do esquema criado e alimentado pelos estatistas e intervencionistas de diferentes cores ideológicas[176].

Em parte, a conclusão de Bruno Garschagen é uma reafirmação de algumas posições do liberalismo conservador, ao afirmar que:

---

[175] *Ibidem*, p. 274.

[176] *Ibidem*, p. 266-267.

O processo de desestatização de nossa sociedade passa pela constatação de que não estamos condenados à tradição política autoritária e intervencionista e que existe alternativa ao modelo político e ideológico em vigor. O desafio é árduo e gigantesco; solucionar o paradoxo do estatismo para pararmos de acreditar no governo e de amarmos o Estado[177].

Creio que a citação que se segue, marcada pela ironia que caracteriza a obra, seria bastante esclarecedora sobre os propósitos do autor:

Durante os dez meses de elaboração deste livro tive sempre em mente o leitor não especializado que certamente gostaria de conhecer os elementos políticos por uma abordagem diferente e ter acesso a informações que estão dispersas na bibliografia disponível. Tentei aqui expor com rigor, paixão e humor uma espécie de história oculta da política brasileira. Este é, portanto, um ensaio despretensiosamente ambicioso cuja genialidade só rivaliza com minha modéstia.
Se você, caro leitor, chegar ao fim deste livro sem ter bocejado ou dormido, e com a sensação de que aprendeu algo sobre a história política do nosso país, terei cumprido o meu modesto propósito de mostrar as origens e alguns dos elementos centrais que ajudam a explicar por que nós brasileiros amamos o Estado[178].

Partindo de algumas bases teóricas semelhantes às adotadas por Bruno Gaschagen e por Alex Catharino, a obra *Guia Bibliográfico da Nova Direita*, de Lucas Berlanza, procura explicar o fenômeno da atual popularidade do liberalismo conservador e, simultaneamente, oferecer um roteiro bibliográfico para os interessados nesta vertente liberal. O autor, nascido em 21 de agosto de 1992, cursou a graduação em Comunicação Social na Universidade Federal do Rio de Janeiro (UFRJ),

---

[177] *Ibidem*, p. 275.

[178] *Ibidem*, p. 23.

foi assessor de imprensa do Instituto Liberal (IL), do qual ainda é colunista regular, e atualmente é editor do informativo *Boletim da Liberdade*, mantendo também a página *Sentinela Lacerdista*.

A chamada "nova direita" para Lucas Berlanza seria a denominação adequada para apresentar o novo ciclo de expansão do liberalismo de índole conservadora, que se singularizaria por atrair número crescente de jovens, em especial estudantes. Sobre a emergência deste fenômeno, escreve o autor:

> Há muito tempo não se via a sociedade brasileira tão "politizada" – se é que um dia ela o esteve como hoje. Quanto isso é bom, quanto isso é ruim, é questão para os analistas dissecarem, mas esse é o fato. Manifestações de rua irrompendo aos montes, discussões sobre *impeachment* e socialismo em mesas de bar... A realidade é tão notória que me obrigo a concordar com a observação cômica de que hoje sabemos citar com mais propriedade nomes de ministros do Supremo Tribunal Federal que jogadores da seleção brasileira de futebol.
>
> As razões para isso? Poderíamos apontar, principalmente, os efeitos drásticos das medidas de um governo que protagonizou o maior escândalo de corrupção da história nacional e se estruturou sobre um discurso de cizânia, ao mesmo tempo que investiu em medidas que promoveram um avanço arrasador do Estado sobre as esferas da vida individual e da atividade econômica. Os resultados desastrosos levaram algumas pessoas a perceberem que havia argumentos de natureza ideológica por trás da falta de sensatez dos governantes e da base social que insistiu em apoiá-los. Tal como dizia o economista austríaco Ludwig von Mises – mencionado mais de uma vez neste livro –, "ideias e somente ideias podem iluminar a escuridão"; se essas ideias são ruins e trazem efeitos comprovadamente desagradáveis, alguns brasileiros concluíram que talvez existam aquelas que, por outro lado, tragam razoabilidade e sanidade ao debate público. Talvez exista um outro lado a que gerações tiveram acesso negado, que sempre esteve alijado das grandes discussões – embora fosse tímida a voz

da sensatez em um mar tempestuoso. Em momento dramático, essa voz resolveu assumir seu protagonismo[179].

Mesmo o fenômeno sendo denominado *"nova direita brasileira"*, o autor ressalta que há muito tempo já existem em nosso país "correntes defensoras da liberdade econômica, da prudência, do respeito às instituições e aos valores superiores às circunstâncias históricas e às conveniências"[180]. No entanto, um ponto essencial desse movimento, que define o propósito da obra, é resumido do seguinte modo:

> Uma das características mais particulares desse "novo" tipo de pensamento político e do movimento que o orbita, é o fato de se fundamentarem em uma bibliografia filosófico-política e econômica toda especial, que não ocupa posição de protagonismo nas indicações didáticas tradicionais. O livre pensar dessa geração a levou a buscar outros ares e pesquisar novas fontes e indicações de leitura, a despeito do "index" de educadores marxistas de ocasião. Por isso mesmo, entendemos que o vulgo não conheça suas ideias, não entenda do que se trata, e haja o risco de confusões serem semeadas por quem não tem interesse na divergência.
> Este livro é nada mais do que um esforço para apresentar, através de algumas dicas de leitura cuidadosamente selecionadas, marcos de ideias que tornaram possível ao leitor apreender, em um quadro novo, a genealogia e a natureza de alguns princípios e posturas que circulam nesse grupo heterogêneo de liberais e conservadores – e que os definem. Das fontes bibliográficas, mais antigas e clássicas, até as mais modernas, reuni 39 livros que ajudam a esclarecer o que é esse fenômeno social que vem inquietando e alimentando esperanças no Brasil. O leitor que conheça melhor o tema notará uma série inumerável de ausências, obras apenas mencionadas, sem um capítulo próprio. Esta, contudo, é uma

---

[179] BERLANZA. *Guia Bibliográfico da Nova Direita. Op. cit.*, p. 15.

[180] *Ibidem*, p. 16.

apresentação sintética, em que cada obra escolhida tem uma razão de ser para aí estar.

É um livro sobre livros. Não que, em certo sentido, todos os livros não o sejam: mas as resenhas não são apenas artigos elogiando ou criticando determinado título. Todas elas contêm ilações e desdobramentos que delineiam as ideias que justificam sua inclusão e que, compreendidas em seu conjunto, fazem da relação um modesto guia bibliográfico, que não esgota, mas traça um retrato do núcleo de princípios dos grupos que estamos falando[181].

O guia bibliográfico estruturado por Lucas Berlanza, divide as resenhas em sete categorias distintas. A primeira tem como objeto as origens e fundamentos das ideias. Nesta seção começa por indicar uma novidade introduzida nos fundamentos teóricos da doutrina liberal nesta geração. Deixa de lado os trabalhos de liberais clássicos como John Locke ou Adam Smith e coloca em seu lugar *Reflexões sobre a Revolução na França* (1790), de Edmund Burke, *A Lei* (1850), de Frédéric Bastiat (1801-1850), *O Caminho da Servidão* (1944), de F. A. Hayek, e *Ação Humana* (1949), de Ludwig von Mises. Ainda ao apontar os fundamentos teóricos, apresenta as contribuições de pensadores nacionais e estrangeiros. As obras de autores brasileiros destacadas são *O Liberalismo Antigo e Moderno* (1991), de José Guilherme Merquior; *Liberalismo e Justiça Social* (1996), de Ubiratan Borges de Macedo; *O que é o Liberalismo* (1986), de Donald Stewart Jr.; e *Decência Já* (1992), de José Osvaldo de Meira Penna. Os livros de autores estrangeiros analisados são *As Etapas do Pensamento Sociológico* (1967), de Raymond Aron; *Como Ser um Conservador* (2014), de Roger Scruton; *A Política da Prudência* (1993), de Russell Kirk; *Democracia e Liderança* (1924), de Irving Babbitt (1865-1933); e *As Ideias Conservadoras Explicadas a Revolucionários e Reacionários* (2014), do português João Pereira Coutinho.

---

[181] *Ibidem*, p. 19-20.

Em relação aos demais campos, parece suficientemente esclarecedor a simples indicação esquemática do seu conteúdo, o propósito de cada tópico nas palavras do autor, e, por fim, ressaltar preferencialmente os livros de autores que foram mencionados por nós nesta *História do Liberalismo Brasileiro*:

II - Como entender o Brasil, "é uma tentativa de apresentar – e sugerir – um diálogo dessas ideias novas com suas contrapartes no passado do próprio país"[182], na qual, além de iniciar com uma reflexão sobre José Bonifácio de Andrada e Silva, são apontados, entre outros, os livros *Minha Formação* (1900), de Joaquim Nabuco, *O Poder das Ideias (1962)*, de Carlos Lacerda, *Pare de Acreditar no Governo* (2015), de Bruno Garschagen, *O Patrimonialismo e a Realidade Latino-Americana* (2006), de Ricardo Vélez Rodríguez, *Os Construtores do Império* (1968), de João Camilo de Oliveira Torres, e *Lanterna na Popa* (1994), de Roberto Campos;

III - Grandes ícones da política internacional, trata exclusivamente de um livro de Margaret Thatcher e de uma coletânea de discursos de Winston Churchill (1874-1965), visto que o pensamento e a trajetória dessas figuras na defesa da Civilização Ocidental, de acordo com a percepção de Lucas Berlanza, ressaltam uma "posição que os conservadores brasileiros muito estimam"[183];

IV - Um olhar sobre adversários e inimigos, ao tratar das obras que originaram, entre outras posições políticas, o comunismo de Karl Marx (1818-1883), o fascismo de Benito Mussolini (1883-1946), o nazismo de Adolf Hitler (1889-1945) e a social-democracia de Fer-

---

[182] *Ibidem*, p. 21.
[183] *Ibidem*, p. 22.

nando Henrique Cardoso, oferece uma visão de "tudo aquilo que a 'nova direita' combate"[184];

V - Grandes temas e controvérsias, "analisa obras que posicionam o pensamento da 'nova direita' acerca de temas polêmicos com que ela comumente é confrontada"[185], na qual, a partir de três livros, o autor aborda o suposto resultado positivo dos modelos de Bem-Estar adotados em diferentes países social-democratas europeus, o problema do racismo e a questão da ecologia;

VI - Um olhar sobre os dias atuais, que ao resenhar três livros, entre eles *A Grande Mentira: Lula e o Patrimonialismo Petista* (2015), de Ricardo Vélez Rodríguez, oferece um "testemunho sobre como os liberais e conservadores costumam enxergar os dias de hoje no Brasil"[186].

Não incluído em nenhuma das seis partes da obra, mas, em um anexo, o livro *Por uma Nova Liberdade: O Manifesto Libertário* (1973), de Murray N. Rothbard, é discutido em separado pelo fato de parcela significativa dos libertários anarcocapitalistas brasileiros, influenciados pelo pensamento rothbardiano, não aceitarem "a ideia serem vistos como direitistas"[187]. Os títulos que dariam conta da tão ampla temática da "nova direita" – em número de 39, como se indica no subtítulo do livro – são resenhados de forma clara e objetiva, o que explica em parte o sucesso editorial da obra de Lucas Berlanza. O compromisso do autor com a tradição liberal anterior é expresso na conclusão com as seguintes palavras:

---

[184] *Ibidem*, p. 23.
[185] *Idem*, p. 23.
[186] *Ibidem*, p. 24.
[187] *Ibidem*, p. 25.

Mostramos, nas pegadas de pensadores de épocas e países diferentes, o que nós somos, afinal. Em um país em que "o outro lado" é ditado como certo, em um mundo em que as ideologias "da moda" se investem de autoridade para anatematizar e silenciar o divergente – com o veneno insidioso do politicamente correto –, nós somos a resistência. Lutamos para mostrar que houve gente aqui muito antes de nós e que, por mais melhorias que possamos fazer, não podemos achar que somos tão melhores assim para querer bagunçar tudo sem aprender sobre os erros e os acertos dos que nos antecedem. Lutamos para mostrar que as liberdades são muito mais úteis à tão falada emancipação dos indivíduos do que a bondade simulada dos governos. Lutamos para mostrar que a verdade existe, sim, e que antes de "desconstruir" tudo, deveríamos pensar: que tal construir alguma coisa? O Brasil pode se tornar uma grande Nação e uma democracia forte e respeitada. Para tanto, ele precisa de uma direita. E ela agora, mais do que nunca, está por aí[188].

As indicações precedentes evidenciam a densidade teórica dos textos representativos da corrente liberal contemporânea. Este valioso legado certamente contribuiu para assegurar a sobrevivência do liberalismo em nosso país durante o combate feroz de que foi vítima sob o regime militar e o governo do Partido dos Trabalhadores (PT).

---

[188] *Ibidem*, p. 240-241.

POSFÁCIO À
SEGUNDA EDIÇÃO

O Novo Despertar Liberal Brasileiro

Marcel van Hattem

Não foi por vinte centavos. Não, definitivamente, não foi por vinte centavos.

É impossível relembrar a história recente do Brasil sem fazer menção à indignação das massas em junho de 2013. Indignação com o *status quo*; indignação com os estádios construídos para a Copa do Mundo no "padrão FIFA" enquanto mais de sessenta mil pessoas são mortas por ano devido à violência que assola o país; indignação com o excesso de impostos e a escassez – senão inexistência – de serviços públicos básicos decentes na saúde ou na educação, sem mencionar a infraestrutura deficiente e a burocracia sufocante.

Era uma indignação coletiva, "contra tudo o que está aí", não só pelos vinte centavos. Mas também era uma indignação contra quem a vida toda se contentou em "lutar" por vinte centavos para defender privilégios próprios. Contra quem só quis fazer prosperar uma mentalidade estatista, interventora para, no fundo, exigir algo gratuito para alguns ("passe livre"), mas a preço altíssimo para todos – ainda mais se considerada, no caso específico, a cartelização das empresas de transporte público em todo o Brasil, um dos símbolos mais claros da atuação monopolística de mercado defendida, com unhas e dentes, pelos grupos mais retrógrados desse país.

Não à toa, quando a população brasileira saiu às ruas a partir de 13 de junho de 2013 e clamou por uma atividade política mais voltada à sociedade – não à manutenção da máquina incompetente, corrupta, patrimonialista e clientelista nacional –, os extremistas de esquerda que desde a semana anterior organizavam os protestos pelo passe livre passaram a desprezar a participação popular. A intenção do Movimento Passe Livre, umbilicalmente vinculado a partidos da extrema esquerda como o Partido Socialismo e Liberdade (PSOL), não era despertar um gigante adormecido. Um gigante coletivo de milhões de brasileiros que queriam mais atenção para si, sem demagogias, incompetência e corrupção – sem falsas ilusões de que a solução para seus problemas estava nos políticos e nos governos. Pelo contrário: tratava-se de um coletivo de indivíduos que sabia, mesmo inconscientemente, estar a solução na sua própria iniciativa, hoje severamente limitada pelo gigantismo estatal reinante no Brasil.

Esta mentalidade pró-liberdade do brasileiro, aliás, foi, em março de 2017, confirmada pelos próprios petistas: a Fundação Perseu Abramo, vinculada ao Partido dos Trabalhadores (PT), a agremiação política que mais mal trouxe ao Brasil nos seus mais de 500 anos de existência (e, convenhamos, a concorrência não era fraca), demonstrou que moradores da periferia de São Paulo reconhecem o esforço pessoal como uma característica essencial ao sucesso. Demonstrou ainda que desejam pagar menos impostos e que consideram que alguém de direita é alguém correto. Já quem se identifica com a esquerda são as pessoas que vivem reclamando da vida. Por fim, a pesquisa identificou de forma clara nas suas conclusões que, no imaginário da população, não há "luta de classes", e o inimigo é, em grande medida, o próprio Estado, ineficaz e incompetente.

A mentira está, pois, perdendo efeito e os petistas descobriram que os mais pobres, aqueles que o PT se orgulhava de supostamente representar, não acreditam nas demagogias de quem dizia estar acima de qualquer suspeita e agora se revela o partido mais corrupto do Brasil, inclusive com um ex-presidente, Luiz Inácio Lula da Silva, condenado a nove anos e meio de prisão pelos crimes de corrupção, e sua sucessora, Dilma Rousseff, provavelmente seguindo o mesmo caminho. A ilusão a que foram submetidos os brasileiros acabou e um novo despertar liberal está em curso.

Na história brasileira, aliás, são muitos os episódios em que ideias de liberdade floresceram, como bem demonstra Antonio Paim em sua obra *História do Liberalismo Brasileiro*: os movimentos pela Independência, a pressão das províncias por maior autonomia diante do poder centralizador do Império, a campanha abolicionista, a pressão pelo retorno à democracia representativa após quinze anos de ditadura varguista e o movimento Diretas Já são alguns desses exemplos.

Ideias de liberdade não nos faltam. Elas povoam nossa história. Isso, no entanto, não significa que elas tenham triunfado no Brasil. Sempre nos faltou dois elementos essenciais: instituições verdadeiramente liberais, que rompam com a tradição clientelista e patrimonialista brasileira; e uma melhor defesa pública das ideias liberais como as únicas a garantirem a prosperidade individual e, portanto, no agregado, o desenvolvimento de uma nação.

A tradução das ideias de liberdade em instituições liberais sempre foi obstaculizada e sua consequência foi a condenação de toda uma Nação ao subdesenvolvimento institucional. Intérpretes do Brasil como Sérgio Buarque de Holanda (1902-1982), em *Raízes do Brasil* (1936), Raymundo Faoro (1925-2003), em *Os Donos do Poder* (1958), e o próprio Antonio Paim, em *A Querela do Estatismo* (1978), apontaram o fato de que no Brasil a chamada revolução burguesa foi incompleta, restando no país mentalidade e práticas corporativistas e patrimonialistas. A revolução burguesa permite que um país se modernize e estabeleça o primado do indivíduo reconhecendo seus direitos – e sua soberania – como eleitor e consumidor. Aliás, a palavra "burguesia" é tão odiada por marxistas, comunistas e petistas justamente porque representa as pessoas que se insurgiram por meio de seu trabalho e esforço contra os laços cruéis e injustos impostos pelos regimes feudais europeus.

O burguês, talvez um dos maiores exemplos de "revolucionário-raiz" de que se tem notícia, teve sua própria definição satanizada ao longo dos séculos pelos disseminadores do ódio marxista por quem trabalha, empreende, se esforça e prospera. Já os "revolucionários-Nutella", socialistas de iPhone que não gostam de trabalho, mas adoram o dinheiro dele resultante – sobretudo o dinheiro dos outros, pilhado de terceiros, inclusive os mais pobres, para fazer "redistribuição de renda" em benefício, político e econômico, da *nomenklatura* –, não suportam a ideia do mérito e, por isso mesmo, atacam ferozmente a classe empreendedora (originalmente conhecida como "burguesa"). Esta foi obrigada, incluindo empregados e empregadores, a financiar os gastos públicos, os privilégios políticos e os abusos das corporações ao longo de toda a história mundial e, claro, nacional. No Brasil, portanto, houve uma junção recente das práticas antiliberais históricas dos "donos do Poder" com a mentalidade esquerdista, marxista, que nos legou um país economicamente em frangalhos.

Vejamos apenas algumas manchetes da imprensa ao longo de 2015, o penúltimo ano da ex-presidente Dilma Rousseff no poder, compilados em um *post* do site do Instituto Ludwig von Mises Brasil (IMB):

"Inflação oficial acumula alta de 9,56% em 12 meses, a maior desde 2003" (*G1*, em 7 de agosto de 2015).
"Rendimento real dos trabalhadores tem maior queda mensal em 12 anos" (*Agência Brasil*, em 28 de abril de 2015).
"Vendas no varejo têm maior queda no trimestre desde 2003" (*O Estado de S. Paulo*, em 14 de maio 2015).

"Vendas de veículos novos caem 22,4% em julho; no ano, queda chega a 21%" (*O Estado de S. Paulo*, em 31 de julho 2015).

"Comércio tem pior semestre de vendas em 12 anos" (*Veja*, em 12 de agosto de 2015).

"Venda de alimentos cai pela primeira vez em 12 anos" (*Jornal Hoje*, da Rede Globo, em 5 de maio de 2015).

"Classe C recorre a bicos para equilibrar o orçamento" (*O Estado de S. Paulo*, em 13 de junho 2015).

"Pessimismo na construção civil é o maior em quase 16 anos" (*O Estado de S. Paulo*, em 12 de junho de 2015).

"IBGE: Construção civil fechou 700 mil vagas no país em um ano" (*Valor Econômico*, em 25 de agosto de 2015).

"Produção da indústria cai em 13 de 14 locais em abril; pior resultado desde dezembro de 2008" (*G1*, em 9 de junho de 2015).

"Produção da indústria cai em junho e tem pior primeiro semestre em 6 anos" (Globo News, em 4 de agosto de 2015).

"Endividamento das famílias é o maior da série histórica, diz Banco Central" (*G1*, em 15 de junho de 2015).

"Executivos brasileiros são os mais pessimistas" (*O Estado de S. Paulo*, em 16 de junho 2015).

"Lucro de empresas aéreas mundiais deve ser o maior desde os anos 60, mas Brasil vai na contramão" (*O Estado de S. Paulo*, em 9 de junho de 2015).

"Taxa de desemprego medida pela Pnad chega a 8,3%" (*Jornal Hoje*, da Rede Globo, em 25 de agosto de 2015)[189].

Estes dados sobre o trágico legado econômico do PT ao Brasil, que motivou milhões de brasileiros a voltarem às ruas a partir da reeleição de Dilma Rousseff, consequência da mais mentirosa das campanhas

---

[189] ROQUE, Leandro. *O Trágico Legado da "Nova Matriz Econômica": Um Resumo Cronológico*. 28 ago. 2015. Disponível em: <http://www.mises.org.br/Article.aspx?id=2120>. Acesso em: 3 jan. 2018.

eleitorais já realizadas no país, traz-nos à seguinte reflexão: por que as ideias de liberdade, que tanta prosperidade trouxeram a todo o mundo desenvolvido, encontraram tanta dificuldade para serem difundidas e mesmo defendidas no país? Foi preciso mais um colapso econômico, aliado a uma avalanche de comprovações de corrupção, prisão, inclusive de políticos e de empresários corruptos, para que o gigante despertasse e enveredasse por um novo caminho?

A verdade é que, sim, este novo despertar se deu em grande medida como reação ao dirigismo estatal e como indignação contra a corrupção institucionalizada no Brasil. Felizmente, porém, desta vez a reação foi acompanhada de uma conscientização muito maior dos brasileiros, sobretudo os mais jovens, de que o governo não é a solução: é parte do problema. Uma conscientização, aliás, que, para muitos, começou há cerca de duas décadas. No meu caso, lembro-me de na adolescência ser atraído pelos textos de Olavo de Carvalho e Percival Puggina, exceções à direita dentre os colunistas do diário porto-alegrense *Zero Hora* que denunciavam praticamente sozinhos nos seus espaços na grande mídia os excessos e desmandos da esquerda petista, comunista e socialista. Na minha busca por alternativas à educação predominantemente marxista na faculdade, poucos anos mais tarde, familiarizei-me com muitos mais autores e instituições privadas liberais e conservadoras, que, desde então, foram adquirindo crescente importância na minha própria formação – e na de milhares e hoje milhões de outros brasileiros.

O novo despertar liberal brasileiro foi, portanto, calcado no trabalho incansável e já de anos de instituições privadas sérias como o Instituto Liberdade (IL-RS) e o Instituto de Estudos Empresariais (IEE), no Rio Grande do Sul; o Instituto Liberal (IL-RJ) e o Instituto Millenium (IMIL), no Rio de Janeiro; e o Instituto Ludwig von Mises Brasil (IMB), em São Paulo. Bem como às iniciativas mais recentes como a dos Students for Liberty Brasil (SFLB), com grupos de estudos independentes organizados dentro de universidades brasileiras; assim como à proliferação do Instituto de Formação de

Líderes (IFL), em Belo Horizonte, Florianópolis e São Paulo, juntamente com o Instituto Líderes do Amanhã (ILA), em Vitória, e de um sem-número de outras instituições orgânicas que surgiram ao longo do caminho e que continuam sendo essenciais para a divulgação de obras liberais como *As Seis Lições*, de Ludwig von Mises, *A Lei*, de Frédéric Bastiat ou *O Caminho da Servidão*, de F. A. Hayek (1899-1992), os quais tratam com clareza sobre as desvantagens do dirigismo estatal, que escraviza o indivíduo, e as vantagens da garantia das liberdades individuais para a garantia da prosperidade. Além disso, as prateleiras das livrarias têm sido abastecidas por publicações liberais e conservadoras da melhor qualidade em uma quantidade jamais vista, comprovando o grande interesse dos brasileiros por mais conscientização e conhecimento político.

Este redespertar cultural e intelectual brasileiro extrapola agora os limites da academia e dos grupos de estudo para adentrar o ambiente político da Nação. As eleições municipais de 2016, em que uma parte expressiva dos candidatos de esquerda e estatólatras amargou derrotas para Câmaras de Vereadores e Prefeituras, revelou também uma grande renovação de rostos e pensamentos, elegendo uma série de políticos liberais ou simpáticos ao liberalismo estatal (no meu caso, o Rio Grande do Sul) e país afora. Partidos tradicionais, como o Partido Progressista (PP) ao qual estou filiado, passaram a atrair – e eleger! – muito mais adeptos de um Estado menos inchado e mais focado no básico, enquanto vimos surgir opções liberais no cenário partidário como o Partido Novo (NOVO) e uma corrente liberal dentro do Partido Social Liberal (PSL) chamada LIVRES, que dão abrigo a filiados, candidatos e representantes eleitos que defendem menos Estado, mais indivíduo – ou "Menos Marx, mais Mises".

Estas instituições têm, no Brasil, a grande responsabilidade de corrigir o segundo elemento bem apontado por Antonio Paim como faltante na tradição liberal brasileira: uma melhor defesa pública das ideias liberais como as únicas a garantirem a prosperidade individual e coletiva. Cabe aos políticos liberais atuais e, logicamente, também às instituições que difundem tais ideias uma defesa dos princípios que compartilham entre si para deixar claro a uma Nação ainda pobre como o Brasil que a liberdade individual e a defesa do direito de propriedade, do Estado de Direito e da democracia constitucional e representativa são o melhor caminho possível. De longe.

Tal defesa implica não somente criticar as mazelas deixadas pela mentalidade estatista patrimonialista, clientelista e socialista de quem já passou pelo poder – ou seja, focada nos aspectos negativos –, mas, sobretudo, focar nas estratégias positivas e que deram resultado mundo afora. Os números são muito claros. Para ficarmos em apenas um índice, o relatório do Programa das Nações Unidas para o Desenvolvimento (PNUD) divulgado em março de 2017 demonstra que os vinte países que lideram o ranking têm economia muito livre e possuem notas altíssimas no índice de liberdade econômica da Heritage Foundation. Já na América Latina, o único país com índice de liberdade econômica semelhante ao dos mais ricos do mundo é o Chile. Líder no ranking regional do índice de desenvolvimento humano (IDH), o país tem o melhor ambiente de negócios e resguardo às liberdades civis e direitos sociais de toda a América Latina. Por outro lado, a Venezuela o país menos livre do continente e macabro xodó da liderança petista, socialista e comunista brasileira, obteve regressão no seu IDH nos últimos anos. A violência que campeia por suas ruas e as hordas de venezuelanos que deixam o país para tentar a vida em outras nações é retrato, mais uma vez, do fracasso das políticas antiliberais.

É evidente que existem muitos entraves ainda à participação de mais liberais na política para que essas defesas sejam mais correntes do que hoje. O sistema partidário arcaico e a concorrência desleal com políticos com acesso, literalmente, a bilhões de reais do Fundo Partidário para suas campanhas são apenas alguns exemplos dos desafios que precisam ser superados por quem quer participar da política. Já no meio intelectual, os financiamentos via Lei Rouanet e a educação estatal em grande parte ideologizada à esquerda são desafios monumentais para que o despertar liberal brasileiro possa se consolidar, já que conta, até por princípio, quase apenas com a atuação de entidades privadas em concorrência desleal com atores públicos bem financiados. Não obstante, os atalhos encontrados pelos interessados em dar um novo rumo ao país, com liberdade, têm sido trilhados nas redes sociais.

O Facebook e o Instagram, sem contar o sem-número de blogs, websites e contas de Twitter, têm sido fundamentais para romper os bloqueios institucionais existentes e divulgar as teses liberais sem as limitações de outrora. Não à toa, movimentos de rua pedindo o *impeachment* de Dilma Rousseff foram organizados, entre outros, por grupos como o Movimento Brasil Livre (MBL), que têm no DNA de seus líderes o liberalismo e o conservadorismo clássicos. Sem a internet, esse novo momento por que passa o Brasil não teria sido possível, pelo menos não certamente com o alcance que obteve. Se não fosse a comunicação livre e sem filtro das redes e do conteúdo gerado pelos usuários, talvez achássemos hoje, lendo apenas o que se publicou em grande parte da mídia tradicional, que, em 2013, tudo não tivesse passado de uma "luta pelo passe livre" e "pelos vinte centavos". Mas não, não foi. Não foi pelos vinte centavos. E não será nunca mais apenas por isso, porque nós mudamos o Brasil. Mudamos no passado recente e mudamos agora, no presente. E, certamente, este novo despertar liberal brasileiro demonstra que seguiremos mudando o Brasil.

Sim, nós mudamos o Brasil.

Índice Remissivo e Onomástico

A

abertura dos portos; 62
abertura econômica; 341, 347
abertura política; 27, 257, 262, 290, 294, 352
abolição da escravatura; 54, 64, 137
absolutismo monárquico; 33, 39, 53, 78
absolutismo; 171
Ação Humana, de Ludwig von Mises; 276, 380
Ação Integralista; 202
Ação, Tempo e Conhecimentos, de Ubiratan Jorge Iorio; 282
acidentes de trabalho; 185, 198, 203
Adorno e Benjamin, de José Guilherme Merquior; 314
Afif Domingos, Guilherme (1943-); 347
Afonso Henriques, Dom, (1109-1185), rei de Portugal; 65
África; 280, 340
Agenda Teórica dos Liberais Brasileiros, A, de Antonio Paim; 16, 305
agnóstico; 357
agressividade; 202, 332
agricultura; 61, 64, 75, 221
Aguiar e Sá, Manuel Ferreira da Câmara Bittencourt (1762-1835); 36
Aleixo, Pedro (1901-1975); 229
Alemanha; 63, 68, 172, 273, 294, 300, 339
Alemanha Ocidental; 317
Alencar, José de (1829-1877); 72
alforria; 138, 183
altruísmo; 331, 332

Álvares Maciel, José (1760-1804); 54
Amado, Gilberto (1887-1969); 137, 198
América Latina; 163, 280, 394
America's Welfare State: From Roosevelt to Reagan, de Edward D. Berkowitz; 280
American Cause [A Causa Norte-Americana], de Russell Kirk; 367
Americano, O (jornal); 138
amor; 332, 333, 355
Análise do Patrimonialismo Através da Literatura Latino-Americana, A, de Ricardo Vélez Rodríguez; 354
anarquia; 64, 92, 101, 181, 182
Anatomia do Estado, A, de Murray N. Rothbard; 284
Anchieta a Euclides, De, de José Guilherme Merquior; 314
Andrada e Silva, José Bonifácio de (1763-1838); 36, 53, 86, 132, 381
Andrada e Silva, José Bonifácio (1871-1954); 204
Andrada Machado e Silva, Antônio Carlos Ribeiro de (1773-1845); 104, 107-09, 113
Andrada, Martim Francisco Ribeiro de (1775-1844); 86
Anne (1665-1714), rainha da Inglaterra; 38, 39
Antigo Regime; 51, 77, 80
Apostolado positivista; 156
Araújo Leal, Aurelino de (1877-1924); 156
Araújo Lima, Pedro de (1793-1870); 87, 119

Araújo Porto Alegre, Manuel de (1806-1876); 87
Araújo Santos, Francisco de; 323-25
Arendt, Hannah (1906-1975); 338
Argumento Liberal, O, de José Guilherme Merquior; 314
aristocracia; 190
aristocratismo; 136
Aron, Raymond (1905-1983); 275, 313, 329, 380
arquétipo; 78, 168, 335, 337
arquitetura civil; 32
arranjo institucional; 24, 47, 74, 348
Arruda, João Braz de Oliveira (1861-1943); 166, 194-99, 205, 215
Arte e Sociedade em Marcuse, de José Guilherme Merquior; 314
Ásia; 43, 280
Assembleia Constituinte de 1823; 66, 85, 105, 106
Assembleia Constituinte de 1889-1891; 156
Assembleia Constituinte de 1833-1934; 217
Assembleia Constituinte de 1987-1988; 258, 262, 267, 315
Assembleia Provincial; 94, 138, 187
Assis Brasil, Joaquim Francisco de (1857-1938); 164, 166, 176, 186, 187-93, 199, 205
ateísmo; 335
Augustus, Ernest (1629-1698); 38
aulicismo; 227
Áustria; 273, 300
autoritários; 89, 191, 198, 199, 206, 220, 223, 251, 329
autoritarismo doutrinário; 25, 158, 205, 209, 232
autoritarismo instrumental; 250, 251
Autos da Devassa da Inconfidência Mineira; 54
Azevedo, António de Araújo e (1754-1817); 68
Azevedo, Manuel Duarte Moreira de (1832-1903); 92

B
Babbitt, Irving (1865-1933); 380
Baechler, Jean (1937-); 277
Bahia; 15, 16, 54, 56, 86, 166, 167, 177
Bakunin, Mikhail (1814-1876); 195
Bandeirantes e Pioneiros, de Clodomir Vianna Moog; 17
Barbalho Uchôa Cavalcanti, João (1846-1909); 169
barbarismo; 367
Barbieri, Fabio (1970-); 282
Barbosa, Antônio José (1954-); 347
Barbosa, Rui (1849-1923); 132, 155, 163, 164, 166-187, 188, 193, 199, 205, 229, 309, 232, 322
Barone, Enrico (1859-1924); 343
Barreto, Tobias (1839-1889); 16, 137-40
Barretto, Vicente (1939-); 23, 55, 71, 151, 309, 328
Barros, Reynaldo; 23, 244
Barros, Roque Spencer Maciel de (1927-1999); 14, 290, 328-29, 352, 356-58
Barruel, Augustin (1741-1820); 355
Barth, Hans (1904-1965); 368
Bases Características da Cultura Ocidental, de Antonio Paim, Leonardo Prota e Ricardo Vélez Rodríguez; 18
Bastiat, Frédéric (1801-1850); 380, 393
Bélgica; 296, 300, 360
Bello, José Maria (1885-1959); 169, 177, 178, 204
Belo Horizonte; 283, 393
Beltrão, Helio (1967-); 281, 283
bem-estar material; 223
bem-estar social; 232, 234, 280, 311
Bentham, Jeremy (1748-1832); 75, 310
Berger, Peter L. (1929-2017); 280
Berkowitz, Edward D. (1950-); 280
Berlanza, Lucas (1992-); 347, 371, 377-83
Berlim; 68, 275
Bibliografia Filosófica Brasileira, de Antonio Paim; 16

Bibliografias e Estudos Críticos, de Centro de Documentação do Pensamento Brasileiro (CDPB); 71
Biblioteca do Pensamento Político Republicano, de Carlos Henrique Cardim e Outros; 23
Bilac Pinto, Olavo (1908-1985); 229
bildung; 310
bipartidarismo; 26, 263, 271, 294
Blackstone, Sir William (1723-1780); 140
Blair, Tony (1953-); 27, 297, 317
Böhm-Bawerk, Eugen von (1851-1914); 276, 284
Bonaparte, Napoleão (1769-1821); 32, 50, 51, 63
Borges de Medeiros, Antônio Augusto (1863-1961); 146, 188, 192, 193
Bornhausen, Jorge (1937-); 269, 294
botânicos; 33
boutade; 266
Brasil na Idade da Razão, O, de José Osvaldo de Meira Penna; 331
Brasília; 23
Brizola, Leonel (1922-2004); 264
Bruxelas; 299
Buarque de Holanda, Sérgio (1902-1982); 17, 389
Burke, Edmund (1729-1797); 72, 366, 368, 370, 380
burocracia; 34, 220, 269
Butler, Eamonn (1953-); 276

C
caciquismo; 296
Caetano, Marcelo (1906-1980); 54
café com leite (política dos governadores); 157
Café Filho, João Fernandes Campos (1899-1970); 245, 248
Caiado, Ronaldo (1949-); 295
Cairu e o Liberalismo Econômico, de Antonio Paim; 16

Cairu, José da Silva Lisboa (1776-1835), Visconde de; 71, 86, 91, 370
calvinista; 334
Caminho da Servidão, O, de F. A. Hayek; 276, 343, 380, 393
Campista, David (1863-1911); 169
Campos Sales, Manuel Ferraz de (1841-1913); 164, 172, 177, 178, 214, 322
Campos, Francisco (1891-1968); 194, 204
Campos, José Joaquim Carneiro de (1768-1836), Marquês de Caravelas; 104
Campos, Milton (1910-1972); 210, 229, 233-35
Campos, Roberto (1917-2001); 14, 306, 330, 341-47, 381
Canadá; 43
Candido, Vicente (1959-); 304
Caneca, Joaquim do Amor Divino Rabelo e Caneca (1774-1825), Frei; 55-57, 127
capitalismo manchesteriano; 316
capitalismo selvagem; 316
caramurus; 102
Cardim, Carlos Henrique (1948-); 23, 167, 275, 277, 347, 360
Cardoso, Fernando Henrique (1931-); 258, 273, 329, 381-82
caridade; 334
Cartas sobre a Revolução do Brasil, de Silvestre Pinheiro Ferreira; 85
cartismo; 78
Carvalho e Melo, Sebastião José de *ver* Pombal, Marquês de
Carvalho, José Murilo de (1939-); 17
Carvalho, Olavo de (1947-); 392
Casa-Grande e Senzala, de Gilberto Freyre; 17
Castello Branco, Roberto; 347
Castelo Branco, Humberto de Alencar (1897-1967); 233, 248, 249, 271, 341
Castilhos, Júlio de (1860-1903); 187-88, 191, 217
Castro, Paulo Rabello de (1949-); 346
Castro Nunes, José de (1882-1959); 165

Catarina II (1729-1796), imperatriz da Rússia; 43
Catharino, Alex (1974-); 285, 330, 347, 363-71, 377
caudilhismo; 136, 163, 216
causa operária; 184
Cavalcanti Filho, Theophilo (1921-1978); 194
Ceará; 85, 238
centralismo; 187
centralização; 100, 136
centro moderado; 90
cesarismo; 171
ceticismo; 339, 370
charlatanismo; 170
Chile; 394
chimangos; 102
choque elétrico; 85
Churchill, Winston (1874-1965); 381
cibernética; 320
Cidadania: O que Todo Cidadão Precisa Saber, de Antonio Paim, Leonardo Prota e Ricardo Vélez Rodríguez; 18
cidadania; 206, 321, 345
Cidade, Hernani (1887-1975); 32
Ciência Econômica e o Método Austríaco, A, de Hans-Hermann Hoppe; 284
Ciência na Universidade do Rio de Janeiro, de Antonio Paim; 17
Ciência Política; 281, 283, 371
ciências aplicadas; 32
Ciências Sociais; 15, 19, 194, 373
cientificismo; 34, 135
civilidade; 332
civilização industrial; 210, 234
classe proprietária rural; 103, 156
cláusula de barreira; 268, 269, 304
clero; 57, 237
clientelista; 388, 389, 394
coeficiente eleitoral único; 269
coesão orgânica; 334
Coimbra; 32, 35, 36, 55, 61, 68, 71, 118, 373
Colégio Eleitoral; 261, 262
coletividade; 184

coligações; 239, 263, 304
Collor de Melo, Fernando (1949-); 258
comércio internacional; 33
COMMUNIO: Revista Internacional de Teologia e Cultura; 364, 365
Como Ser um Conservador, de Roger Scruton; 380
Competição e Atividade Empresarial, de Israel M. Kirzner; 276
Comte, Auguste (1798-1857); 25, 137, 185, 191, 243, 353
comtismo; 186
comunismo; 18, 301, 381
conciliadores; 89
concorrência; 267, 332, 345, 388, 394, 395
Confederação do Equador; 56, 85, 127
Conflito Social Moderno: Um Ensaio sobre a Política da Liberdade, O, de Ralf Dahrendorf; 277
Conhecimento e Liberdade, de Alberto Oliva; 327
conservador esclarecido; 369
conservadorismo católico; 72, 159, 202, 307
conservadorismo kirkiano; 366, 369, 370
conservadorismo liberal; 279, 280, 285, 306, 307, 323, 328, 329, 330, 350, 363
conservadorismo; 81, 124, 307, 354, 370, 395
Conservatism: Dreams and Reality, de Robert Nisbet; 279
Conservative Intellectual Movement in América since 1945, The, de George H. Nash; 279
Conservative Mind, The [*Mentalidade Conservadora, A*], de Russell Kirk; 367, 368, 369
Considerations on Representative Government [*Considerações sobre o Governo Representativo*], de John Stuart Mill; 72
Constant, Benjamin (1767-1830); 72, 78, 79, 80, 105, 146, 147, 156
Constantino, Rodrigo (1976-); 282, 283, 347, 371
constitucionalismo; 62, 80, 139, 140, 141, 147

Constituição Alemã de 1949; 317
Constituição Brasileira de 1824; 74, 98, 103-08, 113, 119-20, 122, 125-26, 140-41, 144, 189-90
Constituição Brasileira de 1891; 114, 156, 158, 161-64, 168, 172-75, 177, 179, 185, 192
Constituição Brasileira de 1934; 26, 193, 203, 238, 293
Constituição Brasileira de 1946; 26, 239, 275
Constituição Brasileira de 1967; 248
Constituição Brasileira de 1988; 26, 258, 265-67, 272, 290, 315, 319
Constituição Federal Brasileira: Comentários, de João Barbalho Uchôa Cavalcanti; 169
Constituição Francesa de 1791; 50
Constituição Francesa de 1795; 50
Constituição Francesa de 1814; 51
Constitutional History of England since the Accession of George III, 1760-1860, The, de Thomas Erskine May; 39
Construtores do Império: Ideias e Lutas do Partido Conservador, Os, de João Camilo de Oliveira Torres; 101, 190, 381
continuísmo; 257, 262
Contrarreforma; 339, 345
Contribuição de Hayek às Ideias Políticas de Nosso Tempo, A, de Eamonn Butler; 276
contribuinte; 220
Convivium: Revista de Filosofia; 253, 363
corpo eleitoral; 101, 103, 236
Corrêa, Arsenio Eduardo; 243, 262, 285
corrente orteguiana; 355
Correntes da Filosofia Brasileira, As, de Antonio Paim; 15
correntes de opinião; 26, 27, 80, 155, 259, 264, 271, 272, 273, 297, 300
correntes socialistas; 159
Costa e Silva, Artur da (1899-1969); 248
Costa Filho, José de Rezende (1766-1841); 55
Costa, Edgar (1887-1970); 236, 239
Costa, Hipólito da (1774-1823); 61, 63, 65, 66
Cousin, Victor (1792-1867); 79, 117, 118

Coutinho, Dom Rodrigo de Souza (1755-1812), conde de Linhares; 35, 36, 61
Coutinho, João Pereira (1976-); 371, 380
Coutinho, José Joaquim de Azeredo (1724-1818); 56
Covas, Mário (1930-2001); 273
crença da divindade; 357
crise do café; 199
crise econômica; 158
critério da eficiência; 318
Crítica ao Intervencionismo, Uma, de Ludwig von Mises; 276
Cromwell, Oliver (1599-1658); 49
cultura brasileira; 36, 252, 358
cultura pessoal; 310
culturalismo; 18
Cunha, Eduardo (1958-); 302
Cunha, Fátima; 205, 206
Curso de Direito Público Interno e Externo, de Silvestre Pinheiro Ferreira; 73, 74
Curso de Introdução ao Pensamento Político Brasileiro, de Antonio Paim; 16, 23

D
Dahl, Robert (1915-1940); 275
Dahrendorf, Ralf (1929-2009); 275, 277, 313
Darwin, Charles (1809-1882); 137
darwinismo; 335
Davidson, Donald G. (1893-1968); 368
Dawson, Christopher (1889-1970); 364, 368, 370
De Bonald, Louis-Gabriel-Ambroise (1754-1840); 337
De Maistre, Joseph (1753-1821); 337
De Praga a Paris: Uma Crítica do Estruturalismo e do Pensamento Pós-Estruturalista, de José Guilherme Merquior; 314
De Soto, Jesús Huerta (1956-); 284
Decência Já, de José Osvaldo de Meira Penna; 380
déficit urbano; 269

demagogia; 118, 388-89
demagogismo; 171
demarquia; 348-49
democracia cristã; 225, 302
Democracia e Direitos Humanos, de Ubiratan Borges de Macedo; 363
Democracia e Liderança, de Irving Babbitt; 380
Democracia Liberal Segundo Alexis de Tocqueville, A, de Ricardo Vélez Rodríguez; 354
democracia liberal; 319, 322
Democracia na América, A, de Alexis de Tocqueville; 80
democracia representativa; 146, 389, 394
Democracia Representativa: Do Voto e do Modo de Votar, de Joaquim Francisco de Assis Brasil; 187
democracia social; 184, 315-20
Democracia, o Deus que Falhou, de Hans-Hermann Hoppe; 284
democracia direta; 48
democracias ocidentais; 27
democracia participativa; 357
democratização da economia; 228
democratização da ideia liberal; 78, 80, 161, 206, 232, 278, 279
democratização do ensino; 374
democratização do sistema; 95, 101, 151, 190
descentralização administrativa; 127
descentralização dos poderes da União; 162
Desconsideração da Personalidade Jurídica na Justiça do Trabalho, de Rodrigo Saraiva Marinho; 283
Desemprego e Política Monetária, de F. A. Hayek; 276
desenvolvimento econômico (progresso material); 229, 251, 280, 319, 334, 341, 348, 354, 367, 374, 389
desenvolvimento histórico; 139
desenvolvimento intelectual; 197
desenvolvimento moral; 197
desenvolvimento sustentável; 289
Desestatização do Dinheiro, de F. A. Hayek; 276
desigualdade; 45, 175, 228, 229
despotismo; 46, 63, 110, 123
despotismo árabe; 345
dessacralização; 335, 338
determinismo radical; 357
Dewey, John (1859-1952); 309, 312, 313
Dez Lições Fundamentais de Economia Austríaca, de Ubiratan Jorge Iorio; 282
dialética; 313
dialética do Senhor e do Escravo; 338
Diderot, Denis (1713-1784); 42
Dinamarca; 300
Dinossauro: Uma Pesquisa sobre o Estado, o Patrimonialismo Selvagem e a Nova Classe de Intelectuais e Burocratas, O, de José Osvaldo de Meira Penna; 331
diplomacia; 187, 332, 358
direita; 198, 220, 243, 272, 300, 334, 357, 383
Direito Civil; 125, 185
Direito Comercial do Império: Comentários aos Códigos Criminal e do Processo e Estudos sobre Delitos e Delinquentes, de Braz Florentino Henriques de Souza; 125
Direito Constitucional; 70, 73, 74, 105
direito consuetudinário; 354
direito de sufrágio; 115
direito de voto; 228
Direito Público Brasileiro e Análise da Constituição do Império, de José Antônio Pimenta Bueno; 118
Direito Público; 125, 140, 163
Direito, de Silvio Romero; 138
Direito, Legislação e Liberdade, de F. A. Hayek; 276
direitos civis; 145, 161, 183
direitos e deveres; 73, 265, 367
direitos humanos; 168, 184, 359
direitos sociais; 115, 184, 362, 394
Diretório; 44, 50
dirigismo econômico; 343
dirigismo estatal; 392, 393
discriminação contra o capital estrangeiro; 267, 347
disparidades sociais; 322

dispersão do conhecimento; 326
distribuição das receitas; 127
distribuição de incumbências; 145
distribuição de renda; 229, 273, 315, 316, 318, 329, 390
distritão; 303, 304
distrito eleitoral; 47, 101, 103, 190, 237, 294, 295, 303, 304
distrito misto; 303
Ditadura Republicana Segundo o Apostolado Positivista, A, de Ricardo Vélez Rodríguez; 353
diversidade; 99, 126, 156, 186, 189, 191, 318, 323
diversificação da agricultura; 221
diversificação partidária; 157, 187
divisão internacional do trabalho; 33
dogma revolucionário; 313
Donos do Poder, Os, de Raymundo Faoro; 17, 389
doutrina castilhista; 158, 191
doutrina conservadora; 123
doutrina corporativista; 225
doutrina da Escola Superior de Guerra; 253
doutrina da representação; 25, 72, 115, 158, 188, 210
doutrina do Poder Conservador, 145
doutrina dos três poderes; 143
doutrina liberal; 19, 20, 24, 27, 70, 72, 74, 77, 126, 186, 193, 195, 222, 233, 236, 258, 261, 281, 305, 321, 322, 341, 352, 353, 357, 358, 360, 363, 380
doutrina revolucionária; 52
doutrina social-democrata; 273
doutrina socialista; 326
doutrina tripartite dos poderes; 41
Drummond, Aristóteles; 346, 347
Dutra, Eurico Gaspar (1883-1974); 244
Duverger, Maurice (1917-2014); 298

E
ecletismo espiritualista; 117
ecletismo; 117, 118, 123
ecologia; 382

economia de mercado; 224, 272, 336, 340
Economia do Indivíduo: O Legado da Escola Austríaca, de Rodrigo Constantino; 282
Economia do Intervencionismo, A, de Fabio Barbieri; 282
Economia em uma Única Lição, de Henry Hazlitt; 276
economia liberal; 224
Economia; 19, 281, 373
Educação e Liberalismo, de Marco Maciel; 321, 322
Educação Liberal; 369, 370
Educação para a Cidadania, de Antônio Paim, Leonardo Prota e Ricardo Vélez Rodríguez; 18
Educação: Livre e Obrigatória, de Murray N. Rothbard; 284
egoísmo; 171, 184, 331, 332
Einstein, Albert (1879-1955); 336
eleição a bico de pena; 236
eleições de 1878; 138
eleições de 1879; 138
eleições de 1934; 218
eleições de 1938; 219
eleições de 1962; 240
eleições de 1965; 247, 248
eleições de 2014; 270
eleições de 2016; 393
eleição indireta; 193, 195, 248, 261
eleições; 27, 93, 94, 100, 136, 189, 190, 199, 214, 217, 236, 237, 239, 243, 258, 263, 290, 296, 299, 302, 304, 349
Eliot, T. S. [Thomas Stearns] (1888-1965); 366, 368, 369, 370
Em Berço Esplêndido: Ensaio de Psicologia Coletiva Brasileira, de José Osvaldo de Meira Penna; 331
emenda constitucional; 263
empastelamento de jornais; 25
empirismo mitigado; 67, 68, 69
empirismo; 67
Empreendedorismo de Israel Kirzner, O, de Adriano Gianturco; 283

Ensaio do Programa do Partido Católico no Brasil, de José Soriano de Souza; 124
Ensaio sobre Direito Administrativo, de Paulino José Soares, visconde de Uruguai; 24
Ensaio sobre o Casamento Civil e o Casamento Religioso, de Braz Florentino Henriques de Souza; 125
Ensaio sobre o Direito Administrativo, de Paulino José Soares, visconde de Uruguai; 74, 93, 95, 108, 118, 119, 121, 129, 305
Ensaios Filosóficos, de Silvestre Pinheiro Ferreira; 71
Ensaios sobre Liberdade e Prosperidade, de Aloísio T. Garcia (Organizador); 330, 363
Ensayos Liberales, de Celso Lafer; 358
ensino escolástico; 67
ensino fundamental; 321, 345
Entre o Dogmatismo Arrogante e o Desespero Cético, de Alberto Oliva; 325
Entre os Cupins e os Homens, de Og Francisco Leme; 348
entulho autoritário; 265
epistemologia; 325
Escada; 138
Escandinávia; 273, 351
Escócia; 38, 41
Escola Austríaca, A, de Jesús Huerta De Soto; 284
Escola Cientificista Brasileira, A, de Antonio Paim; 16
Escola do Recife, A, de Antonio Paim; 16
Escola Eclética, A, de Antonio Paim; 16
Escola Eclética; 69, 79, 117
escravidão; 41, 136, 183
Espada, João Carlos; 348
Espanha; 43, 64, 225, 299, 340, 353
Espírito das Leis, O, de Montesquieu; 41, 143
Espírito das Revoluções: Da Revolução Gloriosa à Revolução Liberal, O, de José Osvaldo de Meira Penna; 331, 337
Espírito do Capitalismo Democrático, O, de Michael Novak; 277

espiritualismo eclético; 77
espiritualismo; 139
Esquerda Caviar, de Rodrigo Constantino; 282
Esquerda e Direita, de Murray N. Rothbard; 276
esquerda; 78, 198, 243, 244, 272, 274, 300, 317, 334, 341, 357, 388, 392, 393, 395
esquerdismo; 13
Essai sur la psychologie, de Silvestre Pinheiro Ferreira; 71
Essays in Persuasion, de John Maynard Keynes; 312
Essencial Von Mises, O, de Murray N. Rothbard; 276
estado de coisas; 361
Estado de natureza; 45
Estado de S. Paulo, O (jornal); 210, 213, 216, 233, 245, 320, 390, 391
Estado Democrático de Direito; 267
Estado Federado e sua Organização Municipal, Do, de José de Castro Nunes; 165
Estado Liberal de Direito; 41, 229, 265
Estado Mínimo, O, de Guy Sorman; 277
Estado Patrimonial; 34, 204, 250, 353
Estados de sítio; 25, 150, 157
Estados Unidos; 26, 40, 47, 48, 61, 64, 150, 163, 165, 195, 219, 258, 272, 275, 279, 282, 296, 297, 301, 315, 331, 344, 360, 361, 364
estaginflação; 307
estamento burocrático; 35
estatalidade; 318
estatização da economia; 27, 297, 307, 344
estatização do sindicalismo; 203
estelionato político; 132
Estética de Lévi-Strauss, A, de José Guilherme Merquior; 314
estruturação do sistema representativo; 24, 49
Estruturalismo dos Pobres, O, de José Guilherme Merquior; 314
Estudos Liberais, de Roque Spencer Maciel de Barros; 357

Estudos Práticos sobre a Administração das Províncias do Brasil, de Paulino José Soares de Sousa; 119
Etapas do Pensamento Sociológico, As, de Raymond Aron; 380
Etapas Iniciais da Filosofia Brasileira, de Antônio Paim; 16
ética "coletivista"; 334
ética calvinista; 334
Ética da Liberdade, A, de Murray N. Rothbard; 284
Ética Mínima para Homens Práticos, de Mário A. L. Guerreiro; 328
Europa e a Ascensão do Capitalismo, A, editada por Jean Baechler, John A. Hall e Michael Mann; 277
Evangelho Segundo Marx, O, de José Osvaldo de Meira Penna; 331
Evolução do Pensamento Político Brasileiro, de Antônio Paim; 16, 55, 151, 244, 353
Evolução Histórica do Liberalismo, de Antônio Paim; 18, 50, 52, 77, 277, 278, 353, 360
Evolução Política do Brasil, de Caio Prado Júnior; 17
exaltados; 102, 155
Extra (jornal); 371

F
fanatismo; 170
Faoro, Raymundo (1925-2003); 17, 389
Farias, Rogério de Souza; 347
fascismo; 225, 227, 228, 238, 301, 337, 381
fascista; 202
fé; 227, 333, 337, 369
federalismo; 163, 164, 187
Federalista; 75
Feijó, Diogo Antônio (1784-1843); 86, 87, 90, 99, 102, 127
Fendt Jr., Roberto (1944-); 347
férias anuais remuneradas; 203
Ferreira, Rosilene de Oliveira; 358

Ferreira, Silvestre Pinheiro (1769-1846); 16, 24, 60, 66, 67, 68, 69, 70, 71, 72, 73, 74, 75, 76, 85, 87, 111, 113, 127, 145, 151, 236,
fetichismo; 346
feudalismo; 228
Fichte, Johann Gottlieb (1762-1814); 68
fidelidade aos princípios liberais; 247
fidelidade partidária; 263
Figueiredo, Jackson de (1891-1928); 198
Figueiredo, João Baptista (1818-1999); 249
Figueiredo, Luciano (196-); 44
filantropia; 332
Filosofia Brasileira Contemporânea, A, de Antonio Paim; 16
Filosofia Brasileira, A, de Antonio Paim; 16
Filosofia da Escola Nova: Do Ato Político ao Ato Pedagógico, de Fátima Cunha; 205
filosofia espiritualista, católica e eclética; 135
filosofia espiritualista; 135
filosofia hegeliana; 117
Filosofia Moderna; 67
filosofia natural; 32, 56
filosofia ocidental; 18
Filosofia Política; 18
Filosofia, de Antonio Paim, Leonardo Prota e Ricardo Vélez Rodríguez; 18
Filosofias Nacionais, As, de Antonio Paim; 15-16
Física; 31, 32, 335
flexibilidade mental; 117
Florianópolis; 393
Fonseca, Aníbal Freire da (1884-1970); 165
Fonseca, Deodoro da (1827-1892); 155, 166
Fonseca, Edson Neri da (1921-2014); 24
Fonseca, Hermes da (1855-1923); 169, 170, 232
Forbes (revista); 282
Formação do Brasil Contemporâneo, de Caio Prado Júnior; 17
Formação do Pessedismo e do Udenismo, de Reynaldo Barros; 244
Formação Econômica do Brasil, de Celso Furtado; 17

Formalismo e Tradição Moderna, de José Guilherme Merquior; 314
fracionamento partidário; 238, 239
Fraga, Armínio (1957-); 347
França; 32, 43, 50, 51, 63, 64, 150, 172, 173, 273, 300, 340
Franco, Afonso Arinos de Melo (1905-1990); 25, 229, 243, 245
Franco, Gustavo (1956-); 347
Franco, Itamar (1930-2011); 258
franquias fundamentais; 228
franquismo; 225, 301
fraternidade; 53
Frederico II (1712-1786); 43
Freire, Pascoal José de Melo (1738-1798); 122
Frente Liberal e a Democracia no Brasil, A, de Arsênio Eduardo Corrêa; 262
freudismo; 317
Freyre, Gilberto (1900-1987); 17, 370
Fukuyama, Francis (1852-); 336
funcionalismo burocrático; 126
Fundamentos contra o Antitruste, Os, de André Luiz Ramos; 284
Fundamentos da Liberdade, Os, de Friedrich August von Hayek; 276
Fundamentos da Moral Moderna, de Antonio Paim; 18
Furtado, Celso (1920-2004); 17

G
Gama e Castro, José da (1795-1873); 122-23
Garcia, Aloísio T.; 330, 363
Garschagen, Bruno (1975-); 371, 372, 375, 376, 381
Gazeta do Povo; 282, 371
Geisel, Ernesto (1907-1996); 249, 263
generosidade; 332
Genovesi, Antonio (1713-1769); 67
George I (1660-1727), rei da Grã-Bretanha; 38
George II (1683-1760), rei da Grã-Bretanha; 38

George III (1738-1820), rei da Grã-Bretanha; 40
getulismo; 211, 235, 244, 249, 250
Gianturco, Adriano; 283
Gladstone, William (1809-1898); 80, 278
Globo, O (jornal); 282
gnosiologia; 325
Godesberg; 316
Góes e Vasconcelos, Zacarias de (1815-1877); 124, 128, 131, 141
Gomes da Silva, Francisco (1791-1852), o Chalaça; 106
Gomes, brigadeiro Eduardo (1896-1981); 244
Gonçalves, Carlos Barbosa (1851-1933); 188, 192
Gordo, Adolpho (1858-1929); 114, 115
Goulart, João (1918-1976); 245, 247, 248, 249, 250
Governo e Mercado, de Murray N. Rothbard; 284
governo parlamentar; 121, 139, 141, 312
governo representativo; 71, 74, 79, 181, 293, 349, 360
Grande Depressão Americana, A, de Murray N. Rothbard; 284
Grande Mentira: Lula e o Patrimonialismo Petista, A, de Ricardo Vélez Rodríguez; 354, 382
Grandes Obras da Política e seu Contexto Histórico, As, de Antonio Paim, Leonardo Prota e Ricardo Vélez Rodríguez; 18
Grécia; 300
Green, Thomas Hill (1836-1882); 309, 310, 361
Guarda Nacional; 94
Guernica; 225
Guerreiro, Mário A. L. (1944-); 14, 328
Guimarães, Aprígio (1832-1880); 125
Guimarães, Aquiles Côrtes (1937-2016); 17, 23
Guizot, François (1787-1874); 79
Gurgel, José Alfredo Amaral (1929-2012); 146

H

habeas corpus; 40, 162, 166, 194, 228
Haia; 68
Hall, John A. (1949-); 277
Hanover; 38
Hayek, F. A. [Friedrich August von] (1899-1992); 276, 284, 307, 323, 324, 336, 342, 343, 347, 348, 362, 380, 393
Hazlitt, Henry (1894-1993); 276, 284
Hegel, Georg Wilhelm Friedrich (1770-1831); 336, 338
Henry, Patrick (1736-1799); 195
hidráulica; 32
Himmelfarb, Gertrude (1922-); 330
Histoire philosophique et politique des etablissements et du commerce des européens dans les deux Indes, do Abade Raynal; 43
História Constitucional do Brasil, de Aurelino de Araújo Leal; 156
História da Cultura, de Antônio Paim, Leonardo Prota e Ricardo Vélez Rodríguez; 18
História da República Rio-Grandense, de Joaquim Francisco de Assis Brasil; 187
História das Ideias Filosóficas no Brasil, de Antonio Paim; 15, 17, 19, 69, 226
História do Debate do Cálculo Econômico Socialista, de Fabio Barbieri; 282
História do Liberalismo Brasileiro, de Antonio Paim; 13, 16, 17, 19, 20, 28, 381, 389
História do Liberalismo no Brasil, de João de Scantimburgo; 350
História dos europeus nas duas Índias, do Abade Raynal; 43
História Intelectual do Liberalismo: Dez Lições, de Pierre Manent; 277
Hitler, Adolf (1889-1945); 342, 381
hobbesiano; 336
Hobhouse, Leonard T. (1864-1929); 166, 309, 311, 361
Holanda; 48, 68, 195, 300
holismo; 327

Homem Mais Lúcido do Brasil: As Melhores Frases de Roberto Campos, O, de Aristóteles Drummond; 346
Homem que Pensou o Brasil: Trajetória Intelectual de Roberto Campos O, de Paulo Roberto de Almeida; 347
Homem, Francisco de Sales Torres (1812-1876); 87, 131
homogeneidade política; 351
Hoppe, Hans-Hermann (1949-); 284
Humaitá; 132
humanista; 117
humanistas cristãos; 368
Hume, David (1711-1776); 323, 324, 325, 357

I

idealismo kantiano; 324
Ideia de Liberdade no Século XIX, A, de Ubiratan Borges de Macedo; 361
Ideias Conservadoras Explicadas a Revolucionários e Reacionários, As, de João Pereira Coutinho; 380
Ideias Políticas, de Silvestre Pinheiro Ferreira; 71, 145
Ideologia do Século XX, A, de José Osvaldo de Meira Penna; 331
ideologia; 358, 373, 374
Igreja Positivista; 156
igualdade democrática; 334
igualitarismo; 338
ilha da Madeira; 69
Iluminismo; 335
Imaginação Moral; 369, 370
imigração; 171
imunidades parlamentares; 25
inconfidência; 54
inconstitucional; 270
independência do representante; 72
Index; 43, 379
indissociabilidade; 229
individualismo; 184, 196, 220

industrialismo; 170
industrialização; 341
inferência indutiva; 326
inflação; 259, 344, 390
informatizada; 302
Ingerência Militar na República e o Positivismo, A, de Arsenio Eduardo Corrêa; 243
Inglaterra; 31, 32, 37, 38, 40, 41, 43, 45, 47, 61, 62, 78, 79, 81, 95, 101, 103, 121, 126, 140, 141, 143, 144, 150, 232, 237, 273, 275, 278, 297, 299, 300, 306, 307, 317, 338, 344
iniciativa privada; 221, 229, 307, 343, 347
Inquisição; 33, 35, 43, 345
instintos básicos empodocleanos; 332
instituições do sistema representativo; 36, 97, 110, 137, 194, 222, 232, 307, 344
Instituições Políticas Brasileiras, de Francisco José de Oliveira Vianna; 252
instrução pública; 171
integridade do território; 146
Intelectuais, Os, de Paul Johnson; 277
intelectualidade católica; 226
Intendente Câmara; 36
interesse próprio; 157, 332
interesses capitalistas da sociedade; 183
Interpretações do Brasil, de Antônio Paim; 17
Intérpretes da Filosofia Brasileira, Os, de Antônio Paim; 15
intervenção do Estado na economia; 224
intervencionismo estatal na economia; 282
Intervencionismo: Uma Análise Econômica, de Ludwig von Mises; 276
intervencionismo; 199, 201, 221, 282, 343, 352, 373, 374, 375
intervencionista; 158, 199, 373, 374, 375, 377
interventoria; 218
Introdução à Filosofia Liberal, de Roque Spencer Maciel de Barros; 290, 357
Iorio, Ubiratan Jorge (1946-); 14, 282, 347, 364
Irlanda; 300
Itália; 225, 300, 340, 353

J
Jacobina; 15
jacobinos; 155, 156
Jaguaribe, Hélio (1923-); 273
James II (1633-1701), rei da Inglaterra; 38
James III (1688-1766), rei da Inglaterra; 38
jansenismo; 340
Japão; 351
Jereissati, Tasso (1948-); 273
João Paulo II, [Karol Józef Wojtyła (1920-2005)], papa; 316, 361
João V, Dom (1689-1750), rei de Portugal; 31
João VI, Dom (1767-1826), rei de Portugal; 35, 36, 62, 69, 90, 98
Johnson, Paul (1928-); 277, 346
jornada de trabalho; 184, 203
José I, Dom (1714-1777), rei de Portugal; 31, 34, 35
Jouffroy, Theodore (1796-1842); 79, 80
Juiz de Fora; 220
Jung, Carl Gustav (1875-1961); 331, 335
justiça social; 210, 234, 312, 318, 334, 361, 362

K
Kant, Immanuel (1824-1804); 18, 78, 278, 323, 357
kantismo; 86, 324
Keynes, John Maynard (1883-1946); 223, 309, 312, 313, 342-344
keynesianismo; 158, 199, 210, 229, 235, 307, 313, 344
Kirk, Russell (1918-1994); 330, 363, 364, 366-370, 380
Kirzner, Israel M. (1930-); 276, 283, 284
Kohl, Helmut (1930-2017); 26
Kojeve, Alexandre (1902-1968); 336
Kramer, Paulo Roberto; 347
Krausismo Brasileiro, O, de Antonio Paim; 16
Kristol, Irving (1920-2009); 330
Kubitschek, Juscelino (1902-1976); 245
Kujawski, Gilberto de Mello (1929-); 306, 352, 355

L

Lacerda, Carlos (1914-1977); 247, 381
Lacerda, Virgínia Cortes de (1903-1959); 167
Lacombe, Américo Jacobina (1909-1993); 167
Lafer, Celso (1941-); 352, 358, 359
laissez-faire; 193, 224, 233, 234
Lange; 343
Lanterna na Popa, de Roberto Campos; 381
Lanterna na Proa: Roberto Campos, Ano 100; 346
Leão, Honório Hermeto Carneiro (1801-1856); 107, 119
Legislação Eleitoral Brasileira, A, de Edgar Costa; 239
Legislativo e Tecnocracia, de Candido Mendes de Almeida; 275
legitimidade; 76, 99, 156, 186, 199, 232, 236, 322
lei de pensões; 308
Lei, A, de Frédéric Bastiat; 380, 393
Leibniz, Gottfried Wilhelm (1646-1716); 68
Leme, Og Francisco (1922-2004); 14, 306, 330, 348, 363, 370
Lenhart, Wagner; 283
Lenin, Vladimir (1870-1924); 312
Lepage, Henri; 344
Lessa, Pedro (1859-1921); 165, 194, 195
liberais radicais; 89
Liberalism, de Leonard T. Hobhouse; 311
Liberalismo Antigo e Moderno, O, de José Guilherme Merquior; 278, 308, 309, 312, 380
liberalismo clássico; 223, 224, 322, 360
liberalismo conservador; 279, 306
Liberalismo Contemporâneo, O, de Antonio Paim; 18
liberalismo doutrinário; 24, 52, 66, 77, 78, 80, 360
Liberalismo e Justiça Social, de Marco Maciel; 322
Liberalismo e Justiça Social, de Ubiratan Borges de Macedo; 380

liberalismo econômico; 34, 158, 224, 307, 341, 344, 347
Liberalismo Francês: A Tradição Doutrinária e sua Influência no Brasil, O, de Ricardo Vélez Rodríguez; 354
Liberalismo na Península Ibérica na Primeira Metade do Século XIX, O, de Joel Serrão; 49
liberalismo passivo; 228, 229
liberalismo radical; 49, 72, 102, 352
Liberalismo Social: Uma Visão Histórica, O, de Antonio Paim; 18
liberalismo social; 279, 306-309, 311, 313-315, 320, 329, 361, 370
Liberalismo Trágico em Roque Spencer Maciel de Barros, de Rosilene de Oliveira Ferreira; 358
liberalismo whig; 279
Liberalismo, O, de Ludwig von Mises; 276, 323
Liberdade Acadêmica e Opção Totalitária, de Antonio Paim; 18
liberdade de consciência; 37
liberdade de imprensa; 37, 41, 64, 66, 124, 150, 249, 302
Liberdade no Império, A, de Ubiratan Borges de Macedo; 360
Liberdade ou Igualdade?, de Mário A. L. Guerreiro; 328
liberdade política; 224, 334, 343
liberdade religiosa; 37, 41, 172
liberdades fundamentais; 40
libertarianismo anarcocapitalista; 285
libertários; 13, 329
Lima Sobrinho, Barbosa (1897-2000); 105, 109, 125
Linhares, conde de *ver* Coutinho, Dom Rodrigo de Souza
Lins de Barros, João Alberto (1897-1955); 216
Lisboa, José da Silva *ver* Cairu, Visconde de Lisboa; 15, 24, 31, 68, 97
lista fechada; 303
livre concorrência; 267

livre negociação; 290, 358
Lloyd George, David (1863-1945); 232, 308
Locke, John (1632-1704); 49, 143, 224, 278, 324, 325, 357, 380
Londres; 31, 43, 61, 62, 343
Lucas, Luiz Vellozo (1961-); 269
lucro; 34, 334, 345
luteranismo; 339
Luxemburgo; 300

M

Macedo, Ubiratan Borges de (1937-2007); 14, 17, 23, 50-52, 77-80, 123, 253, 278, 306, 352, 355, 359-364, 370, 380
Machado, José Gomes Pinheiro (1851-1915); 170
Maciel, Marco (1940-); 306, 320-323
maçonaria; 53, 54, 62
Maddison, Fred (1856-1937); 308, 311
Magalhães Pinto, José de (1909-1996); 229
Magalhães, Benjamin Constant Botelho de (1836-1891); 155
Magalhães, Domingos Gonçalves de (1811-1882); 79, 87
magistrado; 176
Maia, Rodrigo (1970-); 304
maioridade civil; 176
Maksoud, Henry (1929-2014); 14
Malines; 184
manchesteriano; 361
mandato imperativo; 72
mandato político; 72
mandonismo; 168
Manent, Pierre (1949-); 277
Manifesto dos Mineiros; 211, 224-226, 228, 229, 244
Mann, Michael (1943-); 277
Manual do Cidadão em um Governo Representativo, de Silvestre Pinheiro Ferreira; 72, 73
Manuel I, Dom (1469-1521), rei de Portugal; 372

manufatura; 35
mão invisível; 75, 336
Maranhão; 86, 125, 238
Marcel, Gabriel (1889-1973); 368
Maria I, Dona (1734-1816), rainha de Portugal; 34, 35, 122
Marinho, Rodrigo Saraiva (1978-); 283
Maritain, Jacques (1882-1975); 226
Martins de Souza, Francisco; 23, 278
Martins, Ives Gandra; 346, 347
Marx, Karl (1818-1883); 18, 317, 381
Marxismo e Descendência, de Antonio Paim; 18
Marxismo Ocidental, O, de José Guilherme Merquior; 314
marxismo; 18, 297, 335
marxista; 18, 209, 297, 318, 338, 390, 392
Mary II (1662-1694), rainha da Inglaterra; 37, 38
May, Thomas Erskine (1815-1886); 39
Meditação Ética Portuguesa, A, de Antonio Paim; 18
meditação institucional; 333
Meira Penna, José Osvaldo de (1917-2017); 14, 278, 306, 328, 330-332, 335-341, 352, 380
Mellão Neto, João (1955-); 323
Melo Freire, Pascoal José de (1738-1798); 122
Mendes de Almeida, Candido (1928-); 275
Mendes, Evelyse Pereira; 24
Mendonça Furtado, Francisco Xavier de (1700-1769); 33
mensalão; 301
Mentalidade Anticapitalista, A, de Ludwig von Mises; 276, 285
Mercadante, Paulo (1923-2013); 91-93
mercantilismo; 34, 36, 170, 181
Mercier, cardeal Désiré-Joseph (1851-1926); 184
Merquior, José Guilherme (1941-1991); 14, 256, 278, 279, 308, 309-314, 320, 380
Mesquita Filho, Júlio de (1892-1969); 216
Mesquita Neto, Júlio de (1922-1996); 233
metalurgistas; 33

Metamorfoses da Liberdade, de Ubiratan Borges de Macedo; 363
Michel Foucault, ou O Niilismo de Cátedra, de José Guilherme Merquior; 314
Miguel, Dom (1802-1866), rei de Portugal; 73
miguelismo; 123
militarismo; 170
Mill, James (1773-1836); 75
Mill, John Stuart (1806-1873); 72, 310, 325, 357
Minas Gerais; 44, 54, 109, 157, 169, 190, 224, 233, 238, 273
Minha Formação, de Joaquim Nabuco; 381
Mises, Ludwig von (1881-1973); 276, 281, 283, 284, 378, 380, 393
MISES: Revista Interdisciplinar de Filosofia, Direito e Economia; 281-284, 364
Mito da Decadência dos Estados Unidos, O, de Henry Nau; 277
mobilização; 202, 262, 347
modelo republicano-federalista; 168
modelo tiririca; 303
Modelos Éticos, de Antonio Paim; 18
modernização administrativa; 217
Moeda, Crédito Bancário e Ciclos Econômicos, de Jesús Huerta De Soto; 284
Momentos Decisivos da História do Brasil, de Antonio Paim; 17
monarquia absoluta; 38, 61, 70, 73, 89, 93, 98, 123, 125, 127, 350
monopólio; 31, 86, 267
monopólios estatais; 221, 347
Monteiro Lobato, José Bento (1882-1948); 182
Montesquieu, Charles-Louis de Secondat (1689-1757), barão de La Brède e de; 41, 140, 143
Montoro, André Franco (1916-1999); 273
Mora, Américo de (1881-1953); 168
Morais Filho, Evaristo de (1914-2016); 138, 202, 206, 214, 309
Morais, Evaristo de (1871-1939); 198
Morais, Prudente de (1894-1898); 322
Moral em Economia, Da, de José Osvaldo de Meira Penna; 331
moral social consensual; 111, 144
Moral, de Antonio Paim, Leonardo Prota e Ricardo Vélez Rodríguez; 18
moralidade cívica; 332
moralidade individual; 144
Moscou; 15
Mota, Lourenço Dantas (1944-); 245
movimento civilista; 167, 170
movimento idealista pós-kantiano; 68
movimento integralista; 159
movimento republicano; 187
multiplicidade; 174, 326
municipalidades; 202, 268
Munteal Filho, Oswaldo (1965-); 44
Mussolini, Benito (1883-1945); 337, 381

N
Nabuco, Joaquim (1849-1910); 133, 370, 381
nacionalismo xenófobo; 317
nacional-socialismo; 219
não intervencionismo econômico; 199
Napoleão Bonaparte *ver* Bonaparte, Napoleão
Nash, George H. (1945-); 279, 280
naturalistas; 36
Natureza do Processo, A, de José Guilherme Merquior; 314
Nau, Henry (1941-); 277
nazismo; 301, 343, 381
nazista; 337
negatividade; 336
negativista; 326
neoconservadores; 330
neoconservadorismo; 277, 279, 307
neoliberais; 289, 329
Neves da Fontoura, João (1887-1963); 204
Neves, Tancredo (1910-1985); 257, 261, 262, 315
Newton, Isaac (1643-1727); 31
Nisbet, Robert A. (1913-1996); 275, 279, 330, 368

Niterói; 87
nobreza; 35, 126, 161, 237
Noções Elementares de Filosofia Geral e Aplicada às Ciências Morais e Políticas: Ontologia, Psicologia e Ideologia, de Silvestre Pinheiro Ferreira; 71
nomenklatura; 316, 329, 390
Noruega; 195
nova direita; 13, 14, 378, 379, 382
Nova Riqueza das Nações, A, de Guy Sorman; 277
Novaes, Rubem de Freitas (1945-); 347
Novak, Michael (1933-2017); 277, 330
Novo Príncipe, O, de José da Gama e Castro; 123
novos conservadores; 329

O
O que Deve Ser Feito, de Hans-Hermann Hoppe; 284
O que é o Liberalismo, de Donald Stewart Jr.; 276, 348, 380
O que o Governo Fez com o Nosso Dinheiro?, de Murray N. Rothbard; 284
oficialismo; 216
oligarcas; 182, 186
oligarquia; 181, 182, 186, 351
Oliva, Alberto (1950-); 14, 325, 326, 327, 328, 336
Oliveira Viana de Corpo Inteiro, de Antonio Paim; 16
Oliveira Vianna, Francisco José de (1883-1951); 16, 250, 251, 252, 253
Oliveira, Armando de Sales (1887-1945); 205, 208, 210, 213, 215, 216, 217, 218, 219, 221, 233
Opção Preferencial pela Riqueza, de José Osvaldo de Meira Penna; 331
operariado; 183, 198
orçamento impositivo; 268
Ordem e Progresso, de Gilberto Freyre; 17

Organização da Sociedade Segundo uma Visão Liberal, A, de Donald Stewart Jr.; 348
ortodoxia comteana; 194
Orwell, George [Eric Arthur Blair (1903-1950)]; 348
Ottoni, Teófilo (1807-1869); 109

P
padroado; 35, 124
Paim, Antonio (1927-); 13, 14, 15, 17, 18, 19, 20, 28, 50, 55, 70, 71, 157, 278, 305, 337, 347, 389, 393
Paim, Gilberto; 341, 342
Palmerston, Henry John Temple (1784-1865), terceiro Visconde; 140
Para Entender o PT, de Antonio Paim; 16
Pare de Acreditar no Governo, de Bruno Garschagen; 371, 372, 381
Paris; 42, 43, 50, 51, 68, 70, 71, 80, 87, 150, 156
Parlamento; 37, 38, 39, 40, 49, 55, 65, 79, 90, 123, 137, 140, 144, 162, 173, 201, 214, 219, 232, 235, 238, 248, 267, 270, 275, 289, 297, 298, 299, 300, 301, 302, 315, 341
paroxismo; 245, 337
partido único; 157, 215, 238
partidos políticos; 37, 38, 76, 95, 102, 126, 186, 210, 219, 222, 224, 236, 244, 248, 263, 264, 270, 271, 272, 297, 300, 302, 304, 349, 351, 376
Pátria Descoberta, A, de Gilberto de Mello Kujawski; 355, 356
Patrimonialismo Brasileiro em Foco, O, de Antônio Paim; 17
Patrimonialismo e a Realidade Latino-Americana, O, de Antônio Paim; 381
Patrimonialismo e a Realidade Latino-Americana, de Ricardo Vélez Rodriguez; 354
patrimonialismo; 16, 156, 157, 259, 344, 345, 347, 353, 354

patriotismo; 355, 356
patronato; 185
Paz, Octavio (1914-1998); 337
Peçanha, Nilo (1867-1924); 170
Pedro I, Dom (1798-1834), imperador do Brasil; 53, 73, 78, 86, 89, 90, 92, 98, 102, 103, 104, 105, 106, 113, 127, 144, 163
Pedro II, Dom (1825-1891), imperador do Brasil; 91, 109, 133
Pedrosa, Salustiano José (†1858); 79-80
Pena, Afonso (1847-1909); 169, 170
pensamento brasileiro; 15, 17, 19
Pensamento de Tocqueville, O, de José Osvaldo de Meira Penna; 278
pensamento kantiano; 19
Pensamento Liberal Moderno, O, de João Mellão Neto; 323
pensamento liberal; 13, 19, 25, 26, 166, 167, 176, 191, 193, 237, 239, 275, 277, 278, 282, 355, 360, 363, 364, 376
pensamento tocquevilleano; 354
Pereira, Antônio Carlos; 216
Pereira, José Esteves (1844-); 71
Pernambuco; 57, 85, 123, 138
personalismo; 164
Pessoa, Epitácio (1865-1942); 178, 204
petição; 145
PHOÎNIX; 364
Pimenta Bueno, José Antônio (1803-1878), Marquês de São Vicente; 118
Pimenta da Veiga, João; 273
Pinheiro Ferreira, Silvestre (1769-1846); 16, 24, 60, 66, 67, 68, 69, 70, 72, 73, 74, 75, 76, 85, 87, 111, 113, 127, 145, 151, 236,
Pitt, William (1759-1806), o jovem; 40, 140
planificação central; 326
pluralidade de fins; 320
pluralidade de meios de ação; 319
pluralidade de meios ou vias; 318
Pluralismo e Liberdade, de Miguel Reale; 320
pluralismo religioso; 280, 349
pluralismo; 290, 344

poder civil; 168, 322
Poder das Ideias, O, de Helio Beltrão, Rodrigo Constantino e Wagner Lenhart; 283
Poder Executivo na República Brasileira, O, de Aníbal Freire da Fonseca; 165
Poder Executivo; 37, 47, 103, 105, 106, 107, 108, 162, 172, 195, 227, 265, 266
Poder Judiciário, Do, de Pedro Lessa; 165
Poder Moderador na República Presidencial, O, de Antônio Augusto Borges de Medeiros; 146
Poder Moderador, O, de João de Scantimburgo; 147
Poder Moderador: Ensaio de Direito Constitucional, O, de Braz Florentino Henriques de Souza; 125
Podhoretz, Norman (1930-); 330
polis; 332
Política da Prudência, A, de Russell Kirk; 365, 380
política dos governadores; 157, 232
Política, de Antonio Paim, Leonardo Prota e Ricardo Vélez Rodríguez; 18
politicalha; 181
Pombal e a Cultura Brasileira, de Antonio Paim; 16
Pombal, Sebastião José de Carvalho e Melo (1699-1782), Marquês de; 31, 32, 33, 34, 35, 36, 67, 135,
Pompeu de Sousa, Roberto (1914-1991); 240, 241
Popper, Karl (1902-1994); 301, 324, 325, 326, 348, 357
populismo; 322
Por Uma Nova Liberdade: O Manifesto Libertário, de Murray N. Rothbard; 284, 382
Porto, Walter Costa (1937-); 114
Porto; 36, 65, 70, 73, 85, 89
Portugal; 32, 35, 43, 44, 53, 56, 57, 62, 64, 65, 66, 68, 70, 71, 73, 74, 89, 90, 93, 122, 123, 150, 299, 372
positivismo ilustrado; 194
positivismo; 139, 158, 194, 209, 232, 353, 373

positivista-marxista; 150
positivistas; 155, 156, 161, 162, 163, 187, 203
Prado Júnior, Caio (1907-1990); 17
pragmatismo; 313, 339
Preleções Filosóficas, de Silvestre Pinheiro Ferreira; 69, 71
Presença da Moral na Cultura Brasileira, A, de Antonio Paim; 363
preservação ambiental; 302
preservação; 92, 162, 183, 266, 344, 354, 369
Prestes, Luís Carlos (1898-1990); 264
princípio da unidade; 174
princípio federativo; 137, 171
privatização de empresas estatais; 290
privatização; 259, 265, 289, 347
Privatize Já, de Rodrigo Constantino; 282
Problemas com que se Defrontou a Filosofia Brasileira, Os, de Antonio Paim; 15
Problemática do Culturalismo, de Antonio Paim; 17
professorado; 321
projeto de lei; 263
projeto modernizador brasileiro; 344
proletariado; 203
Propaganda Republicana, A, de Ricardo Vélez Rodríguez; 353
propriedade privada; 232, 267, 308, 311, 348
propriedade servil; 183
Prota, Leonardo (1930-2016); 17, 18
protestantes; 41, 144, 150, 340
Protestantismo e Cultura Brasileira, de Boanerges Ribeiro; 149
protestantismo; 334, 340, 345
protetorado; 182
Protoaustríacos a Menger, Dos, de Ubiratan Jorge Iorio; 282
Prússia; 43
psicologia analítica; 332
Psicologia do Subdesenvolvimento, de José Osvaldo de Meira Penna; 331
psique; 335
Puggina, Percival (1944-); 347, 392

Q

Quadros, Jânio (1917-1992); 233, 245, 248, 249
Querela do Estatismo, A, de Antonio Paim; 16, 17, 389
Questão do Poder Moderador e Outros Ensaios Brasileiros, A, editada por Hildon Rocha; 138
Questão do Poder Moderador: O Governo Parlamentar no Brasil, A, de Tobias Barreto; 137
Questão do Socialismo Hoje, A, de Antonio Paim; 18
questões morais; 18
Questões Vigentes de Filosofia e Direito, de Tobias Barreto; 138

R

racionais; 51, 310, 326
Racional ou Social: Anatomia da Razão Científica Questionada, de Alberto Oliva; 328
racionalismo; 51, 123, 124
racismo; 382
radicalismo; 70, 86, 92, 155, 156, 199, 222,
Raízes do Brasil, de Sérgio Buarque de Holanda; 17, 389
Ramos, André Luiz Santa Cruz; 283
Raynal, Guilhaume-Thomas François (1713-1796), o abade; 42
Razão do Poema, de José Guilherme Merquior; 314
razão; 326, 333, 346, 369
Reagan, Ronald (1911-2004); 329
Reale, Miguel (1910-2006); 14, 56, 147, 194, 306, 314-320, 325, 350
recessão; 289, 307, 344
Recife; 125, 138, 139, 232
recursos naturais; 33
Reflexões sobre a Revolução na Europa, de Ralf Dahrendorf; 277

Reflexões sobre a Revolução na França, de Edmund Burke; 380
Reforma Eleitoral; 42, 114, 171, 176, 262, 302
reforma partidária; 249, 263, 272
Reforma Social; 184, 186, 197, 199
reformas políticas; 28, 252
reformas pombalinas; 24, 31
regime constitucional; 64, 76
Regime Democrático, Do, de João Arruda; 193, 195, 215
regime de partido único; 25
regressista; 102, 118
Reino Unido da Grã-Bretanha; 38, 46
Reis, Aarão (1853-1936); 158
Relações Internacionais; 19, 371
relações privadas; 367
relações públicas; 367
Relativo Atraso Brasileiro e sua Difícil Superação, O, de Antônio Paim; 17
Religião, de Antonio Paim, Leonardo Prota e Ricardo Vélez Rodríguez; 18
Religiões evangélicas; 280, 345
Renan, Ernest (1823-1892); 137
representação profissional; 195
representação; 25, 72-76, 90, 91, 97, 110, 113, 156, 158, 165, 186, 201, 210, 223, 235, 263, 289, 293, 322
República Federal, A, de Joaquim Francisco de Assis Brasil; 187
república sindicalista; 247
republicanismo; 187, 188, 203
resistência legal; 145
Restauração; 51, 369
revanchismo; 261, 291
revelação; 333
Revista Brasileira de Filosofia; 363
Revista Brasileira; 240, 363
revolução burguesa; 228, 389
Revolução Capitalista, A, de Peter L. Berger; 280
Revolução da América, A, do Abade Raynal; 42-45
Revolução dos Bichos, A, de George Orwell; 348
revolucionário-raiz; 390

revolucionários-Nutella; 390
Révolution Conservative Américaine, La, de Guy Sorman; 280
Rezende, Leônidas de (1889-1950); 16
Ribeiro, Boanerges (1919-2003); 149
Ribeiro, Demétrio (1853-1933); 156
Ribeyrolles, Charles (1812-1860); 149
Ricardo, David (1773-1823); 18
Richa, José (1934-2003); 273
Rio de Janeiro; 14, 15, 24, 33, 36, 57, 61, 68, 85, 86, 89, 109, 118, 123, 127, 170, 178, 190, 238, 285, 341, 359, 360 392
Rio Grande do Sul; 187, 188, 190, 192, 193, 205, 215, 217, 231, 238, 248, 392, 393
riqueza das nações; 33
Rizzini, Carlos (1898-1972); 63
Rocha, Hildon (1922-); 138
Rodrigues Alves, Francisco de Paula (1848-1919); 177
Roma; 225
romantismo medievalista; 337
romantismo; 136
Romero, Sílvio (1851-1914); 135, 138
Roteiro para Estudo e Pesquisa da Problemática da Moral na Cultura Brasileira, de Antonio Paim; 16
Rothbard, Murray N. (1925-1995); 276, 284, 382
Rousseau e Weber: Dois Estudos sobre a Teoria da Legitimidade, de José Guilherme Merquior; 314
Rousseau, Jean-Jacques (1712-1778); 352
Rousseff, Dilma (1947-); 259, 289, 372, 389, 390, 391, 395
Royer-Collard, Pierre-Paul (1763-1845); 79
Rui Barbosa e a Primeira Constituição da República, de Américo Jacobina Lacombe; 167
Rússia; 43, 238

S

saber positivo; 191
Sachsida, Adolfo; 347
Saint Just, Louis Antoine Léon de (1767-1794); 91
Sair do Socialismo, de Guy Sorman; 277
salazarismo; 225, 301
Saldanha Marinho, Joaquim (1816-1895); 132
Saldanha, Nelson (1933-2015); 156, 163, 168, 203
Salvador; 16, 71, 171
Santa Aliança; 62, 63
Santos, Wanderley Guilherme dos (1935-); 23, 250-252
São Paulo; 15, 26, 118, 157, 193, 201, 209, 216, 217, 219, 221, 238, 269, 273, 359, 388, 392, 393
São Vicente, Marquês de *ver* Pimenta Bueno, José Antônio
Sarney, José (1930-); 257, 262
satanização; 338
Scantimburgo, João de (1915-2013); 147, 350
Schelling, Friedrich (1775-1854); 68
Scruton, Roger (1944-); 380
Seabra, José Joaquim (1855-1942); 177
Segundo Tratado do Governo Civil, de John Locke; 49, 143
Segurança e Democracia, de José Alfredo Amaral Gurgel; 146
Seis Lições, As, de Ludwig von Mises; 276, 364, 393
Seixas, Dom Romualdo (1787-1860); 123
seleção natural; 333
selvageria; 367
sentimentos nativistas; 53
separatismo provincial; 89
separatismo; 73, 89, 90, 187
Será a Liberdade?: Questionamento da Teologia da Libertação, de Michael Novak; 277
Serrão, Joel (1919-2008); 49, 52
servilidade; 181
Setúbal; 68
sexo; 333

siderurgia; 35
Significado do Liberalismo Atual: Uma Controvérsia Brasileira, O, de Roque Spencer Maciel de Barros (Organizador); 328
Silva, Luís Vieira da (1735-1809); 54
Silvestre Pinheiro Ferreira: Seu Pensamento Político, de José Esteves Pereira; 71
simbiose; 55, 338
sistema de governo constitucional; 79
sistema distrital; 267, 269, 293, 298, 300, 303, 304
sistema eleitoral; 26, 189, 191, 210, 211, 236, 267, 271, 272, 291, 293-295, 297, 302, 304
sistema escolar; 64
sistema parlamentar de governo; 103
sistema proporcional; 26, 239, 243, 267, 268, 294-299
sistema representativo; 26, 36-38, 41, 48, 49, 53, 55, 58, 71, 72, 74, 80, 81, 83, 93, 95, 97, 101, 103, 110, 113, 114, 126, 132, 133, 137, 144-146, 162, 176, 191, 194, 198, 201, 222, 225, 232, 237, 239, 248, 249, 274, 278, 306, 307, 340, 341, 344
sistematização socialista; 184
Smith, Adam (1723-1790); 18, 33, 75, 196, 323, 344, 380
Soares, Paulino José *ver* Uruguai, Visconde de
soberania; 51, 52, 80, 181, 195, 390
Sobrados e Mocambos, de Gilberto Freyre; 17
social engineering; 324
social-democracia; 27, 295, 297, 299, 306, 307, 314, 316, 317, 318, 381
socialidade; 318
socialismo abstrato; 311
Socialismo à Social-Democracia, Do, de Antonio Paim; 18
Socialismo Brasileiro: 1979-1999, O, de Antonio Paim; 16
socialismo caboclo; 247
socialismo democrático; 198, 202, 204, 274
socialismo internacionalista; 219

Socialismo, Cálculo Econômico e Função Empresarial, de Jesús Huerta De Soto; 284
socialismo; 27, 136, 184, 194, 202, 203, 238, 273, 275, 277, 307, 311, 317, 329, 339, 343, 357, 361, 378,
social-liberalismo; 309
sociedade de mercado; 27
sociedade industrial; 249, 250, 253, 302
sociedade racional; 127
sociedade sem classes; 27, 273, 297, 307, 317, 367
sociologia; 194, 353
sofisma; 136, 189, 334
Solidão da Cidadania, A, de Alberto Oliva; 328
Solução Liberal, A, de Guy Sorman; 277
Sophia (1630-1714), princesa de Hanôver; 38
Sorman, Guy (1944-); 277, 280
Sousa, Otávio Tarquínio de (1889-1959); 78, 86, 105, 106
Souza, Braz Florentino Henriques de (1825-1870); 105, 123, 125, 141
Souza, José Soriano de (1833-1895); 123
Souza, Tarquínio Bráulio Amarantho de (1824-1894); 123
Speech to the Electors of Bristol [*Discurso aos Eleitores de Bristol*], de Edmund Burke; 72
Spengler, Oswald (1880-1936); 338
stalinista; 337
status quo; 376, 387
Stewart Jr., Donald (1931-1999); 14, 276, 306, 330, 347, 348, 349, 380
Street, Jorge (1863-1939); 185
subdesenvolvimento institucional; 389
subdesenvolvimento; 280, 346
subjetividade; 336
sufrágio universal; 195
Suíça; 48, 163, 195, 351

T
Taine, Hippolyte (1828-1893); 137
Távora, Juarez (1898-1975); 245

teísmo; 335
Teixeira Perez, Reginaldo; 347
Teixeira, Anísio (1900-1971); 309
Tempos Modernos: O Mundo dos anos 20 aos 80, de Paul Johnson; 277
tempos modernos; 127
tenentismo; 158, 203
tensão antinômica; 332
teocracia; 340
teologia; 333
teólogo; 67
Teoria da Exploração do Socialismo-Comunismo, A, de Eugen von Böhm-Bawerk; 276
teoria da representação; 74
teoria da sociedade política; 46
teoria das instituições imperiais; 24
teoria do contrato social; 122
teoria do governo representativo; 74
Teoria do Socialismo e do Capitalismo, Uma, de Hans-Hermann Hoppe; 284
Teoria e História: Uma Interpretação da Evolução Social e Econômica, de Ludwig von Mises; 284
teoria política; 294
teorias mercantilistas; 33
terceira via; 297, 302
terceiro estado; 237
Terror; 44, 50, 51
teses empiristas; 67
Testemunhos e Ensinamentos, de Milton Campos; 235
Thatcher, Margaret (1925-2013); 275, 299, 316, 329, 381
think tank; 281, 282
Timandro; 132
Tobias Barreto na Cultura Brasileira, de Antônio Paim; 16
Tocqueville, Alexis de (1805-1859); 80, 278, 357
Toledo e Melo, José Carlos Corrêa de (1731-1803); 55
tomismo; 123
tories; 39, 40, 42

Torres, João Camilo de Oliveira (1916-1973); 100, 101, 190, 352, 364, 370, 381
totalitário; 264, 301
totalitarismo; 294, 327, 338
Toynbee, Arnold J. (1889-1975); 338
Trabalhismo após 1930, O, de Ricardo Vélez Rodriguez; 353
tradição católica; 143, 144
tradição cientificista; 209
tradição contrarreformista; 280
tradição filosófica brasileira; 18
tradição humanista; 117
tradição contratualista; 354
tradição do liberalismo; 36, 229, 322
tradição dos grandes liberais católicos; 352
tradição liberal; 27, 245, 259, 285, 291, 330, 371, 382, 393
tradição patrimonialista; 150, 274, 291, 306, 376, 389
tradição republicana; 188, 222
tradicionalismo político; 122, 123
tradicionalismo; 81, 159, 249, 307
tráfico; 41
Tratado de Ética, de Antonio Paim; 18
Trotski, Leon (1879-1940); 312, 313

U

UDF e a Ideia de Universidade, A, de Antonio Paim; 18
ultras; 51, 77
União Soviética; 15, 18, 275, 343
unificação; 38, 174
unitarismo imperial; 163
urbanização; 269
Uruguai, Paulino José Soares (1807-1866), Visconde de; 24, 52, 74, 84, 90, 93, 94, 100, 108, 118, 119, 121, 129, 305
utilitarismo; 75
Utopia Brasileira, de José Osvaldo de Meira Penna; 331

V

Valor Econômico (jornal); 282
Vares, Luiz Pilla (1940-2008); 325
Vargas, Getúlio (1882-1954); 25, 27, 158, 186, 192, 193, 202, 204, 205, 215, 217, 218, 244, 245, 247, 248, 353
Vargas, Ivete (1927-1984); 264
Varnhagen, Adolpho (1816-1878); 150
Vasconcelos, Bernardo Pereira de (1795-1850); 370
Veiga Filho, João Pedro da (1862-1909); 194
Veja (revista); 282, 391
Vélez Rodríguez, Ricardo (1943-); 14, 17, 18, 23, 278, 347, 352, 353, 354, 381, 382
Veloso, José Mariano da Conceição (1742-1811); 36
Venâncio Filho, Alberto; 109, 129, 132
Venceslau Brás (1868-1966); 177
Venezuela; 394
Verdadeiro Método de Estudar, de padre Luiz Antonio Verney; 67
Verdadeiros Pensadores de Nosso Tempo, Os, de Guy Sorman; 277
Verney, Luiz Antonio (1713-1792); 67
Verso Universo em Drummond, de José Guilherme Merquior; 314
vestibular; 321, 345
Viana Moog, Clodomir (1906-1988); 17
Viana, Hélio (1908-1972); 54
Vilas Boas, Naylor Bastos; 168
visigótico; 354
Vital, Dom Frei Vital Maria Gonçalves de Oliveira (1844-1878), Dom; 128
Vitória; 269, 393
Voegelin, Eric (1901-1985); 275, 368, 370
Voltaire, François-Marie Arouet (1694-1778); 357
voto distrital; 243, 295
Voto no Brasil: Da Colônia à Quinta República, O, de Walter Costa Porto; 114

W
Walpole, Robert (1676-1745); 237
Washington Luís (1869-1957); 203, 204
Weaver, Richard M. (1910-1963); 368
Weber, Max (1864-1920); 111, 280, 362
Wehling, Arno (1947-); 17
Weil, Simone (1909-1943); 368
Welfare State; 232
Westminister Review; 75
whigs; 39, 42,
William III (1650-1702), rei da Inglaterra; 37, 38
Wolff, Christian (1679-1754); 68

O livro *Churchill e a Ciência por Trás dos Discursos: Como Palavras se Transformam em Armas* explica o modo como a oratória do primeiro ministro britânico se tornou uma das mais poderosas armas na luta que paralisou Adolf Hitler (1889-1945) e a máquina de guerra do nazismo. Ao descrever o contexto da Segunda Guerra Mundial e analisar doze memoráveis discursos de Winston Churchill (1874-1965), a presente obra de Ricardo Sondermann explica as técnicas de persuasão utilizadas pelo maior estadista do século XX.

Liberdade, Valores e Mercado são os princípios que orientam a LVM Editora na missão de publicar obras de renomados autores brasileiros e estrangeiros nas áreas de Filosofia, História, Ciências Sociais e Economia. Merecem destaque no catálogo da LVM Editora os títulos da Coleção von Mises, que será composta pelas obras completas, em língua portuguesa, do economista austríaco Ludwig von Mises (1881-1973) em edições críticas, acrescidas de apresentações, prefácios e posfácios escritos por especialistas, além de notas do editor.

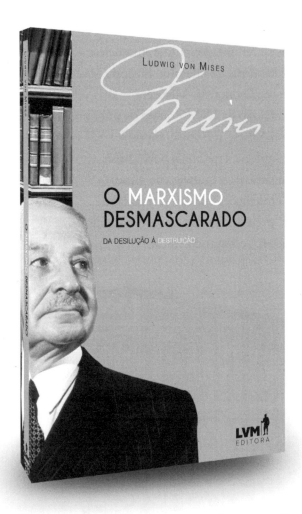

O Marxismo Desmascarado reúne a transcrição das nove palestras ministradas, em 1952, por Ludwig von Mises na Biblioteca Pública de São Francisco. Em seu característico estilo didático e agradável, o autor refuta as ideias marxistas em seus aspectos históricos, econômicos, políticos e culturais. A crítica misesiana ressalta não apenas os problemas econômicos do marxismo, mas também discute outras questões correlatas a esta doutrina, como: a negação do individualismo, o nacionalismo, o conflito de classes, a revolução violenta e a manipulação humana. A edição tem prefácio de Antonio Paim e posfácio de Murray N. Rothbard.

Visando cumprir parte da missão almejada pela LVM Editora de publicar obras de renomados autores brasileiros e estrangeiros nas áreas de Filosofia, História, Ciências Sociais e Economia, a Coleção Protoaustríacos lançará em português inúmeros trabalhos de teólogos, filósofos, historiadores, juristas, cientistas sociais e economista que influenciaram ou anteciparam os ensinamentos da Escola Austríaca Economia, além de estudos contemporâneos acerca dos autores que, entre a Idade Média e o século XIX, ofereceram bases para o pensamento desta importante vertente do liberalismo.

Esta obra foi composta pela BR75
em Garamond (texto) e Centaur (título principal)
e impressa pela Edigráfica para a LVM em fevereiro de 2018